성찰과 성장이 있는
차근차근 블렌디드 수업

초판 1쇄 발행 2021년 5월 15일

지은이 서영인

펴낸이 이형세

펴낸곳 테크빌교육㈜

교정 · 교열 정지현 | **디자인** 어수미 | **제작** 올인피앤비

테크빌교육 출판 서울시 강남구 언주로 551, 5층 | **전화** (02)3442-7783 (333)

ISBN 979-11-6346-122-7 03370

책값은 뒤표지에 있습니다.

테크빌교육 채널에서 교육 정보와 다양한 영상 자료, 이벤트를 만나세요!

블로그 blog.naver.com/njoyschoolbooks   **페이스북** facebook.com/teacherville

티처빌 teacherville.co.kr   **키즈티처빌** kids.teacherville.co.kr

쌤동네 ssam.teacherville.co.kr   **티처몰** shop.teacherville.co.kr

서영인 지음

성찰과 성장이 있는

차근차근
블렌디드
수업

테크빌교육

수업 철학과 목적이 살아 있는
블렌디드 수업을 꿈꾸며

교사가 되고 나서 끊임없이 들었던 조언 중 하나는 "잘하는 것이 있어야 한다."는 말이었다. 주변에서는 "승진을 하든 교사로 남든, 특히나 초등 교직에서는 자신만의 장점으로 내세울 분야가 하나는 있어야 한다."며, 그렇지 않으면 '일(= 승진)도 하지 않고 교육도 내팽개치는 철밥통'으로 보일 수 있다는 조언을 해 주었다. 새로 전입 온 교사를 소개하는 자리에서는 "이 선생님은 과학쪽으로…", "이 선생님은 미술에 조예가 깊으시며…"와 같은 특기 소개가 주를 이루곤 했다. 하지만 필자는 '초등학교 교사가 하나만 잘해서 될 직업은 아니지 않나?'라는 생각이 들었다. 초등학교 교사는 모든 교과를 가르쳐야 하기 때문이다. 그래서 '하나만 잘하라'는 말이 참 듣기 싫었다.

필자가 이런 생각을 갖게 된 것은 유년 시절의 부족한 경험과 모든 것을 가르쳐야 하는 초등 교사의 직업적 부담이 조화된 탓이다. 필자는 고등학교 1학년에서 2학년으로 올라가던 순간이 참 좋았는데, 그 이유는 더 이상 '미술'을 배우지 않아도 되었기 때문이다. 어떤 배경지식도 없는 클래식을 틀어 주고는 "너희들은 이 클래식의 감동도 제대로 느낄 줄 모르는 교양 없는 사람으로 살 것이냐"며 혼자서 흥분하던 음악선생님과의 결별도 좋았다.

그런 필자의 인생이 교대 입학으로 이어지고, 1학점짜리 미술과 음악교육을 이수하게 될 줄 몰랐다. 이런 실력으로 아이들 앞에 서는 것은 나 스스로 용납하기 어려웠다. 그래서 현장에 들어온 후 수년이 지나 뒤늦게 교과연구회를 찾기 시작했다. 여전히 실력은 부족하지만, 역설적으로 못하는 것이 많아서 참 많이 배우고, 도전할 수 있었다.

미술과 음악만큼 필자에게 곤란한 분야가 있었으니, 바로 컴퓨터 활용이었다. 어릴 때부터 컴퓨터 교육을 받아 왔음에도 불구하고 필자는 컴퓨터와 온라인 생태계를 제대로 이해하지 못했고, 최신 스마트폰이나 태블릿 PC는 삶에서 거리가 먼 물건이었다. 그러나 많은 동료 교사들이 필자를 '컴퓨터 활용 기술에 유능한 교사일 것'이라 믿은 탓에, 교실에서 발생하는 여러 가지 컴퓨터 문제를 해결해 달라고 요청하였다. 이 와중에 현장에서는 스마트교육이 활성화되면서 태블릿 PC를 이용한 교육활동이 유행처럼 번졌다. 스마트교육은 다소 '위험하다'는 필자의 평소 생각에도 불구하고, 이 기술을 외면만 하기에는 어렵겠다는 직감이 들었다. 필자의 삶에서 더 이상 존재하지 않을 것 같았던 음악과 미술을 배워야 했듯이, '에듀테크' 또한 새롭게 배우고 익혀야 할 하나의 대상으로 인정하고 수용하였다.

인간의 삶을 편리하고 윤택하게 만드는 컴퓨터 기기는 많은 교사들을 힘들게 했다. 고경력 교사들은 단적으로 "컴퓨터 때문에 일이 더 많아졌다."고 말한다. 컴퓨터와 관련된 업무 부담감은 코로나19 시대를 맞이하며 더욱 심해졌다. 아이들과의 대면 수업 상황에서는 쉽고 간단하게 확인할 수 있는 많은 것들이 원격수업 상황에서는 간단하지 않았다. 원격수업에서는 수업에 활용할 퀴즈를 입력하고, 플랫폼이나 각 학생 휴대전화로 URL 주소를 공유해야 하는 번거로움이 생긴다. 아이들이 응답한 것을 직접 물어보지 않고 응답이 기록된 클라우드 서버를 확인해야 하는 것도 사실 불편한 일이다. 하지만 이제 더는 피할 수 없는 시대를 맞이했다.

필자는 늘 '이걸 어떻게 설명해야 아이들이 쉽게 이해할까?'를 염두에 두고 수업을 준비했다. 필자보다 더 나은 생각을 갖고 있는 교사들의 사례를 찾아보는 과정이 즐거웠기에 밤늦게까지 수업 자료를 검색하고 제작하는 것이 스트레스가 되지는 않았다. 무엇보다 한 가지 특정 과목이 아니라 '모든 과목의 배움을 고민하는 교사'로 평가받는 것이 참 좋았다.

그러나 지난 2020년의 상황은 좀 달랐다. 모든 과목을 가르치고 싶었지만 학교를 위해 업무지원팀을 맡으면서 한 과목에만 집중해야 했다. 일이 너무 많아서 수업을 준비하는 게 버거웠기 때문이다. 그럼에도 모든 과목을 가르쳐야 하는 담임교사들은 어떻게 수업을 준비하고 있는지 궁금했다. 쏟아지는 교사들의 수업 콘텐츠와 동료 교사들의 실시간 화상수업을 지켜보면서 '내년에도 이런 상황이 이어진다면' 무엇을 중요하게 생각해야 할지 고민했다.

다른 이들의 자료는 매우 훌륭했다. 그러나 필자가 만날 아이들을 위한 학급 수준의, 교사 수준의 교육과정을 구현하자니 그대로 활용하기 어려웠다. 콘텐츠 제시형 수업을 위해 스스로 콘텐츠를 구상하고 제작해 봤다. 자료의 효과성을 계속 의심하면서 과제 제시형 수업을 고민해 보고, 사회에서 그토록 요구하던 실시간 화상수업을 병행하면서 무엇이 배움을 이끄는 수업이 되는지 고민하고 실천했다.

원격수업으로 과연 학생들의 배움이 일어나고 있는가?
수업 방식만 혼합하면 블렌디드 수업이 될 수 있는가?
원격수업은 과연 수업이 될 수 있는가?

이 질문에 대한 답을 찾아가는 여정이 이 책에 담겨 있다. 코로나19 시대 이전부터 실천하던 스마트 기기 활용과, 콘텐츠 제작에서 실시간 화상수업으로 나아가는 교사들의 원격수업 변화 과정을 담았다. 그 과정에서 맞닥뜨린 현장의 고민과 교사들의 애환도 담았다. 수업을 하고 난 다음에 남는 허전함이나 반성, 보람 같은 감정도 기록해 두었다. 곳곳에 드러나는 교육 비평과 교육철학에 대한 고민도 지나치지 않기를 바란다.

기술은 철학을 바탕으로 할 때 가장 매섭고 날카로운 무기가 된다. 필자는 무엇보다 이 책이 코로나19 시대를 거치며 쏟아진 수많은 학습 플랫폼 활용 안내 및 원격수업 기술 소개 속에서, 조금이나마 수업의 목적과 본질에 중점을 둔 책으로 빛을 발하기를 희망한다. 나아가 팬데믹 이후의 평범한 교실에서도 교사들이 수업을 구성하는 데 조금이나마 참고가 되는 책으로 남아, '원격수업이 수업이 되도록' 차근차근 한 걸음씩 나아갔던 필자의 고민이 여러 독자의 마음에도 가닿기를 바란다.

목차

Part 1

만나지 않아도
배울 수 있는 시대

: 포스트 코로나,
온라인 수업을 다시 생각한다

Part 2

온라인 수업 0교시

: 온라인 수업 제대로 하기 전에
점검해야 할 것들

Part 3

과목별
블렌디드 수업안

: 국·수·사·과·음·미·체

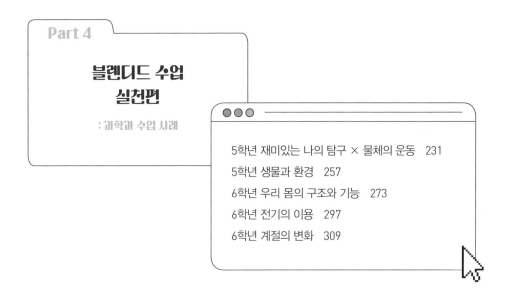

Part 4

블렌디드 수업
실천편

: 과학과 수업 사례

Part 1

만나지 않아도
배울 수 있는 시대

: 포스트 코로나,
온라인 수업을 다시 생각한다

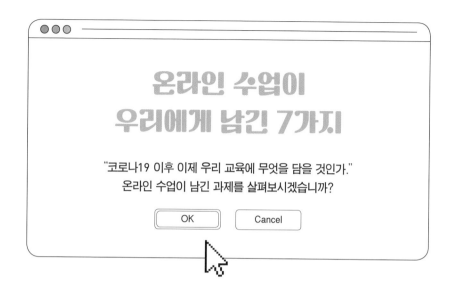

온라인 수업이
우리에게 남긴 7가지

"코로나19 이후 이제 우리 교육에 무엇을 담을 것인가."
온라인 수업이 남긴 과제를 살펴보시겠습니까?

OK   Cancel

2020년, 다소 혼란스러웠어도 일 년 단위의 정상적인 학사일정이 여러 굴곡을 거치며 가까스로 운영되었다. 이런 상황에서도 모든 교과를 지도했다고 문서상에 기록을 남길 수 있다는 것은 교사들에게는 큰 의미였지만, 한편으로는 불편했다. 이대로 학생들을 진급시켜도 되는 것일까? 학생들은 과연 얼마나 성장했을까?

지난 일 년은 무기력하고, 화가 나고, 매일매일이 막막한 한 해였다. 학생이 수업에 들어오지 않는다고 연락을 하면 전화를 받지 않거나 자고 있을 거라며 천연덕스럽게 이야기하는 학부모의 말에 화가 나기도 했다. 출석에만 10분 이상이 걸리는데 원격수업은 40분을 꼬박 지켜서 하라는 공문을 볼 때마다, 플랫폼을 통일하는 과정에서 하향평준화가 이루어지는 것이 속상해 동료 교사가 원망스럽다는 몇몇 교사들의 하소연을 들을 때마다, 원격수업의 질이 낮다

고 우려하는 언론 기사를 접할 때마다 특수한 상황이니만큼 사람은 미워하지
말자고 다짐했지만 쉽지 않았다.

원격수업으로부터의 도피

에리히 프롬(Erich Fromm)은 저서 『자유로부터의 도피(Escape from Freedom)』[1]
에서 현대인이 자유를 회피하는 이유를 역사적 배경으로 풀어내면서 자유를
포기하는 인간의 모습을 사회심리학적으로 분석·서술한다. 중세 봉건사회가
무너지고 새로운 유산계급이 형성되는 과정에서 그들은 억눌려 있던 개성과
욕구를 드러낼 수 있었지만, 동시에 불어난 재산을 지켜 내고 대중으로부터
지지와 신망을 얻기 위해 다른 유산계급과 경쟁해야 했다. 그 과정에서 통제
의 대상이 된 하층민과 자본을 독점한 유산계급, 그리고 그들과 경쟁할 엄두
를 내지 못한 중산층의 소외감은 자신에게 주어진 자유로부터 도피하려는 모
습을 보였다. 프롬은 이를 3가지 현상으로 서술했다.

첫째, 권위주의로의 회귀로, 모든 것을 결정해 주던 대상의 지시만을 기다
린다.
둘째, 경쟁 상대를 파괴함으로써 자신의 불안감을 해소한다.
셋째, 사태에서 한발 물러나 관망하며 시대의 흐름에 '순응'한다.

---

1 프롬은 자유로부터 생기는 책임을 질 수 없는 인간이 권위주의에 의지한다고 보았으며, 그 배경으로 나치즘을 꼽
는다. 그러나 이 글은 학교문화를 나치즘과 연결하려는 의도가 없다. 교사 개인을 고립시키고 무력하게 만든 시대
의 면모를 보여 주기 위한 인용임을 밝힌다.

곱씹어 볼수록 코로나19가 들이닥친 학교 사회의 모습과 참 닮아 있다. 봉건사회가 무너지던 것처럼 학교도 코로나19로 일시에 휘청거렸다. 휘청거리는 학교 시스템을 보완하기 위해 상급기관은 열심히 대책을 마련하고 공문을 생산했고, 학교 구성원은 모든 것을 결정해 주는 공문의 지시만 기다렸다. 일부 (혹은 상당수의) 교사들은 더 나은 기술을 활용할 수 있는 다른 교사들의 의지와 능력을 억제하면서, 급변하는 사태에서 새로운 것에 도전하기보다 플랫폼과 수업 방식의 통일로 안정만을 추구했다. 반면 컴퓨터 활용에 자신 있던 밀레니엄 세대 교사들은 에듀테크를 접목하여 새로운 수업을 개척하며 온라인 수업에 적응해 나갔다.

지난 일 년 불안정한 접속과 불완전한 수업 속에서 현장은 Zoom을 이용한 화상수업으로 통일되어 가는 듯했고, 누군가는 상향평준화된 수업을, 누군가는 하향평준화된 수업을 만들며 전혀 다른 상황으로부터 벗어나려 했다.

실시간 화상수업 만능주의

학교 현장과 관련하여 민원을 받는 이들은 유튜브에 업로드된 학습 콘텐츠를 링크하는 원격수업 방식에 대해 우려를 표하면서 '실시간 쌍방향 수업'을 강요에 가까운 느낌으로 권장했다. 이러한 주장에는 특정 수업 도구가 줄기차게 거론된다. 현재 제한 없이 사용할 수 있는 Zoom이 이제는 곧 유료화 수순을 밟아 나갈 예정이란 소식이 들리면서, 민간 도구에 의지하지 말자며 교육부와 교육청 주도의 자체 개발 플랫폼이 만들어졌다. 그러나 수차례 기능 오류로 현장이 끝없는 혼란에 빠진 경험이 있다 보니 민간 기관의 도구 없이 수업을 진행하는 교사의 입장은 불안하기 그지없다. 상황이 이러한데도 "자체 플랫폼을 쓰면 되잖아."라고 말하는 사람들을 보면, 한 번이라도 이용해 본 적은 있는지 의심스러울 때가 많다.

실시간 화상수업이 대세가 되어 버린 지금에 와서 콘텐츠 제시형 수업[2]을 평가하는 것이 어떤 의미가 있을지는 모르겠지만, 우리는 모든 가능성을 열어 두고 원격수업을 준비해야 한다. 콘텐츠 제시형 수업을 준비하고 싶다면 학생과 직접 소통하는 담임교사가 나오는 콘텐츠가 더욱 좋을 것이다. 만약 과제 제시형 수업을 준비한다면 간단한 과제보다 학생들끼리 협업하여 성취감을 느낄 수 있는 과제를 제시하거나, 교사와 학생의 소통을 필요로 하는 과제를 통해 학습은 물론 학생 개인의 성장까지 촉진할 수 있는 것이 좋다. 그러다가 소통에 한계를 느끼거나 모두 함께 이야기할 필요성이 느껴진다면 그때 화상수업을 실시하는 것도 합리적이다.

상황에 맞는 수업 형태가 있고, 현실을 고려한 수업이 필요하다. 지금 상황에서 '이것만이 정답이다'라고 말할 수 있는 절대무결의 원격수업 형태는 존재하지 않는다. 일부 학생들에게는 실시간 화상수업만큼 고통스럽고 귀찮은 수업이 또 어디 있겠는가. 우수한 학생은 자신의 속도에 맞게 빨리 다음 진도를 공부하거나, 자신에게 부족한 부분에 더욱 집중하고 싶어 한다. 반면 학습에 열의가 없거나 학습 이외의 분명한 진로를 정한 학생이나 가정에서는 원격수업으로 부모와 학생 모두를 피곤하게 만드는 상황이 그리 달갑지 않다.

물론 교사와 학생의 인간적인 만남, 학생과 학생을 연결하기 위한 관계 형성을 위해 서로의 얼굴을 마주 보는 시간이 필요하다는 주장은 여전히 설득력

---

2 교육부·교육청에서 제시한 원격수업 유형은 크게 3가지다. 콘텐츠 제시형, 과제 제시형, 실시간 쌍방향 수업이다. 어느 하나를 독자적으로 쓰기보다는 혼합하여 쓰라고 했는데, 민원이 많은 지역 교육청 단위로 내려오면서 실시간 쌍방향 수업의 비율이 더욱 강조되었다.

이 있다. 그렇기에 실시간 화상수업이 보다 큰 비중을 차지하는 것이 바람직할지도 모른다. 그러나 이런 고민을 해결하기 위한 학교 구성원의 소통과 노력을 촉진할 수 있도록 지원하는 것이 우선이지, 교육의 의미는 모른 채 '실시간 쌍방향'이란 용어만 강조하면서 특정 수업 도구만 홍보하는 현재의 원격수업은 대단히 부적절하다. 교육에는 상호작용, 즉 쌍방향이란 말이 이미 내포되어 있다. 그러니 교육을 모르는 사람처럼 실시간 쌍방향 수업만 제대로 된 수업인 양 언급하는 우는 멈춰야 할 것이다.

『유튜브는 책을 집어삼킬 것인가』에서 저자들은 유튜브 시대의 새로운 리터러시 도구로서 영상 매체를 인정한다고 하더라도 텍스트의 가치는 변하지 않을 것임을 차근차근 설명한다. 저자들은 상황에 맞는 디지털 매체를 활용하는 것이 진정한 리터러시이고, 시간의 연속성을 한 번에 담고 '생각을 깊게 정리하도록' 유도하는 텍스트의 가치는 쉽게 사라지지 않을 것이라고 주장한다. 동시에 영상으로 지식을 습득하는 현재 아이들의 리터러시도 존중받아야 하며, 특정 방식만을 이용한 지식의 전달로 학생들의 리터러시 역량을 평가하는 것을 '리터러시를 정의하는 권력'이라고 비판한다.

텍스트가 여전히 중요하듯 수업에서의 형식, 즉 교사와 학생이 얼굴을 마주보며 소통하고, 질문하고, 설명하는 수업도 중요하다. 학생 참여 중심 수업이 교육계를 휩쓸고 있는 지금, 우리가 이토록 단시간에 지식을 쌓고 창조할 수 있었던 힘은 다름 아닌 우리가 그토록 경계하고 멀리하는 강의식 수업이었다. 지금의 교육은 강의식 수업의 장점을 인정하면서도 학생 참여 중심 수업이 균형 있게 유지되고 있다. 또한 사회적 상호작용이 강조되는 협동학습을 비롯, 개인의 특성과 수준, 성향에 맞는 개별화 수업이 이뤄지고 있다. 어느 것 하나를 정답이라 할 수 없는 것은 교육을 전공하고 실천해 본 사람이라면 누구나 공감할 수 있다. 누군가에게는 강의가 필요하고, 누군가에게는 자율이 필요하다. 교육은 모든 학습자를 하나의 잣대로 평가하거나 교육할 수 없다는 현실을 인정하고 있기 때문이다.

이를 우리의 현실에 비추어 보면 참 안타깝다. 여전히 실시간 화상수업이 중요하다고 생각하고, 또 실제로 그러하지만, 동시에 면대면으로 수업을 해야만 하는 것은 결코 아니다. 화상수업 도구가 지니는 근본적 결함은 오히려 우리가 생각하는 현장의 면대면 수업보다 훨씬 어렵고, 비효율적일 수 있다. 필요할 때 적재적소에 맞춰 사용하고, 다양한 학습 유형과 곁들여서 함께 나아가야 한다.

연대와 소통의 필요성

에리히 프롬은 자유로부터 도피하려는 근대인의 불안을 해소하는 대안으로 '연대'를 제시한다. 온라인 수업이 본격화되면서 꾸준히 협의회를 열고 대책을 논의했지만, 무엇보다 필요한 것은 원격수업을 어려워하거나 두려워하는 동료 교사를 위한 연대가 아니었을까. 서로 의지하고, 믿고, 적극적으로 논의하면서 교사가 가장 잘할 수 있는 방법으로 수업을 개척해 나가는 것이 필요하다. 그리고 불안을 해소하고 우리의 수업 행위가 평가절하되지 않기 위해서는 동료, 학부모, 학생들과 끊임없이 소통하고 연대하는 것도 필요하다.

"○○이는 부모님의 도움으로 화상수업을 잘 따라오고 있지만, 꽤 많은 학생들이 접속 자체를 어려워하고 있습니다. 화상수업이 안정화될 때까지 조금 기다려 주실 수 있을까요?"

"교장 선생님, 화상수업을 해 보니 아침에 접속 자체가 안 되어 결석률이 증가하고 있습니다. 이러한 상황에서 화상수업을 모두 해야 하는 것이 부담스럽습니다. 선생님들과 함께 이 문제를 논의해 보면 안 될까요?"

"선생님, 저는 과제를 제시하더라도 피드백을 받는 순서와 방법을 이렇게 바꿨더니 학부모도 만족하고 저도 부담이 덜하더라고요."

"실시간 화상수업은 방해 요소가 너무 많아요. 콘텐츠로 제시할 것과 실시간으로 진행할 영역을 나눠 보는 것은 어떨까요?"

각자의 방식을 존중하고, 이해하고, 서로의 장단점을 공유하면서 보다 효과적인 방법을 마련해 나갔다. 그러다 자연스럽게 화상수업의 확대 필요성을 느끼기 시작했고, 2학기가 되면서 많은 교사들이 스스로 화상수업에 도전하고 시도하는 모습을 확인하였다. 혹자는 이런 지점이 조금 늦었다고 평가할 수도 있겠지만, 외부의 강요 없이 교사 스스로 선택하여 수업을 변화시키고 있다는 점은 매우 긍정적으로 평가하고 싶다.

학생 교육에 가장 중요한 지점은 동기다. 이는 학생뿐만 아니라 교사, 학부모, 우리 사회 구성원 모두에게 적용된다. 필요성을 느끼고, 동료와 협의하고 함께 고민하면서 최적의 방안을 만드는 문화야말로 학교가 지금의 어려운 상황을 슬기롭게 대처할 수 있는 가장 좋은 방안이다. 필자가 근무했던 학교에서는 교사들의 자발적 변화와 시도로 실시간 화상수업이 하루 4~5시간으로 늘어나자, 급기야 화상수업을 조금 줄여야겠다는 논의까지 이루어졌다. 학생들의 건강과 흥미 유지를 위해서 당연히 논의해야 할 주제였다.

학생에게 학습 동기가 필요하듯 교사에게도 동기가 필요하다. 연대와 소통으로 원격수업에서 필요한 부분을 찾아내고 실천하려는 동기를 만들되, 학생을 배려하여 지속가능한 배움이 일어나도록 힘을 모아야 한다.

'학교자치'라는 필연

원격수업을 운영하면서 무엇보다 학교자치가 필요하다는 점을 절실히 깨달았다. 교육부나 교육청에서 내려오는 하나의 문서에 전 지역이 매달려야 하는 웃픈 현상은 학교 구성원을 수동적으로 만들었다. '단, 300명 이하 소규모 학교는 전체 등교 가능', '단, ○○은 예외' 등의 문장은 공문에 빈번히 등장했다. 어려운 상황 속에서도 어떻게든 교육을 실현시키려는 노력을 모르는 것은 아니다. 1천 명이 모인 곳보다는 300명 이하로 모이는 곳이 감염 확산으로부터 피해를 최소화할 수 있다는 것도 충분히 이해한다. 그러나 300명 이하의 교실과 그 이상의 학교 교실에 학급당 학생 수는 얼마나 큰 차이가 있는가? 학급 수로 인해 생기는 불평등의 문제는 어떻게 해결해야 할까?

사실 전교생 수보다 더 중요한 것이 학급당 학생 수다. 학교를 부분적으로 나누어 볼 수 없도록 일괄적인 지시가 내려오는 상황은 학급 인원을 나누거나 오전/오후반으로 매일 등교하게 하려는 학교 현장의 고민을 어렵게 만들었다. 상황에 따라, 지역에 맞춰 원격수업을 줄이거나 늘리는 탄력적인 운영으로 학교가 스스로 결정하고 움직일 수 있는 토대가 마련되어야 한다.

다시 깨닫게 되는 학교의 가치

이쯤에서 우리는 코로나19 시대의 학교교육을 탓하기 전에, 이전의 학교가 얼마나 잘해 왔는지, 또 이후의 학교가 어떻게 바뀌어야 하는지에 대해 논해야 한다. 원격수업의 질을 두고 학교에 대한 불신이 더욱 커졌다고 비판하는 이들도 많지만, 한편으로는 그동안 학교가 우리 사회에서 어떤 역할을 해 왔는지 깨닫는 계기가 되었다. 코로나19로 학교가 문을 닫은 동안 상당수 학생들이 소규모로 운영되는 학교와 사교육으로 학업을 유지했음에도 전체적인 학업성취도는 저하되었다. 이는 학교가 학생의 학업, 특히 중위권 학생들의 학업 역량을 이끄는 핵심 역할을 했다는 것을 반증한다. 학업뿐만 아니라 교우관계, 사회성, 놀이, 스트레스 해소 등 다양한 방면에서 학생의 전인적 성장에 학교가 지대한 영향을 끼친 것은 부인할 수 없는 사실이다. 코로나19는 학교의 가치와 역할을 새삼 확인시켜 주는 계기가 되었다.

교육과 학교 운영의 새로운 변화

실시간 화상수업은 본의 아니게 전 국민 공개수업이 되어 버렸다. 그러다 보니 교사들은 학생을 대하는 언어에도 신중을 기하게 되었다. 또한 대부분 비대면 수업이 이루어지다 보니 물리적인 학교폭력이 줄어들었으며 초상권을 비롯해 수업권 등 학생의 권리에 대한 교육의 필요성이 제기되었다.

수업뿐만 아니라 교직원 회의도 화상 회의가 늘어났다. 언제든 익명으로 이야기할 수 있는 설문지를 공유하는 경우가 늘면서 그동안 교직원 회의에 소극적이었던 교사들도 자신의 의견을 솔직하게 개진하기 시작했다. 학부모와의 상담도 화상으로 이루어지면서, 보다 많은 학부모가 퇴근 후 참여할 수 있는 기회가 늘었다.

디지털의 생활화

평가 시스템은 오히려 좋아졌다. 자동 채점과 통계가 이루어지면서 학생의 학습 상황을 분석하는 일이 훨씬 쉬워졌다. AI가 본격적으로 도입되면 학습자 정보 수집 기능은 교사의 수업과 교육과정을 더욱 풍요롭고 효과적으로 만들어 줄 것으로 예상한다. 이것이 정책적으로 지원된다면 학교민주주의는 물론이고, 교육 수준의 향상을 만들어 낼 것이다.

몇 가지 재밌는 상상을 해 볼까?

"지금부터 방금 배운 내용을 퀴즈로 내 볼 테니까 각자 책상에 있는 태블릿을 켜서 퀴즈방으로 들어가 볼까?"(이런 상상을 위해서는 책상과 태블릿이 결합되어 있어야 하고, 태블릿은 매립형으로 숨어 있다가 필요할 때 꺼낼 수 있으면 좋겠다. 다 쓴 다음엔 판으로 덮어서 교과서를 올릴 수 있도록.) 학생들은 퀴즈에 응답하고, 응답 결과는 바로 채점된다. 수업 중 형성평가 제출과 채점이 2분 안에 완료되고, 교사는 결과를 통해 그 수업 시간 내에 바로 피드백을 할 수 있다.

모바일로 언제든 공문을 확인하고 처리 가능한 시스템이 구축된다면, 교사의 업무 또한 한결 수월해질 것이다. 미래의 어느 날, 방과 후에 업무포털로 공문이 왔다. 공문의 내용을 보니 교사들이 화를 낼 만한 내용이다. 예전(그러니까 아마 2021년쯤) 같으면 공문을 받는 대로 다 읽고 처리해야 하겠지만, 지금은 상황이 다르다. 이제는 공문 밑에 '좋아요'와 '싫어요' 버튼이 있어서 교사들은 공문에 대한 반응을 솔직하게 드러낼 수 있다. 검찰의 '이프로스' 같은 내부 게시판이 교육계에도 도입되었으니, 용기 있는 교사는 이 공문에 대해 적나라한 비판의 글을 쓸지도 모르겠다. 학교 내 물품 개수를 물어보는 공문은 점점 줄어들고, 학교는 교육에 전념할 수 있는 시대라니!

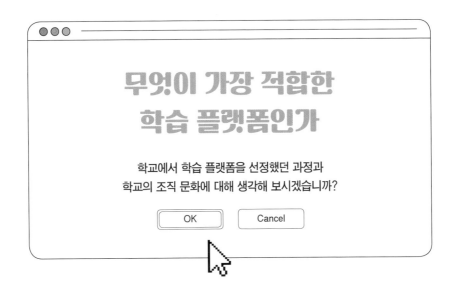

무엇이 가장 적합한
학습 플랫폼인가

학교에서 학습 플랫폼을 선정했던 과정과
학교의 조직 문화에 대해 생각해 보시겠습니까?

OK   Cancel

코로나19 시국 이래로 원격수업을 위한 학습 플랫폼 선정에 대해 다양한 논의가 있었다. 그 결과 아마도 각 학교의 여건에 맞는 플랫폼이 선정되었을 것이다. 그러나 1학기 상황을 떠올려 보면 학습 플랫폼이 먹통이 되어 제 기능을 하지 못했다는 소식을 자주 접했다. 설령 가까스로 플랫폼을 이용할 수 있게 되었더라도, 학부모와 학생들은 이곳에서 제공하는 수업이 양질의 콘텐츠가 아니라며 불만을 표시했다.

기차 플랫폼을 떠올려 보자. 그곳에는 수많은 역무원이 이용객의 편의를 위해 대기하며, 기차 플랫폼의 구석구석을 정확하게 파악하고 있다. 기차 운행 시각이나 이용 정보에 대해 누구보다 정확하고 책임 있는 판단을 내릴 수 있는 역무원이라는 존재가 플랫폼을 지키고 있기에 승객은 어려움이 있을 때 그를 찾아 문의한다. 원격수업을 위한 학습 플랫폼에도 이를 이용하는 학생들에게 도움을 주는 존재가 필요하다. 당연히 그 존재는 교사일 수밖에 없다. 따라서 교사는 플랫폼과 플랫폼에 담기는 콘텐츠의 성질, 교수·학습 효과를 정확하게 파악해야 한다.

물론 학습 플랫폼을 이용하고 활용하는 방법에 대한 수많은 콘텐츠가 전국 교사들의 손과 머리에서 제작되었지만, 초창기에는 교사의 수업 시간을 채울 학습 콘텐츠가 대부분이었고, 학생의 플랫폼 접속과 이용을 위한 콘텐츠는 그 이후에 늘어나기 시작했다. 이는 교사가 플랫폼 이용에 대해 여러 방면으로 실험하고 접근하면서, 학생의 입장에서 어떤 점이 어려운지 살펴보기 시작했다는 것을 의미한다.

그러나 접속 장애 같은 플랫폼 이용의 어려움을 이런 영상만으로 해결하는 것은 한계가 있었고, 이를 극복하는 과정은 오롯이 현장 교사의 몫이었다. 뒤늦게 각 시·도 교육청에서 플랫폼 개발이나 사용에 관한 지원단을 조직하여 현장에 안내했지만, 이 역시 분명한 한계가 있었다. 현장에서 학급을 맡아 수업을 해야 하는 평범한 교사들이 지원단이라는 타이틀을 갖춘다고 하여 모든 문제를 해결해 줄 수는 없는 노릇이었다. 다시 말하지만 그들 또한 우리와 마찬가지로 학생 교육을 책임지는 교사들이다. 그들도 주로 사용하는 학습 플랫폼이 있고, 근무 여건과 환경이 다르기에 각 지역에서 산발적으로 일어나는 다양한 오류와 문제 유형에 대해 즉각적으로 대처하기 어려웠다. 그러니 전국의 모든 교사들이 자신이 쓰는 학습 플랫폼의 생태계에 대해 정확히 이해하지는 못하는 상황이다.

교사는 프로그래머가 아니며, 원격수업 역량을 갖출 어떠한 프로그램 이수도 제대로 받지 못하였다. 또한 교육은 인간과 인간의 만남을 최우선으로 하는 관계를 통해 이루어지고, 지식의 탐구와 습득, 창조마저도 관계의 형성 과정에서 그 의미를 가지는 것이기에 원격수업이 부실하다고 하여 교사를 원색적으로 비난하는 것은 씁쓸하고 안타까운 일이다.

그러나 시간이 지났고, 우리는 이에 적응할 경험을 쌓았고, 관련 연수들이 빠르게 공급됐다. 우리는 교사의 존재 이유인 교육을 위해 어떻게든 원격수업에 뛰어들어야 한다. 나아가 대면 수업에서도 활용할 수 있는 원격수업을 익혀 나간다면 '블렌디드 러닝'으로 훨씬 알차고 풍성한 수업을 구성할 수 있다.

만약 여전히 사용하고 있는 학습 플랫폼에 대해 자신 있게 설명할 수 있는 역량이 갖춰지지 않았다면 둘 중 하나를 선택해야 한다. 많은 사람들이 이용하고 있어서 나 대신 문제 상황을 해결해 줄 수 있는 범용 플랫폼을 고르거나, 지금껏 활용한 플랫폼을 좀 더 연구해서 자기 것으로 만드는 것이다. 둘 중 어떤 선택도 마음에 들지 않는다면 '자신이 추구하는 수업의 본질'을 가장 잘 구현할 수 있는 플랫폼을 골라 처음부터 시작하는 것을 추천한다. 무엇을 선택하든, 내가 추구하고 싶은 수업의 본질을 구현하는 데 적합해야 한다. 이러한 적합성을 판단하는 조건에 '다양한 기능'이 포함되어야 하는 것은 결코 아니다. 도구의 화려하고 유용한 기능은 분명 수업을 풍요롭게 하지만, 중요한 것은 따로 있다.

플랫폼 선정과 학교의 조직 문화

안타깝게도 교사가 추구하는 수업의 본질을 구현할 수 있는 학습 플랫폼 선정은 학교 조직의 경직성 앞에 좌초되는 경우가 많았다. 학교는 '통일성'이란 이름 아래 플랫폼을 하나로 통일할 것을 은연중에 수차례 강요해 왔다. 하지만 학생이 처한 환경과 학습 수준이 저마다 다른 상황에서 플랫폼 통일은 있을 수 없다. 플랫폼의 통일은 좋은 교육을 받을 권리가 있는 학생과, 이 학생에게 교육의 목적을 달성시켜야 하는 교사의 의지를 좌절시킨다. 가장 안타까웠던 것은, 학생 교육에 꼭 필요하다고 판단된 특정 플랫폼의 기능을 사용하고 싶어도 주변 동료의 눈치 때문에 사용하지 못하거나, 몰래 다른 플랫폼을 이용한 교사가 있다는 것이다.

학습 플랫폼의 통일이 분명 학습자나 가정의 입장에서는 유용한 면도 있겠지만(이를 테면 한 집에 사는 4학년, 6학년 남매가 서로 다른 플랫폼을 이용하여 이를 관리하는 데 어려움을 호소하는 학부모의 민원이 있었다), 단언컨대 교육적인 측면에서는 플랫폼을 통일하는 것보다 통일하지 않는 것이 교육적으로나 교사의 성장 측면에서 훨씬 낫다.

비단 플랫폼 선정만이 문제가 아니라, 수업지도안 양식을 통일하거나 옆 반과 교육과정, 학급 행사마저 통일시켜 학급의 다양성을 저해하는 수많은 조직 문화가 학교에 존재한다. 수업 방식과 틀을 모두 통일할 요량이라면 뭣 때문에 교사를 수천 명씩 뽑겠는가. 그저 강의 잘하는 EBS 강사나 학습 발달에 맞는 교육부용 콘텐츠 하나를 제작하여 전국에 뿌리면 그만이다. AI 시대가 오면 정말 그런 일이 벌어질지도 모르니, 통일을 좋아하는 교사들은 반드시 새겨듣고 다시 생각해 봐야 한다. 그리고 교사의 의지와 학생의 발달 수준에 상관없이 플랫폼이 선정된 것은 아닌지 되돌아봐야 한다.

학교의 플랫폼 선정 과정

필자가 근무했던 학교는 어떤 플랫폼을 선정하더라도 학생의 배움에 대해 교사가 보다 깊이 생각하고, 효과적으로 접근하기를 바랐다. 비록 대면 교육만큼은 아니더라도 이 기회를 통해 학생과 교사가 함께 성장할 수 있으며, 또 다른 배움의 가능성을 엿볼 수 있다면 그것만으로도 충분하다고 생각했다.

당시 근무했던 학교의 비전은 '모두가 존중받는 행복한 학교'였다. 교사들이 하고 싶은 교육활동이 학교 조직의 통일성이나 경직성 때문에 좌절되지 않기를 바라는 마음이 반영되어 있는 비전이다. 간혹 반티를 맞춰 입는 교사에게 옆 반 동료 교사가 눈치를 준다거나, 뭔가를 하더라도 함께 하자며 통일성을 강조하는 학교 문화가 매우 답답했다.

이런 학교 조직의 경직성은 온라인 학습 상황에서도 여전히 심각한 문제로 작용했다. 교사 본인이 하고 싶은 플랫폼을 선정하지 못하고, 교사 개인의 역량과 전혀 상관없는 플랫폼을 고르도록 강요하는 학교가 상당히 많았기 때문이다. 얼굴을 드러내고 아이들과 소통하고 싶은 교사도 동 학년 다른 교사들의 반대 탓에 얼굴을 가리고 수업하거나 링크 영상으로 대체하였다는 이야기를 들으면서, 위기 상황에서 유연해야 할 조직의 정체성과 적응력에 대해 다시 생각해 보게 되었다.

필자의 학교 역시 학습 플랫폼을 선정해야 하는 상황에서 전입 교사와 고경력 교사가 많은 데다, 서로 처음 경험하는 원격수업인지라 하나의 플랫폼으로 통일했을 때 감수해야 하는 학교 단위의 혼선이 부담스러웠다. 그래서 필자는 다양성 있는 유연한 원격수업을 바라며 여러 플랫폼을 소개했다. EBS 온라인 클래스, 위두랑, e학습터, 구글 클래스룸, MS 팀즈, Zoom, 구글 미트, 패들렛, 밴드, 칸아카데미, 클래스카드, 클래스팅 등을 시연했고, 결과를 간단히 정리하여 동료 교사들과 공유하였다. 그 후에는 각 학년군이 회의를 하였는데, 학교 전체를 통일시키기보다는 학년 또는 학급 개성에 맞게 자유롭게 정하자고 제안했다. 다음 [표 1-1]은 당시 시연했던 학습 플랫폼의 기능을 간략하게 요약한 것이다(2020년 초에 분석했던 자료여서 지금은 각 플랫폼의 기능이 많이 개선되어 표의 내용과 실제 플랫폼의 기능에는 다소 차이가 있다).

[표 1-1] 시연 학습 플랫폼 분석

구분	예시	테스팅 결과					기타
		진도 체크	피드백	시간	모바일	활동 유무	
실시간 쌍방향 수업	• 실시간 원격교육 플랫폼을 활용 • 구글 미트, MS 팀즈, Zoom 등 활용	• 전원 참석이 어려움. • 기술적 문제					초등은 권장 사항
학습 콘텐츠 + 플랫폼 관리	e학습터	O	×	3-5분	×	×	서버 과부하 예상
	EBS 온라인클래스	O	×	20-30분	×	×	문제집 필요 / 서버
	EBS 라이브 듣고 알게 된 점 쓰기	×	×	30분 ×4T	O	×	기기 제약 ×
	클래스팅에 과제 제시	O	O	-	O	O	유료 결제 필요
	칸아카데미(수학) /클래스카드(영어)	O	O	-	O	O	형성평가, 퀴즈
	구글 사이트 도구, 패들렛 등	×	O		O	O	편리함.
과제 제출형	교사가 온라인으로 교과별 성취기준에 따라 과제 제시 및 피드백 → 구글 클래스룸, MS 팀즈	O	O	-	O	O	• 일괄 계정 생성(동의서 필요) • 접근이 까다로움.

※ 2020년 3월 기준

필자의 시연은 나름 의미 있는 진동을 만들어 냈다. 어떤 학년군은 이미 내부적으로 특정 플랫폼을 쓰자고 협의가 되어 있어서 시연이 무의미했지만, 어떤 학년군에게는 각 플랫폼 시연 과정에서 나름의 문제점을 파악하고 다시 생각해 보는 계기를 만들어 냈다. 일례로 당시 e학습터의 경우 4~5분짜리 영상만으로 과연 수업이 가능한가에 대해 의문이 일었고, EBS 온라인클래스의 경우 EBS 문제집을 활용하여 공부해야 한다는 조건이 장점이자 단점으로 떠올랐다. EBS의 영상은 20~30분이었지만 강의가 매 차시마다 있었던 것은 아니어서, 결국 차시별로 영상 분량을 나누면 e학습터와 비슷한 시간대가 된다는 점도 발견했다.

플랫폼을 하나로 통일하려는 학교와, 공부하고 논의하는 학교의 차이는 바로 이런 것이다. 교사의 전문성이 얼마나 되살아나는가, 그리고 그 전문성을 바탕으로 학생들에게 어떤 교육을 실현할 것인가가 중심이 되어야 한다. 무엇을 선택하느냐에 따라 교육의 방향은 생명력을 잃기도 하고 얻기도 한다.

필자의 학교는 1−2학년은 e학습터 링크에 학습꾸러미로 원격수업을 운영하고, 출결은 학교에서 사용하던 '학교종이' 시스템을 활용해 학부모의 부담을 최대한 낮추었다. 3−4학년은 EBS 온라인클래스와 밴드를 이용해 학습에 초점을 맞춰 기초학력을 보완하는 모습을 보였다. 5−6학년은 한 학급을 빼고는 클래스팅과 카카오톡 단체채팅 기능을 이용해 과제물을 수합하고, 고학년 학생의 특성에 맞게 활발한 SNS 소통을 추진했다. 다른 학급에 대한 사례는 다음 장에서 밝힐 것인데, 6학년에서 반마다 서로 다른 플랫폼을 선정해 운영한 덕에 다른 학년에서 중간에 플랫폼을 변경하는 것에도 한층 더 허용적인 분위기가 조성되었다.

선정하고 나서 보니 학년군별 학생 발달에 맞춰 고루 다양한 플랫폼이 선정·운영되었다. 심지어 한 학년 내에서도 서로 다른 플랫폼을 사용하자고 교사끼리 합의가 되었다. 결과론적인 이야기지만 플랫폼을 분산하여 선택한 것은 신의 한 수였다. e학습터와 EBS 온라인클래스의 접속 과부하가 발생했을 때 피해는 일부 학년만 감당하면 되었기에 학교 전체가 멈추는 일은 피할 수 있었다.

[표 1-2] 학년별 학습 플랫폼 선정 목록(2020년 3월 기준)

학년	플랫폼		세부 내용			
			출석 확인	콘텐츠	학습 확인 (피드백)	기타
1-2	학교종이+e학습터(링크)		설문 기능 활용	e학습터 링크	- 댓글 - 유선	저학년 수준을 고려해 링크 제공
3-4	학교종이+EBS 온라인클래스 (학급 개설)		설문 기능 활용	EBS 온라인클래스	- 댓글 - 학습 결과물(교재)	학급 개설로 진도 확인, 교재 제공
5	클래스팅+EBS 온라인클래스 (링크)+패들렛		클래스팅 기능	클래스팅 과제 +EBS 강의	- 댓글(패들렛 활용) - 학습 결과물(교재)	EBS 온라인클래스(링크), 교재 제공
6	다음 카페 (1반) 클래스팅 (2반)	담임이 상호 학급에 참가, 과제 공유	- 카페 공지 - 클래스팅 기능	EBS 라이브 링크	- 댓글 - 학습 결과물	과제 제출, 확인 후 체크리스트 공지
영어 전담	• 3-4학년: e학습터 부담임 • 5-6학년: 담임에게 콘텐츠 (링크) 제공		학년 플랫폼	- 디지털교과서 - e학습터, EBS	학년 플랫폼	영어 전담교사 간 코티칭 (공동수업)
과학 전담	5-6학년: 구글 클래스룸+패들렛		설문 기능 활용	- 디지털교과서 - 자체 실험 영상	- 과제 반환 - 실시간 협업	일괄 계정 생성(동의서 필요)
공통	• 전담은 담임교사의 플랫폼에 참여해 해당 과목 콘텐츠에 대한 학습 확인 및 피드백 • 각 콘텐츠와 담임교사 자체 과제를 제공 • 학생과의 소통, 피드백이 플랫폼으로 어려울 경우 유선 전화/과제 결과물 사진 첨부한 문자 전송 등으로 대체					

※ 1학기 말과 2학기로 넘어가면서 학년군이 이용하는 학습 플랫폼은 유연하게 변경되었다. 1-2학년군은 EBS 방송 송출 덕분에 학생이 직접 풀 수 있는 학습지 자료 제작 및 제공으로 힘을 쏟을 수 있었고, 3-4학년의 경우 EBS 온라인클래스 접속 과부하의 경험

을 해결하기 위해 부분적으로 네이버 밴드를 개설, 학부모·학생과 소통하였다. 5학년은 클래스팅을 기본으로 하였는데, 클래스팅의 기능 개선에 힘입어 지속적으로 사용하였으나 부분적인 접속 과부하 및 플랫폼 변화의 필요성을 느껴 EBS 온라인클래스 대신 패들렛이나 구글 설문지 퀴즈 등을 이용하여 학생의 학습 성취수준을 부분적으로 파악하였다. 6학년의 사례는 다음 장에서 자세히 다루기로 한다.

이러한 과정을 통해 한쪽이 멈추면 다른 대안을 마련해야 한다는 의식이 생겨났고, 여차하면 다른 학년군이 사용하고 있는 학습 플랫폼으로 이사할 수 있는 여유도 생겼다. 필자 또한 그런 의미에서 초등학생과 운영하기에는 정말 어려움에도 불구하고 '구글 워크스페이스(Google workspace for education, 당시 명칭은 G-suite for education이었다)'를 선택하였다. 구글 워크스페이스는 구글 클래스룸, 구글 드라이브, 구글 문서, 구글 스프레드시트, 구글 프레젠테이션, 구글 미트, 잼보드 등으로 이루어져 있다.[3]

서로 다르지만 우리는 결국 학생의 배움이라는 목적지를 향해 달려간다. 하나로 통일한다고 해서 이 목적이 달라지거나 훨씬 더 수월해지는 것은 아니다. 오히려 교사 개인의 개성을 존중하고 다양성을 확보할수록 더 건강한 조직으로 거듭나고, 유연한 배움을 추구할 수 있다.

그러나 원격수업이 진행된 일 년 동안 다양성이 지니는 함정과 한계도 분명 존재했다. 2~3명의 자녀가 있는 가정에서는 각 학생마다 다른 학습 플랫폼을 다루어야 하는 문제가 생겼다. 또 '우리 딸 담임은 밴드를 쓰던데 왜 밴드를 쓰지 않느냐', '구글 클래스룸을 설치하느라 구글 패밀리링크를 지웠는데, 아이들

---

3 2021년 현재, 안정적인 화상수업 및 다양한 클라우드 기반의 구글 플랫폼을 적극 활용하고 싶어서 2020년 겨울 방학에 구글 공인 시험에 응시하여 현재 구글 트레이너 자격증을 취득했다. 그사이 공적 부문에선 e학습터가 무서운 속도로 발전하였고, 네이버 밴드나 클래스팅도 원격수업 관리에 최적화된 방향으로 발전해 나갔다.

의 유튜브 접속량이 훨씬 늘었다' 같은 학부모의 민원은 교사로서 한 번쯤 염두에 두어야 할 대목이다. 그럼에도 불구하고 다양성은 학교라는 교육기관이 매우 소중하게 가꿔야 할 가치이므로, 교사는 사용하고자 하는 플랫폼의 기능상 문제점을 정확하게 파악해 두고, 학생에게 생기는 어려움을 가정이 떠안지 않도록 살펴보는 세심함을 지녀야 한다. 지금의 학생들은 디지털 환경에 익숙한 세대가 맞지만 그것이 모든 학생이 온라인 수업에 익숙하다는 걸 의미하는 건 아니다. 학생 개개인의 경험이나 환경에 따른 친숙도 차가 굉장히 커졌다고 보는 게 좀 더 정확하다. 그러니 교사는 학생들이 진행상 난관을 겪고 있지 않은지 꼼꼼히 확인하고 차근차근 설명해 주어야 한다.

한 가지만 있다면 모든 플랫폼은 옳다

학습 플랫폼은 다양했지만 역시 학교는 통일성을 완전히 놓는 일에 부담을 느끼는 기관이다. 이를 해결하기 위해 고학년 교사들은 과제의 형식과 교육과정을 함께 연구하여 과제를 제시하자고 합의하였고, 서로의 플랫폼에 교사가 함께 가입하자는 의견이 나왔다. 정말 좋은 의견이라 생각했다. 비록 온라인이지만 학급 상황을 조금이나마 개방하는 것이기 때문이다.

필자는 전담교사를 맡은 터라 5-6학년군의 플랫폼에 모두 가입해 학생과 교사가 서로 소통하는 모습을 관찰할 수 있었다. 코로나19가 준 가장 큰 혜택이 아닐까 싶은데, 짧은 시간 안에 서로 다른 경험과 철학을 지닌 여러 교사의 학급 운영과 수업 방식을 살펴볼 수 있었다. 필자 또한 수업을 개방했다.

특이했던 경험은 6학년 부장선생님의 플랫폼과 그 반 학생들이었다. 6학년은 서로 다른 플랫폼으로 운영하였는데, 그중 한 반은 다음 '카페'를 이용하여 운영하였다. 그분은 젊은 시절부터 카페를 이용해 학생들과 소통하였던 경험이 있었던지라, 익숙했던 플랫폼을 이용해 학습 자료를 누적하고 계셨다.

처음에는 '이 플랫폼으로 학습이 이루어질 수 있을까?'라고 생각했다. 그런데 한 학기를 보내면서 가장 적극적으로 학습에 참여하고 과제를 제출한 것은 다름 아닌 다음 카페를 선정한 이 반 학생들이었다. 필자는 5–6학년 4개 반을 참관하고 있어서 비교 대상은 이 4개 반이었는데, 5학년 학생들을 2년간 가르쳤던 경험 탓에 5학년 학생들이 스마트 기기를 잘 다루고 학업 능력도 뛰어나다는 것을 알고 있었다. 하지만 실제로는 5학년 학생들의 초반 부진이 심해진 반면, 원격수업 상황에서는 학업 능력이 다소 뒤처질 것이라 생각했던 6학년 학생들의 과제 제출률이 훨씬 높았다.

해당 선생님의 학급 운영 방식을 관찰하고 나서 그 이유를 알 수 있었다. 담임교사는 매일 아침 페이스톡으로 학생과 일대일 대화를 하였고, 과제 현황 체크리스트를 올려가며 학생들의 과제 제출을 독려하였다. 그래도 과제를 제출하지 않은 학생에게는 직접 전화를 걸어 학생의 안부를 묻고 과제 여부를 확인하였다. 체육이나 음악 같은 수업에서는 본인이 직접 솔선하여 영상을 녹화한 후 이 영상을 업로드하였다.

어떤 플랫폼이 학습에 도움이 될지 한참을 고민하던 시간이 무용지물이었던 것은 아니지만, 플랫폼을 따지는 것이 그렇게 중요한 일이 아님을 깨닫는 계기가 되었다. 플랫폼에 상관없이, 뛰어난 학생들의 유무와 관계없이도 과제 제시형 원격수업이 잘 이루어질 수 있었던 비결은 바로 플랫폼에 익숙하면서도, 플랫폼으로 학생을 끌어들일 매력을 지닌 존재, 교사였다.

원격수업이 아무리 발전하고 비대면 형식의 수업 형태가 정착되더라도, 학생은 교사에게 가장 많은 영향을 받는다. 어떠한 플랫폼을 사용하든 그것을 운영하는 교사의 의지가 가장 중요하다. 교육의 질은 교사의 질을 넘을 수 없다는 것, 초라한 플랫폼이라도 플랫폼을 지키는 역무원의 역량에 따라 플랫폼의 쓰임과 가치가 전혀 달라질 수 있다는 것을 놓쳐서는 안 된다.

학생이 마음껏 질문하고, 소통하고, 정보를 얻는 플랫폼은 바로 교사다. 그래서 온라인 수업 플랫폼을 고르는 제1의 기준은 교사가 가장 잘 쓸 수 있는 플랫폼이어야 한다. 언제든 학생이 교사에게 질문하고, 배울 수 있는 소통 구조가 존재해야 한다. 다양한 기능이 있더라도 결국 소통을 확인하는 것은 교사다. 교사의 의지만 있다면 플랫폼은 모두 옳다.

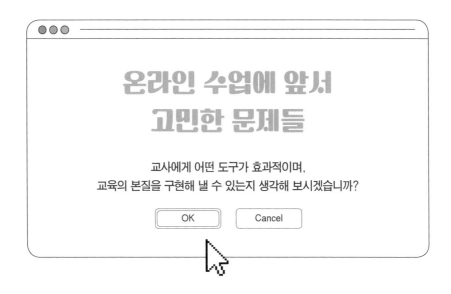

온라인 수업에 앞서
고민한 문제들

교사에게 어떤 도구가 효과적이며,
교육의 본질을 구현해 낼 수 있는지 생각해 보시겠습니까?

OK   Cancel

다양한 원격수업이 개발되더라도 대면(등교) 수업을 추진하려는 우리 사회의 노력은 지속될 것이다. 왜냐하면 원격수업이 이루어지는 동안 학생의 학업성취도 저하와 학력 격차 문제가 지속적으로 제기되었기 때문이다. 또한 어른(교사)과 교육기관의 부재로 인해 몇몇 학생들에게 일어난 비극적인 사건을 방지하기 위해서이다.

지난 일 년의 시간을 되돌아볼 때 또다시 학생과 대면으로 만나지 못하고 원격수업으로 돌아가야 한다는 것은 교육공동체 모두에게 고통스럽고 힘든 일이 될 것이다. 고통이 크다는 것은 그동안 학교가 사회적 기능을 꽤 충실히 해 왔다는 뜻이기도 하다.

라이머(Everett Reimer)는 저서 『학교는 죽었다(School is Dead: Alternatives in Education)』에서 학교가 본래 맡아야 할 교육의 본질은 사라지고, 사회 통제와 질서 유지를 위한 도구로 전락했다고 비판했다. 그는 학생을 보호하는 기능, 사회적 선별의 기능, 지식과 사상을 주입하는 기능, 새로운 기술과 도구를 전수하는 기능을 학교의 역할로 분석하였다. 코로나19 사태를 통해 학교가 학생을 교육하고, (물론 라이머는 비판하였지만) 학생 발달 수준에 맞게 성장할 수 있도록 보호한 기능이 얼마나 컸는지 확연히 드러났다.

준비도 없이 등장한 원격수업의 추진이 교육 현장을 10년이나 일찍 바꿔 놓으며 미래의 교육을 경험하는 토대가 되었다는 세간의 평가가 있지만, 교사들은 여전히 원격수업이 정말 미래교육을 담아내고 있는 것인지 의아해한다. 교사들은 원격수업을 익히고 배우는 과정에서 너무나 많은 기술적 오류를 경험하면서 수업이라는 형식 자체를 갖추지 못하여 큰 스트레스를 받았다. 그 과정에서 학생들 또한 교육이 지닌 만남과 소통, 배려와 협동, 연대와 성장의 가치를 배우지 못했다.

2020학년도의 1학기는 실패와 좌절의 연속이라 해도 과언이 아닌 시간이었다. IT 강국이라는 말이 무색할 만큼 학교의 네트워크 연결 사정은 좋지 못했고, 특정 화상수업 도구를 이용한 수업을 '실시간 쌍방향'이라는 이상한 용어로 포장했다. 사회적 선별 기능으로부터 벗어나 학생을 성장시키고 역량을 함양하기 위해 노력했던 수많은 학교들도 선별의 공정성 시비로부터 자유로워지고자 '만남'을 매개로 이루어지는 소중한 대면 수업 시간을 '평가'의 시간표로 운영하고 말았다. 만날 수 없는 상황에서 만남이 필요한 교육을 해야 하고, 정작 만날 수 있을 때는 시선을 시험지로 돌리게 만들어야 했던 지난 원격수업의 상황이 그저 안타까울 뿐이다.

왜 화상수업을 고집하는가

다시 원격수업으로 돌아가야 하는 상황은 정말 상상하기 싫다. 그러나 집단감염이 지역사회를 순식간에 마비시킬 수 있다는 위험을 목도한 우리는 언제든지 원격수업으로 돌아갈 수 있는 준비를 해 두어야 한다. 뿐만 아니라, 원격수업을 잠시의 위기를 피하기 위한 임기응변의 도구로 생각하지 말고, 새로운 기술의 도래로 변화할 미래사회에 알맞은 모습으로 재조직하고 고민해야 한다.

그렇다면 원격수업 과정에서 화상수업이 강하게 요구된 이유는 무엇일까? 이는 학교가 맡아 왔던 보호와 지식 주입의 기능이 제대로 이루어지지 않는 상황에 사회 전체가 우려의 시선을 갖게 되었기 때문이다. 아이들은 책상 앞에 앉아 있어야 하고, 오랫동안 책을 봐야 하며, 공부한 것을 공책 속에 흔적으로 남겨 놔야 한다. 그래야 지켜보는 부모의 마음은 한결 편안해지고, 교사에게는 학생들을 가르쳤다는 증거가 남는다. 하지만 본질을 살펴보면 이런 현상은 교육이란 이름으로 '돌봄'의 형태를 강조하고 있는 것이다. 학업이 아니라 돌봄을 위해 학원을 전전하는 어린 초등학생들의 모습이 학교 현장에서 화상수업이란 이름으로 구현되었을 뿐이다. 결국 학교 현장에서 화상수업은 학생을 보호하고, 학습하는 과정을 살펴볼 수 있는(혹은 감독할 수 있는) 목적을 위해 확대되었다.

장기적으로 사회 구조적인 문제를 해결해 나가야겠지만, 당장에 그 문제를 해결할 수 없다면 교사들도 이런 현실을 받아들이고 원격수업에 교육의 본질을 담아내도록 고민하고 노력해야 할 것이다.

배움을 위한 피드백이 중요하다면서 기술에만 집착한 것은 아닌가? 혹은 기술적 문제만 토로하면서, 또래와 함께 즐기는 재미 요소나 비계를 적재적소에 놓아 주던 교사의 역할을 간과한 채 학습 시간을 채우기 위한 과제 제공에만 열을 올렸던 것은 아닌가?

　이런 것에 대한 교사의 고민이 없다면 수업으로 교육의 본질을 담아내기는 커녕 사회가 교육이라고 착각하는 그 역할, 즉 보호와 감독도 충분히 이루어 낼 수 없을 것이다. 기술이 화려하면 학부모는 정말 좋아하는가? 그렇지 않다. 학부모는 부모의 도움 없이도 학생이 모니터 앞에 앉아서 정해진 시간 동안 교육받길 원한다. 부모가 도와주어야 하는 순간 이것은 교사가 추구하는 교육도 아니요, 부모가 바라는 이상적인 보호와 감독의 모습도 아니다.

기술 개선보다 선행되어야 하는 것들

지난 2020학년도의 시행착오를 다시 생각하면서 우리가 거쳤던 과정에 교육의 본질이 얼마나 살아 있었는지 우리의 시선과 철학을 검토하고, 등교수업이 가지고 있던 교육적 가치가 원격수업 상황에서도 최대한 실현될 수 있도록 기술적 문제를 개선해 나가야 한다. 기술적 문제를 해결하면서 교육을 함께 고민하는 것은 교사로서 지향해야 할 교육의 목적을 조금이나마 원격수업에 녹여 내는 데 꼭 필요한 일이다.

　수업은 기본적으로 교과 지식을 주제로 교사와 학생 간의 유의미한 학습 대화가 일어나는 시공간의 장이다. 원격수업 상황에서 실시간 화상수업이 화두가 된 것 또한 학생과 교사의 학습 대화가 즉각적으로 일어나는 일에 대한 기대가 강력하기 때문이다. 그러나 물리적 환경의 제약은 생각보다 커서 즉각적인 대화와 피드백은 제대로 이루어지지 않았다. 결국 수업이 이루어지던 기존의 장을 원격 상황으로 어떻게 옮겨 낼 것인가가 가장 큰 관건이 된다. 어쩔 수 없이 교사는 학생과 자유롭게 소통할 수 있는 몇몇 플랫폼, 디지털 도구 등을 익히고 연습해야 한다. 여력이 된다면 최대한 다양한 기능을 찾아 활용해 보는 게 좋을 것이다. 그러나 기능이 없다고 하더라도 아쉬워할 것은 아니다. 우리가 매일 수업했던 교실에서도 간단한 퀴즈에 학생의 모든 응답을 손쉽게 기록하고 데이터까지 처리해 주는 기능은 없었다.

그럼에도 좀 더 미래지향적인 원격수업을 해 보고 싶다면, 그리고 원격수업 상황에서 교육과정 운영의 차질을 최소화하고 싶다면 지금부터 학생을 위한 도구 활용 시간을 마련해야 한다. 새로운 지식을 받아들이기 위한 방법과 도구가 빠르게 변화하고 있지만, 방법의 부적응이나 도구 활용의 미숙으로 학생들은 배움의 세계에 발을 들이지 못하고 있기 때문이다. 그동안 기술은 교육의 부차적인 것으로 생각해 왔지만, 이제는 우리 교육이 빠르게 변화하고 있다는 것을 인정해야 한다. 따라서 동료와 연대하여 학교 차원의 준비된 교육계획이 필요하다.

다시 한번 강조하지만, 이런 도구를 연습하고 사용할 때 학교 현장이 경계해야 하는 것은 '기술만능주의' 혹은 기술이 지닌 '후광 효과'이다. 기술이 지닌 화려함과 유용함은 분명 매력적이다. 그러나 코로나19 상황이 아니더라도 우리는 기술의 화려함과 사고력 사이는 별다른 상관관계나 인과관계가 없음을 잘 알고 있다. 아기자기한 글꼴과 디자인으로 정리된 학습지도 학생의 유의미한 학습활동에는 도움이 되지 못한다.

기술은 철학을 바탕으로 생성된 것이다. 컴퓨터가 우리 업무 현장에 들어오면서 기대했던 모습 중 하나는 수많은 업무가 경감되고 자동화되는 것이었지만, 우리는 그 기술을 익히고 적용하는 데 급급한 나머지 오히려 업무가 더 많아졌다는 심심찮은 하소연을 들을 수 있었다. 컴퓨터 활용의 목적에는 자동화라는 기술이 포함되어 있을 것이다. 그 자동화 뒤에 오는 내 삶의 여유는 무엇으로 채울 것인가? 만약 자동화가 생각만큼 잘 이루어지지 않아도 우리가 컴퓨터를 계속 고집해야 하는 이유는 무엇일까? 손쉬운 기록과 데이터의 누적 및 가공으로 인한 재창조와 공유, 이것들이 만들어 내는 새로운 변화를 생각해 보면 불편한 기술이라도 써 볼 만하다는 공감과 판단이 선다. 그런 이후에야 기술이 내 손에 들어오는 것이다.

그런 의미에서 기술을 다루는 연수 이전에 반드시 선행되어야 할 것이 있다. 원격수업 과정의 어려움과 함께 교사가 학생과의 만남에서 얻고 싶은 핵심을 생각해 보는 시간이 있다면, 기술을 고르고 연습하는 과정이 훨씬 유의미할 것이다. 지금 학교 현장에서 유통되는 수많은 기술을 그저 익혀야 할 번거로운 것으로 여기기보다, 내가 원했던 수업의 모습을 먼저 생각한 후 그에 맞는 기술을 찾아 나가는 것이 필요하다. 이런 고민이 선행되어야 기술을 익히는 것도 빠르고 재미있다.

수업의 본질을 담아낼 수 있는 도구의 선택

수업하기의 유형은 독백(monologue), 대화(conversation), 담화(dialogue)로 구분할 수 있다.[4] 수업 중 학습자와 교사의 유의미한 대화를 담화(교사와 학생 간의 유의미한 학습 대화, 일대일 대화)라고 하며, 수업에서 이루어지는 상호작용은 담화의 성격을 띠어야 한다. 원격수업 상황에서 가장 중요하게 여겨진 것 또한 바로 담화의 본질을 구현하는 '피드백'이다. 원격수업 상황에서는 소통과 피드

---

4 이상수(2019), 『수업컨설팅 사례로 본 수업 이야기』, 학지사.

백을 웹 기반 도구에 의지해야 하므로 교사는 어떤 도구가 효과적이며, 교육의 본질을 구현해 낼 수 있을지 고민해야 한다.

기술보다 철학을 먼저 고민하라더니, 갑자기 어떤 도구가 효과적인지 찾으란 말이냐고? 수업의 본질, 즉 교사가 원하는 수업의 방향은 어찌됐든 '교육'이란 가치에 기반할 것이다. 교육의 본질, 그 기저에는 피드백이 자리한다. 그러므로 철학에 대한 고민이 있어야 비로소 원격수업에 효과적인 피드백 도구가 무엇인지 고민하고, 알맞은 도구를 골라 익힐 수 있다. 철학과 공감이 바탕이 되었을 때 우리는 기술을 숙달할 수 있다.

2020년 후반기에 서울실천교사모임에서 주최한 '비고츠키(Lev Semenovich Vygotsky) 아동학' 소모임의 원격연수에 참여한 적이 있다. 연수에서는 비고츠키가 말한 발달 과정 중 '숙달'과 '반복 훈련'의 차이에 대해 소개하였다. 반복 훈련은 의식하지 않고도 수행하는 것인데, 교육 상황에서 무의식적인 반복 행동은 바람직하지 않다. 따라서 아동은 반복 훈련보다 숙달이 되도록 발달을 촉진시켜야 한다. 숙달은 어떤 과업을 수행하는 과정에서 문제 상황을 의식하면서 의도를 가지고 수행을 할 수 있도록 교육하는 방법을 의미한다.

교사를 위한 디지털 도구 활용 연수도 반복 훈련보다 숙달로 나아가야 하지 않을까? 숙달되려면 철학이 우선되어야 한다. 그 철학의 배경에는 수업과 수업하기의 본질인 담화가 있을 것이고, 원활한 담화를 이루어 내기 위해 원격수업 상황에서 교사가 할 수 있는 최선의 피드백 방법은 무엇인지 고민해야 한다. 그리고 자신이 구현하고 싶은 원격수업 상황에 필요한 도구(화상수업 도구, 퀴즈 생성 및 채점 플랫폼 등)를 알려 줄 수 있는 강사를 찾아야 한다. 그 후에는 일회성 연수에 그칠 것이 아니라 숙달을 위한 과정으로 재조직하고, 다양한 수업 상황에서 매끄럽게 처리할 수 있는 모의 연습을 요구 혹은 기획해야 한다. 혹여 이것이 어렵다면 강사를 통해 새로운 기술의 활용 가능성을 탐색하고, 그 이후에는 동료와 연대하여 수차례 연습과 도전을 할 수 있는 프로그램을 기획·실천해야 한다. 지금 내가 배우는 이 플랫폼과 기술이 과연 수업 속에서 피드백을 이루어 내는 데 얼마나 유의미한지, 만약 효과가 있다면 어떤 부분에서 유의미한지를 의식하고 활용해야 한다. 그래야 기술을 배우는 것의 가치를 이해하고 마음을 움직이는 연수가 이루어질 것이다.

설령 원격수업에 필요한 기술과 도구를 익히는 것이 버겁고 어렵더라도, 기술이 아닌 기존 방식으로 피드백할 수 있는 방법은 많다. 조금 더 불편하고 번거롭지만, 보다 인간적이고 깊이 있는 피드백도 가능하다. 중요한 것은 원격수업이 수업의 본질을 담아낼 수 있도록 실천하는 것이 아니겠는가. 이런 말이 어쩌면 누워서 침 뱉기이자 많은 동료에게 불편한 말이 될지도 모르겠지만, 자기반성의 차원으로 남긴다. 고수는 연장 탓을 하지 않는다.

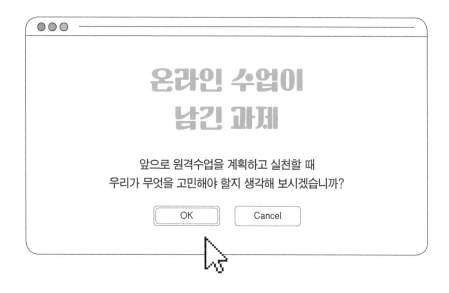

온라인 수업이
남긴 과제

앞으로 원격수업을 계획하고 실천할 때
우리가 무엇을 고민해야 할지 생각해 보시겠습니까?

OK   Cancel

뮤지컬 퍼포먼스 「난타」의 제작자로 유명한 연극배우 송승환 씨가 어느 언론사와 인터뷰한 내용 중에 원격수업을 고민하는 학교 현장의 상황과 맞닿은 부분이 있어 크게 공감했다. 코로나19 상황으로 문화예술계 또한 매우 어려운 처지에 놓이자 이를 해결하기 위해 온라인으로 공연을 중계한다는 내용에 대해 송씨가 부정적인 입장을 내비친 인터뷰였다. 그는 "생선회를 통조림에 넣어서 팔 수 있냐"며 현장에서 느낄 수 있는 공연만의 특색을 기술로 보완하는 것에 대하여 비판적인 입장을 보였다.[5]

수업 역시 즉각적인 상호작용과 피드백이 중요하므로 공연과 마찬가지로

5 박미향, "'난타' 송승환 '시력 잃어가지만, 무대는 여전히 내 삶'", 한겨레(웹), 2020.11.12., https://www.hani. co.kr/arti/specialsection/esc_section/969614.html#csidx689dc927aba3d2181b66797aad6d806

현장성이 중요하다. 즉각적이고 원활한 의사소통, 상대방의 표정을 바라보면서 적절하게 대응할 수 있는 환경, 다양한 인격체가 만나 소통하면서 벌어지는 의외의 사건을 잘 조합해 내는 행위는 수업을 미묘한 긴장과 흥미의 연속으로 구성해 낼 수 있다.

아쉽게도 원격수업은 그렇지 못하므로 교사의 고민은 더 클 수밖에 없다. 교사가 학생과 교사 사이에서 만들어지는 교실 특유의 문화를 이해하고 상황에 맞는 전문성을 발휘하려면, 과학에 기반을 둔 교육 방법과 더불어 현장을 이해하는 교육적 감식안이 필요하다. 이러한 원칙은 온라인상에서도 똑같이 적용되어야 한다. 학생과의 만남과 교감으로 이루어지는 교육 행위를 컴퓨터나 스마트 기기가 얼마나 담아낼 수 있을지, 원격수업을 계획·실천할 때 우리가 항상 고민해야 하는 지점이다.

여러 차례 개학이 미뤄진 후 결국 온라인으로 학교 문을 열었을 때도 학교는 일단 몸을 낮추고 돌아가는 상황을 지켜보면서 대면 수업으로의 복귀만을 기다렸다. 팬데믹 상황으로 나아가고 있을 때도 2학기까지 원격수업이 연장될 것이라고 생각하지 못했다. 우리가 밟아 온 과정은 기술적으로 보면 큰 혼란이 있었지만 상대적으로 괜찮은 대응이었다고 판단한다. 여전히 학교 현장에 산적한 물리적 한계와 낡은 네트워크 구축망이 안타깝고, 교사가 '내돈내산'으로 자기 수업을 준비하고 콘텐츠를 제작했지만, 그럼에도 불구하고 다양한 원격수업을 시도하면서 학기 전체를 이끌어 왔다는 것 자체가 놀라운 일이다. 우리가 그토록 선진국이라고 존경해 마지않는 독일에서 재미있는 설문조사를 했는데, 팬데믹 상황의 학습 콘텐츠 소통 수단에 대한 질문이 들어 있었다. 우리나라라면 1, 2위로 e학습터나 EBS 온라인클래스가 꼽혔을 것이다. 그런데 독일은 1위가 e-mail이었다.[6]

그러나 분명 이런 이야기는 학부모 입장에서는 분통 터질 소리다. 상대적으로 낫다는 것이 절대적으로 괜찮다는 것은 아니기 때문이다. 수차례 비난받았던 '링크 수업'의 콘텐츠가 공교육에 몸담고 있는 어느 교사들이 밤낮을 가리지 않고 만들어 낸 결과물이었지만, 그리고 그 수많은 결과물 중 우리 반 아이들은 어떤 결과물을 더 흥미롭게 받아들일지 고민하고 선택하는 것 또한 우리 공교육 교사들이 한 일이었지만 분명 우리는 계속 노력할 필요가 있다. 다만 생산적이고, 더 나은 발전을 위해서 어떻게든 원격수업을 헤쳐 나가려 했던 대한민국 학교와 교사의 유능함이 인정받지 못하는 것이 안타까울 뿐이다.

2020학년도 2학기부터 학교 현장에서 화상수업 도구를 확대해 간 것이 오로지 학교 현장 관리자의 지시나 학부모의 민원 때문만은 아니다. 여전히 결과는 비판받고 있고, 또 지난 어려움과 과정에 대한 상찬이 전무함에도, 새로운 방식을 찾아 도전하는 교사들의 반성적 접근은 분명 존재했다. 공과 과는 냉정하게 판단하고 존중되어야만 한다. 과정이 존중받을 때 결과가 두려워 시도조차 하지 않는 이들의 변화를 이끌어 낸다.

그래서 우리는 원격수업을 다시 고민해 봐야 한다. 그 첫 출발점은 그동안의 과정에서 존중받을 점을 가려내는 것, 그리고 과정이 결과로 이어지는 가능성을 탐색하는 것이다. 원격수업을 할 수밖에 없는 상황의 시작, 그 상황에서 교사와 학교가 대응한 방식, 그 과정에서 일어난 교사와 교사 간, 그리고 교사와 학생 간의 상호작용 전체를 통찰해야 한다. 우리는 왜 1학기를 방황하였는가? 그것은 아마도 원격수업이 수업을 대신할 수 없을 거라는 생각 때문

---

6 "교사들이 바라본, 교육에서의 코로나 위기", Fobizz, 2020.04.13., https://fobizz.com/umfrage-ergebnisse-so-sehen-lehrkraefte-die-corona-krise-in-der-bildung/

이었을 것이다. 그런데 2학기에는 원격수업으로 수업을 대신하고자 많은 시도를 했다. 그렇다면 과연 2학기의 원격수업은 수업으로서의 성질을 온전히 담아내었는가? 얼마나 발전하였는가? 우리는 무엇을 생각해 봐야 하는가?

첫째, 우리의 선택과 과정을 살펴봐야 한다.

많은 사람들이 원격수업을 기술로 대치하고, 기술의 오류와 부적응에 대해 두려워했다. 처음에는 콘텐츠나 과제 제시형 수업을 선택했고, 부분적으로 화상수업으로 나아가다가, 결국에는 화상수업을 확대해 나갔다.

둘째, 방법을 선택하고 토의하는 과정에서 학교의 조직 문화는 어떠했는지 짚고 넘어가야 한다.

상당히 많은 학교가 학습 플랫폼을 선정하는 과정에서 여러 혼란과 갈등을 겪었다. 방법과 기술의 고민은 결국 '수업하고 있는 현상'을 어떻게 보여 줄지 고민하는 것에 불과했다. 수업이 무엇이고, 어떻게 해야 배움이 일어나는지 논의하지 않았다. 철학이 앞서야 기술이 단단해지듯, 지난 일 년의 원격수업을 '수업', '만남', '교육'으로 대치할 때 학생과 소통하고 배움을 이끌어 내는 온라인 학습 플랫폼의 선정도 조금 다른 양상으로 나타날 것이다. 철학이 없는 기술은 결국 아무런 효과를 거둘 수 없다. 원격수업을 수업으로 대치하려면, 그리고 정말 교육적 효과를 얻으려면, 교사의 교육철학과 그것을 구성원과 얼마나 공유하고 있는지 등을 살펴봐야 한다.

셋째, 평가에 대해 생각해야 한다.

평가가 바뀌어야 수업이 바뀌는데, 원격수업 상황은 평가보다 수업에만 매달리는 경향이 있다. 그러다 보니 등교수업을 하게 되면 시험을 치르느라 바빠 대면 교육의 장점인 피드백이 살아 있는 학습 대화와 수업은 전혀 이루어지지 않았다. 이것은 진정한 의미의 블렌디드 수업이라 할 수 없다. 소중한 등교수업 시간은 지필시험지 하나로 소비하게 되어 모두가 힘들고 안타까운 상황이었다.

교사의 통제가 불가능한 상황에서 모두가 공평한 객관식 시험을 치르는 것은 사실상 불가능하다. 다행스럽게도 객관식 평가는 학생의 모든 역량을 평가해 주지 않을뿐더러 특히 협업, 소통, 창의성, 기획 역량 등 종합적이고 고차원적인 학생 능력을 평가해 주지 않는다.

예를 들어 한 기업에서 어떤 프로젝트를 수행한다고 할 때, 일정 기간 안에 다양한 기획력을 동원해 일을 추진한다. 필요한 자료를 검색하고 수집하며, 전문가에게 묻고 동료와 소통한다. 수차례 회의를 거치고, 다양한 우수사례를 접하고, 더 나은 방법을 고민하기 위해 시장조사를 하거나 소비자를 만난다. 이 모든 과정을 통해 하나의 프로젝트가 완성된다.

평가를 이렇게 치를 수 없을까? 원격수업 상황의 가장 큰 장점은 종이 없이도 학생의 학습 결과물을 차곡차곡 온라인상에 저장해 둘 수 있다는 것이다. 구글 클래스룸을 쓰게 될 경우 한 차시의 과제물에도 교사가 피드백을 한 흔적이 고스란히 남는다. 학생이 수정하여 과제를 제출하면 수정 전 과제와 수정 후 과제 제출 목록만으로도 학생이 어떤 부분에서 성장하고 있는지 확인할 수 있는 과정중심평가가 실현된다. 꼭 구글이 아니더라도 다양한 방면으로 과정중심평가를 수행할 수 있다. 객관식 시험만 아니라면 말이다.

최근 많은 평가가 수행평가 중심으로 이루어지고 있다. 국·영·수 같은 교과에 지필평가가 있지만, 이런 교과도 교과 간 성취기준을 제대로 연결해서 하나의 프로젝트 수업을 만들어 낼 경우 읽기, 쓰기, 말하기 능력을 모두 평가할 수 있다. 수학도 객관식 대신 주관식 시험을 내고, 수학적 사고력을 요구하는 서술형 문제를 제시하면 원격수업 상황에서도 충분히 평가를 치를 수 있다. 뿐만 아니라 화면공유나 화이트보드 기능을 이용해서 학생이 문제를 어떤 속도로, 어떻게 푸는지 교사가 직접 감독이 가능하다. 이제는 원격수업 상황에서도 정식으로 평가가 가능하게끔, 그동안 교육계가 고민했던 과정중심평가에 대한 고민을 한데 풀어내는 것이 필요하다.

Part 2

온라인 수업 0교시

: 온라인 수업 제대로 하기 전에
점검해야 할 것들

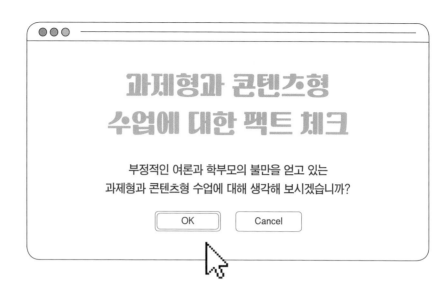

원격수업 이후 학습 플랫폼에 상관없이 과제 제출에 어려움을 겪는 학생들이 늘었다. 필자는 우선 구글 클래스룸을 이용해 과제를 미제출한 학생들의 명단을 캡처한 후 각 학급 플랫폼에 사진을 올리고 과제 제출을 종용했다. 두세 번 재촉해도 올리지 않으면 게시글을 '학부모 공개'로 전환하여 학부모가 확인하게 하였다. 그렇게 하니 과제 제출률이 소폭 상승하긴 했지만 여전히 어려워하는 학생들이 있었다.

학습 동기가 제대로 갖춰지지 않은 상태에서 맞벌이가정의 학생들은 2020학년도 1학기에는 거의 방치되다시피 했다. 아이들이 과제도 올리지 않고 집에 방치되는 것이 학부모에게도 큰 스트레스였을 것이다. 맞벌이가정의 학부모는 특히나 바쁜 와중에 과제 미제출로 자녀와 다툼만 일어나니 화살은 학교로 향할 수밖에 없었다. 언론에서는 과제만 내어 주고 수업이 없다며 학교의 원격수업을 비판하는 기사를 연일 보도하였다.

교사와 학교는 "학교에 오더라도 교사의 설명으로 40분을 다 채우지 않는다, 결국 학생이 학습 효과를 보려면 스스로 과제를 해결해야 한다. 게다가 초등학교 수업은 발달 수준에 맞춰 설명은 최소한으로 하고 모둠학습이나 협력 및 개인 과제 활동으로 이루어지는 것이다."라고 항변했지만, 끝내 과제 제시형 수업은 환영받을 수 없었다.

과제 제시형 수업 때문에 학습 부담이 늘어났다?

등교수업 때도 학생들은 과제를 해결한다. 과제는 다름 아닌 수학익힘책, 실험관찰 작성, 학습지 작성, 배움공책 정리 등이다. 교사는 그날 배울 학습 주제를 유도하기 위해 관련 있는 영상이나 질문을 제시하고, 학생들은 이 질문에 발표하고 답하며 학습 주제를 명료하게 인식한다. 이후에는 교사가 준비한 학습지나 과제를 해결하고, 교사는 이를 둘러보면서 학생들의 배움을 확인한다. 수업이 끝나기 5분 전에는 학생들의 결과물을 서로 확인하면서 교사와 함께 배움을 정리한다.

원격수업 상황에서 과제 제시형 수업은 학생의 발표나 질문이 빠져 있기 때문에 상호작용이 부족한 것은 사실이다. 그러나 과제가 더 늘어난 것은 아니다. 학생들은 학교에 와서도 수업 중에 꾸준히 과제를 해결하고 있다. 다만 현장 수업은 교사라는 조력자(혹은 감독자)의 지도하에 정해진 시간 안에 해결해야 한다는 구속력이 더해졌을 뿐이고, 옆의 친구와 대화를 통해 보다 쉽게 답을 얻을 수 있는 환경이 갖춰졌을 뿐이다. 원격수업에서는 이 두 가지를 기대하기 힘들다. 그러므로 과제 제시형 수업은 과제가 늘어난 것이 아님에도 제대로 된 수업으로 이루어지기 어려운 것이다.

　이 상황을 누가, 어떻게 해결할 수 있겠는가? 실시간 쌍방향 수업을 이야기할 것이라면, 잠시 기다려 달라. 실시간 화상수업도 분명 장점이 있지만, 학부모가 원하는 것처럼 만능이 될 수 없다. 오히려 과제 제시형 수업보다 훨씬 뒤처지는 경향이 드러난다.

과제 제시형 수업은 교사가 편하다?

뒤에 나올 수업 사례를 통해 과제 제시형 수업의 과정과 장점을 이야기하겠지만, 과제 제시형 수업은 무엇보다 학교 현장에서 그토록 추구했던 과정중심평가를 실현하는 데 최적의 조건을 갖춘 수업이다. 교사가 조금만 더 노력하고 피드백해 준다면, 학생이 제출한 과제물은 점차 누적되어 하나의 포트폴리오가 될 수 있다.

20206202김■■의 제출 기록		
반환됨: 100/100	2020. 12. 1., 오전 11:58	2020sicence서영인
임시 성적: 100/100	2020. 12. 1., 오전 11:58	2020sicence서영인
제출됨	2020. 12. 1., 오전 11:48	20206202김■
할당됨	2020. 12. 1., 오전 11:39	2020sicence서영인
제출 취소됨	2020. 12. 1., 오전 11:25	20206202김■
제출됨	2020. 12. 1., 오전 10:09	20206202김■
할당됨	2020. 12. 1., 오전 9:36	20206202김■

닫기

학생의 초기 제출과 교사의 재할당, 학생의 수정과 제출 등이 기록된 구글 클래스룸 모습

　그런데 과정중심평가 수업은 상당히 어려운 일이다. 배움의 큰 틀을 정하고 나면, 수업 목표를 향해 단계별로 계획된 수업을 설계·운영해야 한다. 그때마다 교사는 학생의 학습 수준을 확인할 수 있는 일련의 과제물을 평가하고, 평가 결과를 지속적으로 피드백하면서 학생의 발달을 촉진한다. '수업 중 평가(1)

→ 피드백 → 수업 중 평가⑵ → 피드백' 같은 일련의 과정을 거치면서, 교사는 학생 개인의 성장 촉진을 위해 개별 학생의 수만큼 과제를 살펴야 하므로 교사에게 결코 쉬운 수업이 아니다.

원격수업 국면에서의 과정중심평가는 더욱 힘들다. 학생들이 구글 클래스룸을 통해 올린 과제를 하나씩 확인하고, 잘못된 부분이 있으면 댓글을 달아 수정을 요구하는 등 수많은 학생과 일대일로 피드백을 진행한다. 학생 개인에게는 매우 효과적이지만 교사에게는 굉장히 많은 시간과 노력이 필요하다. 필자의 경우에는 1학기 동안 밤 10~11시까지 끊이지 않고 과제 확인-피드백을 반복해야 했다. 피곤하고 힘든 나날이었지만 학생들에게 충실히 피드백한다는 생각에 멈출 수가 없었는데, 나중에는 교사가 달아 놓은 댓글을 제대로 읽지 않는 학생들이 늘어나면서 등교수업의 구속력에 대한 아쉬움이 내면에서 강하게 끓어올랐다.

그러므로 실시간 화상수업을 교사가 무작정 거부한다고 생각하는 것은 잘못된 편견이다. 만약 과제의 완성도나 학생의 학습 역량을 끌어올리는 수업에 큰 의미를 두지 않고, 정해진 시간 내에 수업이라는 행위 자체를 해내야 한다는 것만 중요하게 여길 경우에는 실시간 화상수업이 훨씬 편할 수 있다. 과제를 검사하느라 수업 시간 이외의 시간을 투자하지 않아도 되고, 40분이라는 정해진 수업 시간만 관리하면 교사도 훨씬 편하기 때문이다. 물론 바람직한 모습은 아니다.

실시간 화상수업이 꼭 정답이라 할 수 없다. 수업의 형태보다 수업 안에서 이루어지는 상호작용, 교육의 본질이 담긴 행위에 주목해야 원격수업을 제대로 이해하고 실천할 수 있다.

교사가 댓글로 과제 제출을 요청했고 학생이 과제 파일을 업로드했다. → 수업 중 함께 시청했던 영상 속 실험의 실패 이유에 대해 생각해 보고 그 내용을 댓글에 적으라 안내하여, 학생이 댓글을 달았다. → 학생이 수정 과제 파일을 제출했고 그 안에서 확인한 질문사항에 대한 답을 교사가 댓글에 적어 학생이 손쉽게 확인하도록 했다.

교사가 수업 영상 링크 하나만 걸어 두고 끝?

콘텐츠 제시형 수업에서 사용할 콘텐츠를 직접 만드는 것은 정말 어려운 일이다. 영상업계에 퍼져 있는 속설 중 '1분의 영상을 만드는 데 1시간의 편집이 걸린다.'는 말도 있는데, 실제로 경험해 보니 콘텐츠 제작과 편집은 정말 쉽지 않았다. 아이러니하게도 동영상 링크 하나만으로 수업을 해결한다고 비판받는 많은 교사들은 수업 영상을 직접 제작한다. 영상 제작이 어려운 교사는 같은 교육과정 계획을 공유하는 동료 교사의 콘텐츠를 찾아 창작자와 내용의 전문성을 확인한 뒤 이를 링크로 제공한다.

수업 영상을 만들어 보면 결과물에 한없이 초라해질 때가 있다. 필자보다 훨씬 깔끔하고 괜찮은 영상을 또 다른 교사가 만들어서 유튜브에 공급하고 있기 때문이다. 전 과목 영상은 애초에 감히 시도도 하지 못했고, 한두 과목의 영상을 만드는 것조차 모든 에너지를 쏟아야 할 만큼 어려운 일이라는 사실을 깨달았다.

물론 링크를 거는 교사들의 의견은 또 다르다. 영상을 만드는 것만큼 힘들지는 않겠지만, 수없이 생산되는 다양한 영상을 검색 및 검토하면서 자신이 가르치는 학생들의 수준에 맞는 콘텐츠나 교사의 의도와 가장 잘 맞는 영상을 고르느라 꽤 많은 시간을 소비한다. 학생들의 낮은 집중력에 맞게 시선을 고정시킬 수 있는 자극적인 자막이나 영상, 사운드를 입혀 영상을 편집해야 하므로, 내용이 같더라도 그것을 어떻게 편집했느냐에 따라 영상의 활용도는 달라진다. 이런 영상을 고르는 것이 그리 쉬운 일은 아니다. 답답한 사람은 본인이 만들 수 있겠지만, 영상 편집이 그리 쉬운 일도 아니거니와 모두가 할 수 있는 영역도 아니다.

자세하게 안내된 영상일수록 학습에 도움이 된다?

콘텐츠 제시형 수업에서 링크된 영상의 수업 효과성이 그리 높다고 보기는 어렵다. 왜냐하면 수업을 하는 교사가 등장하는 것이 아니기 때문이다. 학생 입장에서는 전혀 알지도 못하고, 관계도 없는 교사가 등장하여 말을 건네고, 수업을 가르쳐 준다. 고등학생이야 인강에 익숙해져 있기에 덜 어색하겠지만, 초등학생에게 담임교사란 자신에게 공부를 가르쳐 주는 가장 가까운 사람 중 하나이며, 지식을 구성하는 데 가장 큰 영향을 주는 존재이므로, 다른 사람이 출연하는 것은 학생이나 학부모 입장에서는 이상하고 어색하게 보였을 것이다.

여러 고민을 안고 1학기는 모든 수업 콘텐츠를 직접 제작했다. 콘텐츠를 제작해 나가는 과정에서 다소 어려움이 있었지만 나름의 기준을 세울 수 있었다.

1. 영상의 길이는 5분을 넘기지 않는다.
2. 너무 자세한 설명식 영상은 불필요하다.
3. 영상 중간/말미에 질문을 넣는다.

처음에는 설명과 함께 디지털교과서, 실험 영상, 소프트웨어 시연 등으로 콘텐츠를 촬영하다 보니 20분 전후의 콘텐츠가 제작되었다. 5분 남짓한 e학습터 영상이 마음에 들지 않아 아예 그쪽 플랫폼은 선정 대상으로 고려하지도 않았기에 처음에는 분량이 매우 만족스러웠으나, 이는 오판이었다. 직접 제작한 콘텐츠를 학생 입장에서 처음부터 끝까지 보았는데, 학생들이 금방 지루해할 것 같은 느낌이 들었다.

사실을 확인하기 위해 '유튜브 스튜디오'로 들어가서 학생들의 재생 시청 시간을 확인했다. 실제 영상의 절반도 안 되는 평균 재생 시간이 기록되어 있었다. 수많은 초등학생들이 유튜브 속 콘텐츠를 볼 때도 하나를 느긋하게 보는 것이 아니라 재생 속도를 빨리하거나 스크롤을 당겨서 본다는 사실을 뒤늦게 떠올렸다. 여러 과목을 들어야 하는 학생의 입장에서, 한 과목당 콘텐츠가 30분이라면 꽤 오랜 시간 영상을 봐야 하는 것이다.

실제 교실 현장에서 40분 수업 시간 동안 교사는 구성주의 이론에 입각한 촉진자의 역할로 학생의 학습을 조력하고자 노력하기 때문에, 10분의 설명과 안내만 있고 나머지는 학생의 활동 과정을 살피고 피드백하는 순회지도로 채워진다. 그런데 원격수업 형태에서는 학생들이 화면 속 교사의 설명을 10분보다 훨씬 더 많이 듣게 되는 것이다. 그만큼 상호작용, 피드백의 시간은 사라지게 된다.

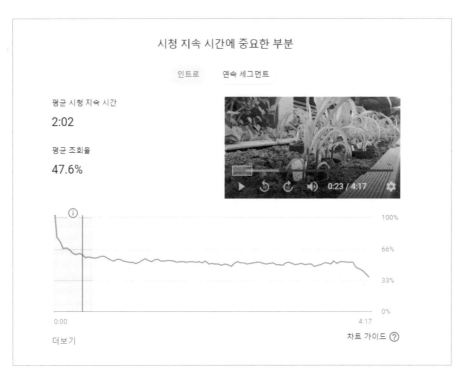

하단의 그래프에 굴곡이 있는 것은 학생이 빨리감기를 했거나 특정 부분으로 영상을 옮겨서 봤다는 것을 의미한다. 시간을 단축시킬 필요성을 이 데이터에서 느꼈다. 그 후로는 영상 시간을 17분, 13분, 7분, 5분으로 줄여 나갔고, 1학기 후반부 수업 영상은 대개 4~5분을 기준으로 제작했다. 짧은 실험은 2~3분 안으로 편집하기도 했다.

아쉽게도 영상의 길이를 줄이는 것은 고학년에서나 가능하다. 저학년은 집중력이 낮음에도 불구하고 교사들의 영상 콘텐츠가 상당히 긴 편인데, 이는 학생이 교사나 주변 어른의 도움 없이도 교과서 속 과제를 해결할 수 있도록 돕기 위해 교과서를 읽고 문제를 함께 풀어 나가는 영상을 제작하기 때문이다. 교사로서도 어쩔 수 없는 선택이다. 짧은 영상 하나만으로 학생 혼자서 배움이 일어나게 만들 수는 없다. 교실에서는 친구와 대화하고 발표하는 과정에서 사고력이 싹트는데, 맞벌이가정의 저학년 아이들은 접속조차 어려운 경우가 많아서 간단한 영상이 오히려 학습 격차를 벌리는 원인이 된다. 그러다 보니 많은 교사들이 실물화상기 같은 형식으로 교과서를 펼쳐 놓고 함께 읽으며 문제를 풀어 나가고 있다.

교사는 학생들에게 '영상이 짧으니 절대 당겨 보지 말고, 처음부터 끝까지 볼 것'을 강조하였고, 이해가 되지 않으면 다시 반복해서 보도록 지도했다. 또한 영상 말미에는 영상을 보고 난 후의 생각할 거리 등을 질문으로 남기고, 구글 클래스룸의 비공개 댓글에 답을 달도록 했다. 비공개 댓글로 답을 달면 교사가 일일이 학생의 과제 결과물을 확인하지 않고도 학생의 학습 성취수준을 파악하고, 바로 답글을 달 수 있는 장점이 있다. 이 대화는 학생과 교사 간의 일대일 대화이므로 학생도 편하게 질문할 수 있다.

콘텐츠 제시형 수업은 학생도, 학부모도 싫어한다?

2020학년도 2학기가 시작될 무렵 학생들을 대상으로 설문조사를 했다. 화상수업과 콘텐츠 제시형 수업 중 어떤 수업이 더 나은지를 묻는 조사였다. 2학기 초반에도 코로나19 확산으로 등교 개학이 늦어지면서 분산 등교를 하게 됐는데, 1학기 동안 콘텐츠를 만들고 학생의 과제를 개별적으로 피드백하느라 지친 나머지 도저히 콘텐츠를 다시 만들 엄두가 나지 않았다. 마침 학교 현장에서는 실시간 화상수업이 정답인 것처럼 무조건 실시해야 한다는 기류가 퍼져나가던 때여서 콘텐츠 제시형 수업보다는 수업 운영이 편할 것 같다는 생각에 화상수업 비율을 늘려 가기로 했다.

주 3회의 과학 수업을 진행하면서 1학기에는 콘텐츠+과제 제시형으로 2회 수업을 했고, 실시간 화상수업으로 배운 내용 확인, 과제 설명, 결과물 발표

등의 수업을 1회 진행했다. 학교 내에서는 가장 먼저 화상수업을 시작하였기 때문에 학생들도 2학기에 실시할 화상수업에 충분히 적응할 수 있을 것이라 생각했다. 그러나 설문조사 결과 학생들은 콘텐츠 수업을 훨씬 더 좋아했다.

1학기 원격수업 방식에 대한 의견을 적어 주세요.
(1학기 때는 선생님이 실험 영상을 만들어서 올리면, 여러분은 그 영상을 보고 실험관찰을 작성했습니다. 금요일에는 화상수업을 하면서 발표를 하거나 설명을 했습니다.)

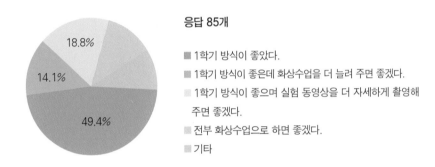

응답 85개

■ 1학기 방식이 좋았다.
■ 1학기 방식이 좋은데 화상수업을 더 늘려 주면 좋겠다.
■ 1학기 방식이 좋으며 실험 동영상을 더 자세하게 촬영해
　주면 좋겠다.
■ 전부 화상수업으로 하면 좋겠다.
■ 기타

　콘텐츠 제시형 수업을 선호하는 이유로 '화상수업의 불편함(영상 끊김, 카메라를 켜는 것이 부끄러움, 로그인 오류, 가족이 있어서)'과 '콘텐츠 수업의 장점(다시 볼 수 있다, 동영상 보는 게 집중이 더 잘된다, 편집이 재밌다 등)'을 꼽았다.

　그렇다면 이를 보는 학부모의 입장은 어떨까? 대부분의 학부모는 유튜브에 업로드된 수업 콘텐츠로 공부하는 것을 매우 비판적으로 바라보지만, 다음의 경우에는 장점으로 인식하기도 한다.

　첫째, 유튜브 영상에 담임교사의 얼굴, 목소리, 지도 내용 등이 포함되어 있다면 교사의 수고를 인정한다.

둘째, 학부모 본인이 직접 자녀를 교육하는 데에 참고할 자료로 활용하기 위해서라면 콘텐츠 제시형 수업을 좋아한다. 자녀와 함께 보면서 어려운 부분을 부모가 이해하고 설명해 줄 수 있기 때문이다.

그동안 필자의 블로그에 올려 두었던 과학 실험 영상이 한 맘카페에 공유된 것을 우연찮게 발견했다. 게시글에는 실험하는 방법과 실험 지도 방법, 설명이 수록되어 있어 자녀 공부에 참고한다는 내용이 담겨 있었다. 이는 애초에 동료 교사와 수업에 관한 관점을 나누기 위한 것이 목적이었는데, 학부모와 학생의 복습용으로 활용되고 있어 조금 얼떨떨했다.

이상의 사례를 보면 콘텐츠 제시형 수업은 학습자가 공부할 수 있는 여건이 갖춰질 경우에는 생각보다 큰 학습 효과를 나타낼 수 있지만, 학습자의 동기를 유도하기 어려운 원격수업 자체의 환경, 콘텐츠 제작에 들어가는 지나친 수고, 사회의 부정적 여론 탓에 제대로 된 수업으로 인정받기도, 그 효과성을 입증받기도 어렵다. 그렇다면 자연스럽게 남은 방법은, 그토록 현장을 시끄럽게 만든 '실시간 화상수업'이다.

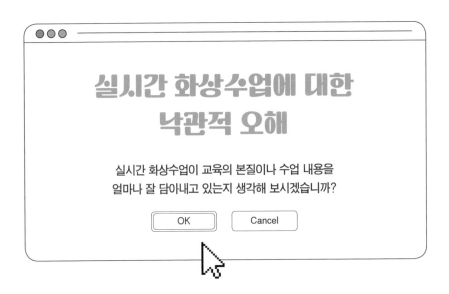

실시간 화상수업에 대한 낙관적 오해

실시간 화상수업이 교육의 본질이나 수업 내용을
얼마나 잘 담아내고 있는지 생각해 보시겠습니까?

OK　　　Cancel

다시 기억을 떠올려 보면, 교육청에서 내려온 원격수업의 형태는 크게 3가지로 콘텐츠 제시형, 과제 제시형, 실시간 쌍방형 수업이었다. 3가지 형태 중 어떤 것이 효과가 좋은지 확신이 서지 않았고, 3가지 모두 실천해 본 지금도 정답은 없다고 생각한다. 그러나 한때 대부분의 학교 현장에서는 '실시간 쌍방향'이란 이름의 화상수업을 현장 상황에 대한 고려 없이 일괄 실시하라는 강압적 분위기가 존재했다.

필자의 경우 학생 개개인에게 직접 전화를 걸어 과제 제출을 독촉해도 이행하지 못하는 2~3명은 학교로 불러서 개인 지도를 하고 수업까지 해야 했다. 두 달에 걸친 학습 기간 동안 15개의 과제 중 2~3개만 제출한 학생들을 그냥 놔둘 수는 없었기 때문이다. 이 아이들과 현장 수업을 하면서 나머지 학생들과는 원격수업을 해야 했으니 수업 부담은 이중, 삼중이 되었다. 이런 상황에서 과제가 늘어났다는 언론 보도와 일부 학부모의 '오해' 덕분에 과제 제시형 수업은 힘을 잃게 되었다. 한편 낮은 가성비와 낯선 교사의 등장으로 많은 비판을 샀던 콘텐츠 제시형 수업도 더욱 지속하기 어려운 상황이 되면서 '실시간 화상수업'이 늘어나기 시작했다.

오해 1

화상수업은 경제적이다

실시간 화상수업을 위한 화상 도구로 구글 미트 회의방을 이용했다. 구글 클래스룸과의 연동성 때문이었다. 그러나 구글을 활용하게 되면 학생 개개인의 휴대전화로 로그인된 구글 계정과 학교용 계정 사이에 충돌이 생기면서 로그인 오류가 지속적으로 일어났다. 그러다 보니 몇 번 시도하다가 포기한 학생들은 시간이 되어도 들어오지 않았다. 개인 계정에 발생한 오류를 2~3주에 걸쳐 모두 해결해 주고, 방법도 안내하고, 설명을 해 주어도 이 문제는 1학기 내내 지속되었고, 2학기에도 여전했다. 문제가 해결되면 비밀번호를 잊어버리는 학생이 속출했기 때문이다. 다른 교사처럼 Zoom을 이용하면 간단히 해결될 문제였으나 Zoom 역시 접속이 폭주하면서 영상이 끊기거나 교사와 학생이 무작위로 튕기는 등 여러 문제가 드러났다.

첫 화상수업에서는 지난 시간에 학생들이 풀었던 퀴즈 과제를 풀이하고 다음 차시의 진도를 나갔는데 총 27분이 기록되었다. 거의 40분을 모두 채운 것이다. 문제는 그렇게 40분을 채우고도 학생들은 실험관찰에 자기가 배운 내용을 글자 한 자 적지 못했다. 다시 집에서 과제로 실험관찰을 풀어야 하는 상황이 생긴 것이다. 과제가 늘어났다고 오해하는 학부모들이 많지만 실제로 그렇지 않다. 원격수업 상황에서는 교사의 음성 전달이 지연되다 보니 말을 더욱 천천히 해야 하고, 준비된 자료를 제공하기 위해 설명과 동시에 컴퓨터 프로그램을 실행, 학생들에게 화면으로 공유해야 하는 번거로움이 생기면서 수업이 길게 늘어졌다.

오해 2

화상수업은 학생 참여 중심 수업이다

위 문제점을 보완하기 위해 필자는 화상수업을 10분으로 대폭 줄였다. 교과서 내용과 관련한 배경지식과 함께 설명이 꼭 필요한 부분을 간단히 요약하고, 보여 주고 싶은 영상 자료의 중요 부분을 짚어 주며 설명하는 것으로 마무리했다. 그렇게 10분을 화상수업으로 진행하고 과제를 제시했더니 시간 내에 제출하는 학생이 절반까지 늘어났다. 그러나 여전히 화상수업에 들어오지 못하는 학생들이 많았다.

한편 화상수업에 적응한 학생은 교실 속 상황과 마찬가지로 다른 학생과 잡담을 나누거나 수업과 관계없는 행동을 하기 시작했다. 그런데 원격수업 상황에서는 그들의 잡담이 모든 학생에게 너무나 큰소리로 들려 수업 전체의 흐름을 방해했다. 교실에서는 교사의 눈짓 몇 번으로 즉각 제어되었던 행동이 원격수업 상황에서는 매우 힘든 일이 되었고, 오히려 교사와 학생의 상호작용 시간은 부족하기만 했다.

이외에도 헤드셋에 달린 마이크를 손으로 만지거나 휴대전화를 만지느라 생기는 잡음, 친구로부터 전송된 메시지 진동 탓에 수업 흐름은 계속 끊겼다. 심지어 학부모와 학생 간의 실랑이가 벌어지는 장면까지 그대로 나와 곤란한 적도 있었다.

요령을 찾아 나갔다. 문제를 보완하기 위해 이번에는 마이크를 모두 끄게 했고, 지목하는 학생만 마이크를 켜서 발표하게 했다. 하지만 자기 차례가 되어 마이크를 켜고 대답해야 하는 순간에 묵묵부답인 학생, 화상수업임에도 자신의 얼굴을 계속 가리거나 하품을 연발하는 학생들이 더러 있었다. 동시다발적으로 각자의 학습 상황을 지속할 수 없었기 때문에 한 학생이 발표하는 동안 나머지는 기다려야 했다. 이런 문제를 해결하기 위해 수많은 방법과 플랫폼이 등장하였고, 부분적으로 문제를 해결할 수 있었지만 근본적인 대책이 되지는 못했다.

학생 참여 중심 수업을 기대하면서, 혼자서 공부하기를 어려워했던 학생들에게 좋은 도움을 적시에 효과적으로 제공해 보겠다는 원격수업의 당찬 포부는 화상 도구를 활용한 수업에서 이내 조금씩 흐트러지기 시작했다. 학생 참여가 활발하게 이루어지려면 교사가 계획한 수업의 장으로 언제든지 접근할 수 있어야 하고, 또래와 다양한 상호작용이 일어나야 한다. 원격수업은 이를 위해 다양한 플랫폼 기능이 요구되는데, 학습자가 이 플랫폼에 적응하고 공부하는 데 문제가 생기면서 플랫폼에 대한 이해가 부족한 교사들에게는 '오르지 못할 산'처럼 보였다.

결국 초기의 원격수업에서 다양한 플랫폼과 수업 도구를 이용하던 경향은 점차 '강의식' 형태로 이어지는 모습이 보였다. 앞에서 소개한 콘텐츠 제시형 수업에서도 저학년은 대부분 교과서, 수학익힘책, 실험관찰 등을 풀이하는 형태의 영상이 제작·활용되었다는 것을 지적했다. 그렇다면 오히려 반복해서 들을 수 있는 콘텐츠 제작으로 영상을 업로드하는 것이 여러 가지 기술적 문제를 해결할 수 있지 않았을까?

실시간 화상수업의 본질은 '실시간'에 있다

실시간 화상수업의 본질은 '쌍방향'에 있다. 실시간 강의는 학생을 그 시간만큼은 모니터 앞에 앉혀서 공부하도록 만든다. 어쩌면 사회와 가정은 교육의 본질이나 수업의 내용보다도, 학생을 책상 앞에 앉아 있게 만드는 것이 더 중요했을 것이다. 물론 교사는 학생이 책상 앞에 앉아 있는 것만을 수업의 목표로 생각하는 존재가 아니다. 그래서 실시간 화상수업의 효과성을 의심했고, 이를 고집하지 않았던 것이다. 그러나 현실적으로 학교가 가졌던 기능에 배움만 있었던 것은 아니었다. 원격수업이 수업이 될 수 있도록 고민하는 것과 달리, 현실적으로 사회는 원격수업도 등교수업과 같은 학생 보호와 돌봄의 기능까지 함께 해 주길 바랐다.

사교육 문제를 해결하기 위해 일부 사교육을 공교육으로 끌어안아 낮은 가격으로 제공한 방과후교실 사업은 정착되었고, 승진 점수와 연결되어 한 자리의 보직교사가 생길 정도로 방과 후 학교교육의 역할은 커져 갔다. 맞벌이가정 지원을 위한 사회의 복지 정책도 학교 현장이 맡아야 했다. 그랬던 학교가이제는 학생을 돌보며 교육했던 기본적인 시간을 가정이 부담하도록 넘기는상황이니, 실시간 화상수업이 아닌 다른 유형의 수업은 아무리 교육적일지라도 사회가 수용하기 어려웠을 것이다.

실수투성이었지만, 그 속에서 얻은 것들

나름대로 원격수업의 질을 끌어올리기 위해 노력하였고, 어떻게 하면 등교수업과의 차이를 최소화시킬 수 있을지 고민했다. 고민이 이어지다 보니 가정에서 진행되는 학생 관리나 돌봄도 무시할 수 없는 문제였다. 정말 어려운 시간이었지만, 그럼에도 몇 가지 얻은 소득도 있다.

첫째, 원격수업에 강한 학생들을 발견했다.

앞에서 예로 든 사례들이 5학년의 이야기였다면 이것은 6학년의 경우인데, 1년 차이임에도 스마트 기기를 다루고 해결하는 능력이 훨씬 뛰어났다. 전년도 담임교사가 꾸준히 스마트 기기 관련 수업을 했던 탓도 있었을 것이지만, 무엇보다 특이했던 것은 원격수업 자체를 즐기고 좋아했던 자세였다. 등교수업 시간에는 집중하지 못하거나 다른 친구와의 잡담이 많았는데, 원격수업에서는 능숙한 도구 조작과 채팅을 이용한 발표로 수업에 적극적인 참여 태도를 보였다. 교사가 준비한 플랫폼의 다양한 기능을 적용할 때도 훨씬 긍정적이고 호기심 가득한 반응이 나타나면서 상호작용을 위한 다양한 연구가 헛되지 않았다는 느낌이 들었다. 아무도 가 보지 않았던 길을 매일 새롭게 겪는 과정에서, 교사가 준비한 새로운 도구와 방식이 학생에게 적절한 반응으로 피드백될 때, 그 보람은 이루 말할 수 없었다. 그만큼 원격수업은 학생과 교사에게도 새로운 모험이고 도전이었다.

둘째, 동료 교사의 (온라인) 교실을 더 쉽게 확인할 수 있었다.

비록 동료 교사의 실시간 화상수업을 참관하는 것은 어려웠지만, 수업 과정에서 필자는 다른 동료 교사들이 언제든지 들어와 볼 수 있도록 '문호'를 개방했다. 화상수업 링크를 보내어 참관케 하기도 했고, 필자가 운영했던 구글 워크스페이스의 구글 클래스룸 학급에 교사용 계정을 발급하고 수업을 참관할 수 있도록 하였다. 초창기에 두세 명의 교사가 직접 링크로 들어와 화상수업을 처음부터 끝까지 참관하였는데, 아쉬운 점은 초창기의 원격수업이라 아직 농익지 않은 상태였다는 것이다. 점점 발전되어 가는 모습을 보여 주고 피드백을 받고 싶었지만 후반부에는 참관하지 않아 아쉬웠다.

한번은 6학년 선생님 한 분께 "수업 좀 봐도 되냐"고 넌지시 물었다. 그분은 흔쾌히 들어오라고 했고, 필자는 곧 링크를 타고 수업에 들어갔다. 필자가 들어간 것을 느끼자 왠지 당황한 듯한 선생님의 모습을 보고서 조용히 수업을 나왔는데, 나중에 물어보니 조금 당황했다며 서로 웃기도 했다.

많은 교사들이 간과하고 있는 점이겠지만, 실시간 화상수업이 시작되면서 어차피 모든 수업은 학부모 공개수업으로 전환되었다. 또한 화상수업은 아무리 기능을 잘 다루는 교사일지라도 학생이 처한 환경과 기술적 조건에 따라 어려워질 수 있는 상태다. 수업이 어렵게 흐른다고 해서 전혀 부끄러워할 필요가 없다는 점, 어차피 공개되고 있다는 점을 떠올린다면 동료와의 수업 나눔과 협의를 시작하는 것이 과거보다 훨씬 더 유리하지 않을까?

셋째, 학생들은 역설적이게도 등교수업과 학교의 가치가 소중함을 절실히 느꼈다.

비록 학교에 와서도 친구들과 어울리거나 운동장을 뛰어다닐 수 있을 만큼 자유롭지는 못했기에 시간이 갈수록 등교하는 것에도 흥미를 잃어 갔지만, 그럼에도 불구하고 학생들은 등교하는 날 교사와 만나고 친구들과 이야기 나누는 시간을 더없이 기뻐했다. 학생마다 조금 다른 부분이겠지만, 필자가 지도했던 5학년 학생들의 경우에는 화상수업 시간에는 지루해하고 풀이 죽어 있었던 반면, 등교수업에서는 생기가 돌아 수업하는 것이 무척 즐거웠다.

하루는 '물체의 속력'에 관한 수업을 하는 시간이었는데, 당시는 주 1~2회만 등교하고 나머지는 원격수업을 하던 블렌디드 수업 형태였다. 플립러닝의 원리에 따르자면 학생들에게 먼저 기본 개념이 담긴 짧은 분량의 영상을 제시하고, 영상에 따른 개념을 교실에서 직접 실습해 보거나 토의하는 식으로 수업을 꾸려 나가야 했다. 그러나 원격수업이 장기화되면서 교사가 직접 만들지 않은 콘텐츠는 다소 시큰둥하게 보고 있다는 것을 형성평가(구글 설문지-퀴즈 과제) 결과를 통해 알게 됐다. 이런 식이라면 영상을 보여 준 채 교실에서 활동을 해도 큰 효과를 볼 수 없을 것이라 생각했다.

그래서 귀한 등교수업일에는 어떠한 학습지도 준비하지 않고 학생들 앞에서 '물체의 운동'에 대한 강의·문답식 수업을 했다. 강의식이지만 질문을 포함했고, 모든 학생이 고루 대답할 수 있게 한 명씩 물어 가면서 물체가 운동했다는 것의 의미가 무엇인지 이해한 바를 말하게 했다. 간단한 퀴즈로 상호작용이 활발하게 일어났고, 모든 아이들이 집중하는 느낌이었다. 그렇게 15분의 시간이 흐르고 실험관찰을 정리하는데, 지금껏 했던 수업 중 손가락에 꼽을 만큼 흥분과 침착함이 공존하는 이색적인 분위기였다.

마지막으로 한 가지 제안하고 싶은 게 있다. 학생들의 휴대전화 (구글) 계정을 가끔 살펴봐 주자는 것이다. 대부분의 학생들이 휴대전화를 살 때 구글 계정을 만들어 접속한다. 이번 원격수업 상황에서 학생들이 플랫폼에 접속이 잘 안 된다는 이야기를 많이 들어서 직접 학생의 휴대전화 설정을 고쳐 준 적이 많았다. 그 과정에서 학생들이 구글 계정을 하나가 아닌 여러 개로 만들어 사용하고 있다는 것을 알게 됐다. 대부분은 앱 설치를 위해 보호자의 계정이 로그인되어 있었지만, 게임을 좋아하는 몇몇 학생들은 본 계정 이외의 추가 계정이 4~5개씩 로그인되어 있는 것을 볼 수 있었다. 계정 충돌은 둘째 문제였다. 학생들이 얼마나 스마트폰 게임에 빠져 있는지, 또 다양한 계정을 만들어 어떤 일을 하고 있는지 궁금해지지 않을 수 없었다. 비록 아이들도 자신만이 간직하고 싶은 개인정보와 사생활이라는 것이 있겠지만, 가정의 돌봄이 전혀 이루어지지 않는 아이들의 기기에 4~5개 이상의 계정이 접속되어 있다는 사실은 그냥 지나치기 어려운 부분이다.

현장에서 유행하는 용어인 '블렌디드 수업' 유형이라 하지 않고 '원격수업' 유형이라 제목을 붙인 것은 블렌디드 수업이 추구하는 목적과 현재의 원격수업에 간극이 있기 때문이다. 블렌디드 수업을 단순히 온오프라인 학습의 결합으로 인식하는 경우가 대부분이지만, 왜 온라인과 오프라인을 혼합하여 수업하는지에 대한 고민은 없다. 우리가 말하는 블렌디드 수업은 학생들의 성취수준을 끌어올리기 위한 교육적 고민에서 출발한 것이 아니라, 등교수업이 힘든 학생들의 '일제식' 수업을 통해 모든 학생이 똑같은 교육을 받고, 교육과정 진도상의 결손을 최대한 막아 보려는 행위이기 때문이다.

  현재의 블렌디드 수업은 코로나19 상황에 대응하여 학교에서 이루어지던 표준화 교육을 지속하기 위한 모델로 도입되고 있다. 불편한 사실이지만, 이런 원격수업을 모두 블렌디드 수업이라 말하기 곤란하다. 학습 방법을 혼합했다는 이유만으로 블렌디드 수업이 된다면 교실에서 이루어지는 수업도 모두 블렌디드 수업이 된다. 학생은 연필로 개인 과제를 하다가, 갑자기 모둠 형태를 꾸려 다른 학생과 대화하고, 또 하루는 컴퓨터실에 가서 자기 개인 과제를 작성하고 제출하기 때문이다.

그렇다면 블렌디드 수업의 실체는 무엇인가? 블렌디드 수업의 처음 목적은 모든 학생의 학습 효율성을 끌어올리는 것이었다. 수준 차가 있고, 그에 따라 교수·학습 방법이 달리 적용되어야 할 수많은 학생들에게 자기 수준과 속도에 맞는 학습 콘텐츠를 제공하고, 콘텐츠를 이수한 속도와 형태에 따라 교사의 코칭과 조력이 더해져 학습 수준을 향상시키는 것이 블렌디드 수업의 목적이다. 그러나 지금의 수업은 그렇지 못하다. 콘텐츠를 만들어도 모두가 제 시간에 들어야 하고, 제 시간에 과제를 제출해야 한다. 과제 제출 기한으로 학생의 출석을 체크하기 때문이다.

블렌디드 수업의 목적을 조금이나마 구현하려면 지금 유지하고 있는 출석제도나 콘텐츠 제시형 진도를 일제식으로 관리하지 않고 학생의 개별 속도에 맞춰 관리해야 한다. 그러나 정해진 교육과정을 이수해야 하고, 해가 바뀌면 모두 다음 학년으로 진급하는 우리나라의 현실에는 어려운 방법이다. 등교하고 나면 늘 그랬듯 같은 페이지를 펴고 모든 학생을 대상으로 같은 내용을 설명하거나, 모두가 함께 해야 할 학습활동을 제시한다. 미래교육의 한 방편으로 등장한 블렌디드 수업이 표준화 교육 위에 변질되는 것은 안타까운 일이다.

그러므로 지금 소개하는 것은 블렌디드 수업이 아닌 원격수업 유형이다. 일년간의 과학 전담 수업을 거치면서, 혹은 담임교사들의 원격수업을 지원·관찰하면서 겪은 경험과 아이디어가 녹아 있다. 유형은 모두 사례 중심으로 풀었으며, 자세한 적용 방안은 과학 수업을 통해 구체적으로 풀어냈다. 여러 가지 시행착오와 성찰을 통해 동료 교사들과 나눌 생각으로 정리하였기 때문에 완벽한 형태라 보기 어렵지만, 원격수업을 수업으로 바꾸면서 사회적 요구를 반영한 필자의 고민이 담겨 있다.

1. Vlog형

원격수업에서 화상수업을 늘려 달라는 사회적 요구에는 학교 현장에 대한 불신, 담임교사의 수업 실력에 대한 호기심과 함께 학생이 책상 앞에 앉아 수업을 듣고 공부할 수 있는 정기적 시간을 확보하려는 성격이 담겨 있다. 미래사회에 적합한 교육 방식과는 다소 동떨어진 형태일지라도, 아직은 기초 습관과 수업에 대한 자세를 키워야 한다는 여론과 교사들의 함의도 분명 존재한다. 그래서 원격수업이 돌봄의 성질로 변한 것이란 비판을 굳이 상기하지 않더라도, 실시간 화상수업의 확대는 피할 수 없는 현실이다.

교실에서 이루어지는 교육이 원격수업보다 훨씬 높은 수준의 질이라고 한다면, 그 이유는 2가지일 것이다. 하나는 학생이 공부에 전념할 수 있는 환경 (학생을 살펴보고, 피드백해 줄 수 있는 교사가 근거리 존재)과 동료와 함께하는 모둠활동을 통해 상호 피드백과 성장의 기회가 존재한다는 것이다. 이 2가지를 실시간 화상수업에 녹여 내면서도 교사의 부담과 학생의 피로도를 줄일 수 있는 방법이 바로 Vlog형 원격수업이다. Vlog는 비디오와 블로그의 합성어로, 일상을 보여 주는 영상 콘텐츠다. 수업에선 일종의 '캠스터디'처럼 구현된다.

6학년 「우리 몸의 구조와 기능」을 배우는 첫 시간에는 '뼈 모형 만들기' 활동이 있다. 재료만 있으면 모형을 만들어 보는 것으로 끝나는 수업이라 굳이 실시간 화상수업을 하지 않아도 되는 차시다. 과학은 물론 다른 교과에서도 이렇게 학습자 혼자서 하는 것 이외에는 별 다른 것이 없는 수업이 많다. 사실 학교에서 수업을 하더라도 40분 수업 중 30분은 학생이 직접 문제를 풀거나 활동을 해야 한다. 그렇게 하는 것이 학습자 중심 수업이고, 지루하지 않으면서 생동감 있는 수업이기 때문이다. 초등학생의 발달 수준을 고려하더라도 교사의 강의는 줄이고, 사고력을 유도하고 스스로 깨달을 수 있는 구조화된 활동을 늘리는 것이 맞다.

학교 현장에서는 단순히 학생이 직접 해야 할 내용이니 굳이 화상수업 도구에 접속하지 않아도 된다는 생각에 그쳐, 과제를 내 주고는 화상 도구 접속을 종료할 때가 많았다. 초창기에는 접속량이 많아 자주 로그아웃이 되는 현상도 한몫했을 것이다. 그러나 지금은 조금 달라져야 한다. 가정에 학습활동을 지켜보는 이가 없으면 학습이 이루어지지 않는 일이 적지 않고, 이에 따라 원격수업의 효과성을 의심하는 학부모가 늘면서 결국 학교에 대한 불신이 생겼다는 점을 염두에 두어야 한다.

교사 입장에서는 불필요하게 느껴지지만 원격수업 상황에서도 교사가 학생의 학습활동을 지켜보는 구조로 만들어서 수업을 한다면 과제 제출률도 올라가고, 그 시간 동안 학생을 수업에 참여케 하는 효과도 나타날 것이다. 그래서 학생들에게 2학기 수업 규칙을 이렇게 정해 두었다.

- 비디오는 수업 끝날 때까지 켜 둔다.
- 마이크를 켜서 선생님의 질문에 대답하되, 가족과 대화를 해야 하는 상황이 생기면 빨리 음소거를 누른다.
- 비디오를 켠 채로 혼자 해야 하는 활동은 정해진 수업 시간 내에 한다.

뼈 모형 만들기는 5분 만에 설명이 끝났다. 나머지는 학생이 혼자 하는 것이다. 비디오를 켠 채로 만들게 한 다음 카메라 앞에 보이도록 했다. 이후 뼈 모형과 관련한 발문 몇 가지로 다음 수업을 안내하고 마쳤다. 이렇게 하면 30~35분 정도의 시간이 걸린다. 만드는 동안에는 부스럭거리는 소음이 생기므로 모두 마이크를 끄게 하였다.

간단하지 않은가? 학생들의 시선은 뼈 모형을 향해 있다. 교사는 각 학생의 모습을 보고 마지막 결과물을 확인한 후 방에서 나갈 수 있도록 허용한다. 이런 형태라면 다른 수업에서 얼마든지 적용 가능하다. 익힘책을 다 풀고 사진을 제출한 학생은 확인을 받은 뒤 나가는 형식처럼 말이다.

물론 이런 형태의 수업이 만족스럽지 못한 교사와 학생도 있을 것이다. 이 방법 하나만으로 모든 원격수업을 진행하는 것은 곤란하다. 차시 내용에 맞게 적절한 유형을 선택하면서 정직한 수업 시간을 꾸려 나갈 수밖에 없다. 아직은 학습 동기가 부족하고 가정의 돌봄이 어려워 혼자 지내는 학생들을 생각하면 교사가 조금 더 힘을 낼 수밖에 없다.

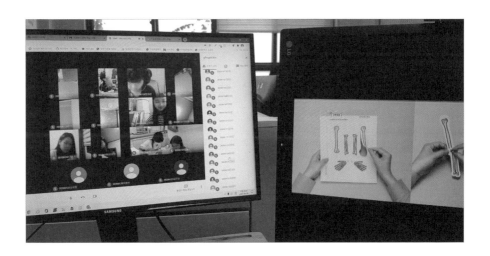

 이런 수업에 좋아요

- 교사가 특별히 피드백할 것이 없는 수업 : 형태가 구비된 재료를 나눠 주어 만들 거나, 수업 중 간단한 성취 정도를 파악하는 형성평가 수업
- 개인 기능 연습이 필요한 수업 : 리코더/단소 연습, 개인 체육 활동, 미술 작품 활 동(시간이 걸리는 젠탱글 그리기, 채색 등)
- 국어 온작품읽기 수업

2. 판서형 (태블릿 PC 미러링)

실물화상기를 이용해 교과서에 답을 적어 주는 수업 형태에 익숙한 교사가 많 다. 유튜브에 수업 콘텐츠를 촬영하여 올리는 경우에도 대부분 웹캠을 실물화 상기처럼 사용하거나, 휴대전화 거치대를 마련하여 휴대전화로 교과서 풀이 장면을 녹화한 후 업로드하는 경우가 많다. 이런 형태를 녹화하여 업로드하지 말고, 실시간 화상수업으로 바로 수업하면 교사도 편집의 부담에서 벗어날 수 있다.

❶ 휴대전화로 화상 도구 접속 후 학생을 초대한다.
❷ 교사 PC로도 화상 도구에 접속해 둔다.
❸ 휴대전화로 화면공유를 누르고 카메라 기능을 켠다.
❹ 카메라는 교재를 향하게 하고, 교재에 노트 필기를 하며 수업한다.

그러나 위와 같은 방식으로 수업을 하다 보면 몇 가지 문제가 생긴다.

- 원인 모를 카메라의 꺼짐
- 교사 휴대전화로 오는 문자 메시지와 연락이 수업을 방해
- 적절한 수업 자료를 보여 주기에 제한적(교과서만 보여 주게 되어 메인 PC로 다른 자료를 보여 주면서 수업하게 되는데, 그러면 실물화상기처럼 쓰던 휴대전화의 화면공유가 종료되어 화면의 자유로운 전환이 어려움)

마지막이 가장 큰 문제다. 교사는 수업을 하다 보면 욕심이 생긴다. 더 좋은 자료를 자유자재로 불러와서 수업하고 싶을 때가 많다. 그런데 휴대전화가 오로지 교과서를 향하는 카메라 기능에 불과하다면 메인 PC에서 또 다른 자료를 준비해 보여 주어야 하는 불편함이 있다.

반면 학교에 교사용이나 개인 태블릿 PC와 애플펜슬 같은 필기도구가 있다면 화면공유 기능을 통해 매우 쉬운 '판서' 방식으로 수업을 해낼 수 있다. 사실 이런 방식의 수업은 지식 전달 중심으로 흘러가기 쉽기 때문에 좋은 수업법이라고는 말하기 어렵다는 점을 미리 언급해 둔다. 그러나 집중력이 떨어지는 학생들의 기초 학습 습관(학습 내용 정리 등)을 고려한다면 가끔은 교과 내용을 꼼꼼히 정리하는 수업이 필요하다.

먼저 2가지를 준비해야 한다. 하나는 수업에 활용할 수 있는 교사용 태블릿 PC, 그리고 교사의 메인 PC에 연결할 수 있는 무선 랜카드이다(이런 조건을 교사가 따로 준비하지 않아도 수업할 수 있는 환경이 갖춰져야 하는 것이 맞다. 원격수업의 질을 높이기도 전에 준비하느라 진을 다 빼는 현상은 해소되길 바란다).

❶ 무선 랜카드의 usb를 컴퓨터에 꽂는다.
❷ 컴퓨터 네트워크 설정에서 태블릿 PC와 동일한 와이파이 네트워크로 접속한다.
❸ 태블릿 PC 미러링 프로그램을 설치한다(airsever, lonelyscreen 등 모두 유료, 평가

판으로 잠시 무료 사용 가능).

❹ 태블릿 PC에서 필기할 수 있는 앱을 설
치한다. 화이트보드, 잼보드, 굿노트(유
료), 에버노트(무료) 등 다양한 앱 중 기
호에 맞는 앱을 선택한다.

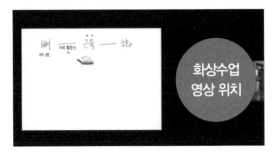

앱을 이용해 판서하는 모습

❺ PC에서 미러링 프로그램을 실행한다.
❻ 태블릿 PC로 미러링한다(그럼 PC에서
태블릿 PC 화면이 나온다).
❼ 교사는 태블릿 PC 노트 앱을 켜 놓고
필요한 수업 이미지 자료를 미리 저장
해 둔다.

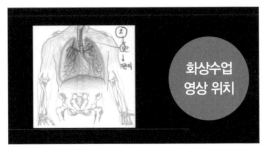

태블릿 PC에 미리 저장해 둔 이미지를 불러와 삽입 후 판서하
는 모습

❽ PC에서 Zoom, 구글 미트와 같은 화상
도구를 실행하고, 미러링 프로그램이 실
행되고 있는 컴퓨터 화면을 공유한다.

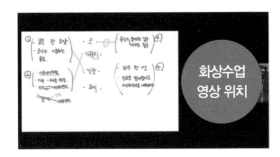

신체 기관을 가운데에 적으면서 복습하고, 학생들을 한 명씩
지목하면서 연결 짓는 것으로 형성평가

이 방식이 어렵다면 태블릿 PC 자체로 교사가 개설한 화상수업 주소에 접
속하여 태블릿만 화면공유를 하는 편이 낫다. 굳이 컴퓨터상에서 미러링을 하

는 이유는 컴퓨터의 다른 자료를 제시할 때 빠르게 전환할 수 있기 위해서이다. 단 네트워크 환경이 뒷받침되어야 한다.

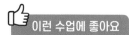
이런 수업에 좋아요

- 수학 수업 중 많은 학생이 틀린 문제 풀이 수업
- 사회 지리 수업 중 지도 위에 표시해야 할 때
- 단원을 정리하는 수업
- 과학에서 북극성을 찾는 수업이나 태양의 남중고도를 재기 위한 각도 표시 등 작도가 요구되는 수업
- 도형의 넓이를 구하거나 표시해야 하는 수업 등

3. 판서 퀴즈형(온라인 칠판에 문제 풀기)

5학년 과학 「물체의 운동」 단원을 가르치다 보니 속력을 구해야 하는 간단한 연산을 그냥 넘길 수가 없었다. 문제지를 풀게 한 다음 등교수업 때 같이 풀어 봐도 되는데, 그러기엔 등교수업 시간이 매우 아까웠다. 연산이라는 과정이 단순해 보이지만 각자 생각하는 방식이나 속도가 다르기 때문에 친구의 연산 방법을 함께 보는 것이 원격수업 과정에서는 오히려 수월할 것 같다는 생각이 들었다. 그래서 어떻게 문제를 푸는지 그 방법 자체를 모두가 볼 수 있도록 수업을 설계해 봤다. 수학 수업에 활용할 수 있는 방법이다.

❶ 형성평가 제공

구글 퀴즈 과제(설문지)를 이용해 문제를 출제한다. 4~5문제면 충분하다. 기본으로 1~2

문제를 내고, 나머지 2문제를 좀 어렵게 내어 생각할 수 있도록 한다. 마지막 문제는 친구와 함께 풀어도 좋다는 단서를 달면 학생들이 알아서 온라인상으로 의견을 나누며 문제를 푼다.

❷ 문제 풀이

교사가 출제했던 구글 퀴즈 과제(설문지) 문제를 캡처하여 PPT나 구글 프레젠테이션에 올리고, 오른쪽은 여백을 약간 남겨 둔다. 필자는 구글 미트에 업데이트된 화이트보드 기능(잼보드)을 이용하기 위해 문제를 캡처하여 잼보드에 이미지 파일로 올린 후 잼보드 주소를 공유하였다. 학생들은 잼보드로 접속하여 각자 맡은 문제 위에 마우스나 텍스트로 문제 풀이 과정을 입력한다. Zoom을 이용하는 사람은 화이트보드의 주석(그리기) 기능을 이용해 화면 위에 문제를 풀게 해도 된다.

처음에는 대표 학생을 통해 말로 식을 불러 보게 하고, 교사가 이를 대신 쓴다. 학생들은 이 과정에서 어떻게 글을 쓰는지 충분히 익혀 둔다. 그런 뒤에는 내용을 잘 이해했으리라 생각되는 학생 2명을 시켜 문제를 풀게 하고, 차츰 다음 학생에게 기회를 준다. 수업 상황에 따라 모두 참여시킬 수도 있고, 학습 참여 유도가 필요한 학생만 선정하여 풀게 할 수도 있다.

- 수학, 과학 등 문제 풀이의 점검이 필요한 수업
- 본문 내용에서 중심 문단이나 중심 문장에 선을 그어 보게 하는 국어 수업

4. 가상 실험 도구 활용(with 소회의실)

원격수업은 학생이 온전히 집중만 할 수 있다면 오히려 학습 자료를 빠른 시간 내에 조작하여 매끄러운 교수 활동을 펼칠 수 있다. 예를 들면, 전기회로를 만들어 학생에게 보여 주고 싶을 때 대면 수업에서는 한계가 있다. 교사가 직접 회로를 만들 동안 이 회로를 비추는 실물화상기가 있어야 하고, 이때 교사는 시선이 회로로 가 있어서 학생들과 교감하는 것도 어렵기 때문이다. 이런 문제를 해결하기 위해 그동안 준비된 PPT나 영상을 활용하여 수업을 정리하기도 했다.

원격수업 상황에서도 PPT나 영상을 활용하면 되지만 PPT 제작과 검색에 많은 시간이 들고, 영상을 송출할 때 끊기는 경우도 있어 오히려 수업이 매끄럽지 않다. 이럴 때는 교사가 학생과 소통하면서 직접 조작 활동을 보여 주는 가상 실험 프로그램을 활용하는 것이 좋다. 앞에서도 소개한 사이트가 있는데, 플래시 프로그램으로 다운받거나 웹 기반으로 접속만 해도 조작할 수 있는 다양한 과학 학습 사이트가 있다. 잘 검색하면 수월한 수업을 진행할 수 있다.

- 김정식/허명성의 과학사랑 : 중학교에서 근무하는 김정식 수석선생님의 사이트로, 다운로드하여 사용할 수 있는 다양한 플래시 자료가 많다. 중

등 위주이지만 초등 교사는 적절한 설명과 덜어 내기를 통해 수업에 충분히 활용 가능하다. https://sciencelove.com/

- 자바실험실 : 1996년부터 제작된 과학 수업용 시뮬레이션 웹 서비스. 고등학교에서 근무하는 이동준 선생님이 제작하고 있다. 이 책에서 가장 많이 활용한 사이트이다. https://javalab.org/

- PhET : 콜로라도 대학교에서 만든 과학/수학 시뮬레이션 실험 사이트로 한국어 버전으로 번역, 운영되고 있다. 한국어 사이트는 전북대학교 과학교육학부 이화국 명예교수가 관리한다. https://phet.colorado.edu/ko/

❶ 교사는 아바타가 되어 학생의 지시에 따라 실습하기

전기회로에 대해 배운 학생은 교사에게 회로를 만들기 위한 단계를 말로 표현할 수 있다. 교사는 학생의 말을 듣고 간단히 표현해 본다. 표현하는 과정에서 잘못될 경우에 잘못된 것을 드러내 주는 시뮬레이션을 이용하는 것이 좋다. 교사 1명과 학생 1명이 참여하는 대화 형태로 대부분의 학생은 이를 보고 있어야 하는 단점이 있다. 만날 수 없는 학생의 보충 지도가 필요할 경우에는 위와 같은 방법이 효과적일 것이다(Part 4의 6학년 "전기의 이용" 수업 사례에서 자세히 소개).

❷ 학생이 직접 사이트에 접속하여 시뮬레이션을 조작하고, 이를 화면공유 기능으로 보여 주기

이 방법은 학생 참여 중심이다. 그러나 몇 가지 전제 조건이 필요하다. 첫째, 학생이 해당 주소에 PC로 접속하여야 한다. 둘째, 시뮬레이션이 구동될 수 있는 성능을 갖추거나, 환경 설정을 바꿔야 한다. 셋째, 화면공유 권한을 학생에게도 내어주는 일종의 용기가 필요하다. 넷째, 교사에게 지시하는 아바타 활동과 마찬가지로 1명의 학생만 조작 가능해 동시다발적 수업이 어렵다.

❸ 학생이 직접 조작 활동을 영상으로 촬영하여 업로드하기

이 또한 학생에게 스마트폰이나 태블릿 PC, PC 화면을 녹화하는 방법을 알려 주어야 해서 실현 가능성이 떨어진다.

대부분의 웹 기반 시뮬레이션은 학생용이 아닌 교사용(수업용) 웹사이트이므로 학생에게 공유하는 것이 얼마나 큰 효과를 거둘지는 알 수 없다. 게다가 코로나19 상황으로 꽤 많은 학생들이 가정에서 PC를 쓰지 않는다는 것을 알게 되었다. 학생의 접근성이 생각보다 떨어질 수 있다는 말이다. 대안은 블렌디드 수업(거꾸로수업)으로 설계하는 것이다. 아무리 웹 기반 시뮬레이션이라고 해도 실제 실험을 구현할 만큼 뛰어나지는 못하다. 직접 실험 전에 활용하면 그저 지식을 주입하는 용도로만 활용될 뿐이지만, 직접 실험 후에 학습 내용을 정리하거나, 실험에서 이해되지 않는 부분을 보완할 때 활용하면 매우 효과적이다. 가상 실험을 이용해 등교수업 때 진행할 실험에 대해 설명하고, 등교수업 때 설명 없이 바로 실험에 들어가도록 한다.

실험 도중에 눈에 보이지 않는 자연현상을 다시 확인시키기 위한 용도로 시뮬레이션 프로그램을 활용하는 것도 좋다. 예를 들면, '기체의 분자 운동'이나 '전류의 흐름' 같은 현상을 이미지─플래시로 구현할 수 있어서 학생의 이해를 돕는 데 효과적이다.

👍 이런 수업에 좋아요

• 수학 수업 중 개념 지도가 필요한 도형 학습
• 과학 실험 수업

5. 온라인 순회지도형(모둠)

여러 가지 원격수업 방법을 구상해 보고 실현해 보았지만, 역시 수업 도중에 현장성 있는 피드백을 주지 못하면 수업의 질도 낮아질 수 있다는 것을 깨달 았다. 수업 중 피드백을 하려면 학생이 무슨 생각을 하고 있는지, 어떤 결과물 을 만들어 가는지 교사 눈으로 확인해야 한다. 다행스럽게도 클라우드 기반의 협업 프로그램은 이를 가능케 한다.

구글 프레젠테이션이나 구글 문서, 혹은 패들렛 같은 협업 도구는 클라우드 앱 기반이라 학생들의 동시 접속이 가능하다. 교사가 수업 주제나 질문을 던 지면, 학생은 이 질문에 대한 반응을 글로 쓰거나, 사진을 삽입하거나, 혹은 관련 영상을 첨부한다. 그 순간을 교사는 모두 관찰·확인할 수 있다.

단순히 모둠 활동을 위한 협업 도구가 아니라, 교사가 학생의 활동을 관찰 하고 피드백할 수 있는 순회지도용으로 활용하면 어떨까? 화상수업 도구를 실 행한 상태로 학생들에게 협업 도구 주소를 채팅방에 공유해 보았다. 학생들이 이 주소를 누르는 순간 화상수업 도구 화면을 볼 순 없지만 음성은 계속 들리 기 때문에 교사의 음성을 들으면서 수업을 할 수 있다. 교실에서 교과서를 볼 때 귀로는 교사의 말을 듣는 것과 똑같은 상황이다. 오히려 교사는 물리적 공 간에서 여러 곳을 돌아다니지 않고, 한 화면 안에서 학생들의 활동을 모두 지 켜볼 수 있어서 효과적인 순회지도가 이루어진다.

✓ 구글 프레젠테이션

구글 워크스페이스를 쓰지 않더라도 개인 구글 계정의 프레젠테이션을 이용 하면 된다. 그러나 다시 한번 강조하는데 각 교육청에서 개설한 구글 워크스 페이스 계정이 있으니 이를 활용하자. 직접 프레젠테이션에 들어갔을 때는 다음의 사진처럼 공유 버튼을 눌러 '링크가 있는 모든 사용자에게 공개'로 변경 후, '편집자' 버튼을 누른다.

❶ 과제글에 프레젠테이션을 첨가한
다. 이때 '학생 사본 제공'이 아닌
'수정 권한'을 준다. 한 프레젠테
이션에 모든 학생이 참여하는 형
태가 된다.

❷ 온라인 칠판 구상하기. 한 화면에
칸을 분할하여 학생 1인당 사용
할 수 있는 공간을 제공한다. 결
과물을 담아야 할 것이 많은 수업
이라면 슬라이드를 학생 수만큼
만든다. 초등학생의 경우에는 교
사가 미리 만들어 두고 이름을 적
어 두면 좋다.

각 칸에 학생들이 응답할 수 있게 번호를 부여

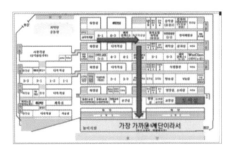
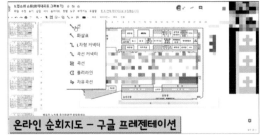

각 슬라이드를 모든 학생에게 개별로 부여. 학교 비상대피도를 이용해 화재 대피도를 표시하는 수업

✓ 구글 문서

중등 국어과/영어과 교사들이 가장 애 용하는 클라우드 기반 앱이 아닐까 싶 다. 글을 쓴 후 교사가 직접 수정이 가 능하다. 동시 접속하여 협업을 할 수도 있으니, 글의 구조(문단, 중심 문장) 등을 가르칠 때 유용할 것이다. 국어/영어는 도구 교과이기 때문에 수업 모형에 '직 접교수법'이 포함되어 있으므로 교사가

직접 글을 쓰는 방법을 보여 줄 때도 유용하다. 교사가 글을 쓴 다음 뒷줄을 비 워 두면, 학생은 이어서 내용을 보충하여 입력한다. 학생이 입력할 칸은 표로 설정해 두면 좋다. 학생들이 입력하는 순간을 그대로 볼 수 있고, 학생 상호 간에도 좋은 피드백이 될 것이다.

핵심은 이 활동을 과제로 부여하기보다는 실제 수업 시간에 맞춰서 학생이 직접 활동하고 생각하게 만드는 것이다. 마치 교실에서 교사가 학생의 활동을 들여다보고 있고, 언제든 대답해 줄 수 있는 환경으로 만든다.

✔ 잼보드로 모둠 활동 조망하기

잼보드에서 여러 화면을 생성한 후 각 화면에 들어갈 학생을 지정해 주면, 사진처럼 학생들의 활동을 한눈에 확인할 수 있다. 단점은 학생이 각 화면을 자유롭게 넘나들 수 있고, 연필 같은 낙서 기능을 이용해 화면 전부를 지저분

4개의 잼보드 화면에 각각의 학생들이 들어가서 활동하고 있는 모습을 전체적으로 조망할 수 있다.

하게 만들 수 있다는 것이다. 학생이 이런 장난을 쳐도 교사가 제어할 기능이 없다. 그러나 두려워하지 말고 나아가자.

잼보드는 구글 아이디가 없어도 누구나 접속할 수 있는 장점이 있지만, 낙서하는 학생을 찾아내기 위해서는 모두 구글 학생용 계정으로 로그인하여 접속하는 것이 좋다. 필자 또한 처음에 애를 좀 먹었지만 여러 차례 시도하고, 차분한 말로 학생을 교육하면서 낙서를 하는 친구들은 점차 줄어들었다. "자신이 하는 행동이 타인과 수업에 주는 피해를 생각해 보자."고 이야기해 보는 등 다양한 방법으로 장난의 빈도를 줄여 나갈 수 있다. 시간이 걸리지만 믿고 기다리다 보면 점차 안정된다.

👍 이런 수업에 좋아요

- 국어/사회 토의 · 토론 수업
- 음악의 화음 가창 수업
- 보고서, 포스터 작성 등 모둠형 과제 수업

6. 실시간 과제형(개인)

과제 제시형 수업의 단점은 과제를 수행하고 있는 학생을 지켜보는 교사가 없다는 것이다. 학습 동기가 약한 학생들은 이내 과제를 쉽게 포기하거나 뒤로 미루어 과제 제출률이 매우 떨어진다. 이런 상황을 지켜봐야 하는 학부모는 속이 탄다. 과제는 학생 혼자서 해야 하는 일이기 때문에 교사 입장에서는 화상수업을 지속할 필요성을 느끼지 못하지만, 앞에서 교사가 지켜보는 것과 그렇지 않은 것은 과제 완성도에 큰 차이가 나기 마련이다.

앞서 원격수업 운영의 한 방식으로 Vlog식, 그러니까 학생이 과제를 수행하는 동안에도 비디오를 켜 두게 하여 학생이 과제를 하고 있는 모습을 교사가 지켜보게 만들었다. 그러나 아날로그 방식에서는 학생이 교과서 지면에 어떤 답을 적는지 관찰할 수 없다. 해당 수업 시간 안에 학생이 적는 답을 관찰하고, 곧바로 피드백한다면 학생의 과제 부담은 줄고 수업에 대한 참여도는 더욱 높아질 것이다. 그래서 다음과 같은 기능을 활용하여 과제를 수행하게 하고, 수업 내에서 2~3차의 피드백이 이루어지게 만든다.

❶ 구글 문서 같은 협업 도구로 과제(학습지) 생성 후 학생에게 제공한다.

❷ 화면공유 기능을 이용하여 과제를 안내한다(문제의 종류와 의도, 낱말의 뜻, 작성 요령 등). 반드시 설명해 주어야 과제 수정에 교사의 수고를 덜고 학생도 적극적으로 참

여할 수 있다. 시험이 아니고, 배움을 위한 목적이므로 간단하게 안내하도록 한다.

❸ 비디오를 켠 채로 화상 도구는 최소화하고, 과제(협업 도구)를 활성화하여 과제를 수행한다. 모르면 즉시 마이크를 켜고 질문한다(모든 학생이 듣기 때문에 일제식 피드백이 가능하다). 제출한 후 제출했다는 메시지를 화상 도구의 채팅방에 표시한다.

❹ 교사는 제출된 과제를 즉시 열어 보고, 수정할 내용을 표시한 후 돌려준다.

❺ 과제 수준이 보통~우수 정도가 되는 경우에는 이를 화면공유 기능으로 전체 학생에게 보여 주고 자신의 답안과 비교하면서 답을 작성하게 한다.

이 부분이 교실 속 수업과는 확연하게 다르다. 교실에서는 친구의 답안을 보려면 직접 가거나, 교사가 실물화상기로 보여 주어야 한다. 그러나 교실의 모니터 화면을 보는 것과 집 안에서 모니터로 바라보는 것은 큰 차이가 있다. 집중력 측면에서 원격수업 상황의 화면공유 기능이 훨씬 좋다. 40분 내에 이 과정을 여러 번 반복하면 학생은 2~3회에 걸쳐 과제를 수정하게 된다. 과정중심수업, 과정중심평가가 된다.

❻ 학생 1~2명의 과제를 전체적으로 피드백하고 나면 교사는 모든 학생에게 과제를 돌려주고 답안을 보충하게 한다.

❼ 답안이 부족한 학생과는 대화를 통해 학
생이 생각을 구체화시키는 과정을 돕고,
답안의 일정 부분은 교사가 대신 적어
준다. 협업 도구이기 때문에 교사가 직
접 답안에 표시, 수정이 가능하다.

👍 이런 수업에 좋아요

- 국어 글쓰기 수업
- 사회 보고서 작성 수업
- 그 외 클라우드 기반으로 동시 접속이 가능한 교육용 앱을 활용하는 수업

Part 3

과목별
블렌디드 수업안

: 국·수·사·과·음·미·체

● ● ● ●

2020학년도에 필자는 과학을 전담교과로 맡아 원격수업을 진행했다. 한 과목을 전담하고 있었지만 수업을 진행해 나가면서 전문적 학습공동체를 통해 다양한 학습 플랫폼과 도구 활용 방법을 살피고 공부했다. 그러면서 과학 외 다른 교과의 원격수업은 어떻게 준비해야 수업에 교육의 본질이 충실히 담길 것인지에 대해 고민했다.

새로 전입하게 된 학교는 500명 이상의 학교로 제대로 된 등교수업의 확장을 위해 무척 고심한 듯 보였다. 전보 발표 이후 얼마 지나지 않아 학교 학사일정 회의에 참석해 달라는 이야기를 듣고 새로 준비하는 학사일정안을 보았는데, 놀랍게도 등교 밀집도를 분산하기 위해 오전/오후반을 추진한다는 내용이 들어 있었다. 5–6학년 학생들이 오후에 등교하여 4교시를 등교수업으로 하고, 오전의 1~2교시는 원격수업을 하는 형태이다.

잘 조직한다면 효과적인 블렌디드 수업이 되리라 생각하였다. 사실 오후 전부 등교수업을 추진할 수도 있었지만, 그 순간 원격수업에서 보다 활발한 학습활동을 선보이는 소극적인 학생들, 컴퓨터를 잘 다루는 학생들이 떠올랐다. 원격수업 형태를 유지하면서 등교수업이 확장된다면 오히려 등교수업 6교시보다 훨씬 효과적이고 의미 있는 학습이 이루어질 것이란 기대감도 있었다. 이런 기대감을 바탕으로 동 학년과 시간표를 구성했다.

일주일에 1회는 블록타임처럼 2시간씩 주요 교과를 배치하여 오전에 거꾸로수업 형태로 콘텐츠나 생각할 거리를 제시하고, 배움의 공동체식 소회의실 운영을 활용하여 학습 문제와 개념에 대해 깊이 생각하는 방법을 구성했다. 등교수업 때는 함께 문제를 풀고 확인하되, 이미 정확하게 알고 있는 학생에게는 학년에서 정한 특색교육(글쓰기, 연산, 독서) 과제를 제시하고, 부족한 학생에게는 교사가 더 자세히 살펴보는 방향으로 각자의 학습 속도를 조절하기로 했다.

- 국어 : 클라우드 앱으로 과학 글쓰기 과정에서 시도했던 첨삭과 실시간 과제형 수업 형태를 국어 수업에 적용할 계획을 세웠다.
- 수학 : 과학 실험을 대체하기 위한 가상 실험 콘텐츠를 검색하면서 수학 개념을 이해시킬 수 있는 다양한 수학 가상 실험 및 교육용 앱 활용 방안을 구상하였다. 매일 공부할 수 있는 연산 프로그램은 물론, 관계적 이해를 돕고 조작할 수 있는 수학 콘텐츠를 이용해 거꾸로수업 형태의 콘텐츠를 만들고, 등교수업에서 문제 풀이와 생활 속 문제해결 과제를 함께 풀어 보고자 했다.
- 사회 : 3-4학년 학생들과 함께 디지털교과서 및 태블릿 PC를 이용해 시도했던 IT 기반 수업 사례를 원격수업 상황에 맞게 재구성하여 등교하지 않고도 충분히 교과 내용을 다룰 수 있는 사회 수업을 계획하였다.

수업은 구글 워크스페이스의 많은 협업 도구와 구글 클래스룸을 기반으로 이루어졌지만, 1부에서 이야기한 것처럼 플랫폼과 도구가 수업의 질을 결정하는 것은 결코 아니다. 수업의 질은 교사의 철학을 바탕으로 한 고민과 도전의 산물로 이루어진다. 필자가 여기에 소개하는 아이디어들이 다소 보잘것없더라도 가급적 많은 교사와 학생들에게 도움이 되길 기대한다.

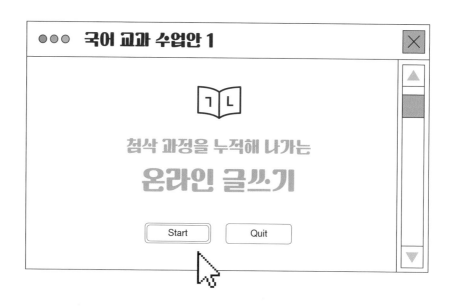

'구글 문서'라는 협업 프로그램을 활용한다면 교사는 언제 어디서든 쉽게 학생의 글쓰기 활동에 피드백해 줄 수 있다. 실시간 화상수업을 통해서 함께 책을 읽고 생각을 나누는 독서교육이 가능하고, 읽고 난 후의 생각과 느낌을 다양한 온라인 학습 플랫폼으로 취합하여 토론할 수 있다. 비동시적 토론 수업의 장점을 활용한다면 장기간에 걸친 토의·토론 수업에 매우 유용한 결과물로 남길 수 있다.

글쓰기는 국어 교과를 통해서만 가르칠 수 있다는 제약을 넘어 모든 교과에 유의미하게 적용할 수 있다. 이는 글쓰기가 단순히 언어 능력을 향상시키기 위한 도구가 아니라, 지식을 정리하고 비판적으로 사고할 수 있는 하나의 틀로 기능하기 때문이다. 국어 수업에 적용하는 글쓰기 방법은 과학뿐만 아니라 심지어 음악 수업에서도 차용하여 좋은 결과물을 만들어 낼 수 있다. 이런 가능성과 유용함을 바탕으로 모든 수업에 활용 가능한 영역별 국어 수업을 구상하였다. 글쓰기와 독서 중심으로 교육과정을 재구성하고, 다른 교과의 배움도 함께 글쓰기 공책으로 정리하여 학과 습의 균형 중 '습'에 더욱 방점을 두었다.

그러나 많은 학생들에게 글쓰기 교육은 여전히 지루하고 어려운 과제로 남는다. 글쓰기 교육의 발달 단계나 방법 같은 지식도 필요하지만, 현장에서 실행연구를 통해 개발된 다양한 노하우를 적절하게 적용하여 원격수업과 함께 융합시켜야 한다. 번거롭지만 불가능한 것은 아니다.

1. 온라인으로 글을 쓰면 피드백이 쉽다

글쓰기 수업의 가장 주된 교수법은 '설명하기'와 '시범 보이기'이다. 아무것도 쓸 줄 모르는 학생들에게 좋은 텍스트를 보이고, 중심 문장과 뒷받침 문장을 적어 보면서 모범을 보이는 전통적 수업은 가르치는 사람의 입장에서는 가장 간편한 방법이지만, 학생에게는 상당한 고역이다. 결과물에 교사가 계속 첨삭만 하고 있으니 글쓰기를 통한 자존감 향상이나 도전정신 함양은 점점 멀어질 가능성이 크다. 무엇보다도 글쓰기의 필요성에 대하여 학생들의 감화가 일어나지 않는다면 글쓰기 수업은 힘든 과정이 된다.

글을 잘 쓰는 학생은 글쓰기가 자연스럽다. 반면 글쓰기가 힘든 학생은 배경지식이 부족하거나 외적 요인(글씨체, 글의 양 등)을 지적받아 내적 동기가 부족할 가능성이 크다. 다양한 학생 편차를 고려하여 글쓰기 교육의 핵심을 의사소통 능력 향상 같은 거창한 목표로 세우지 말고, 단 한 줄을 썼더라도 그 안에 담긴 학생의 생각을 존중하자는 목적을 갖는다면 학생은 글쓰기 부담을 덜 것이다.

글쓰기 지도의 기본은 첨삭일 수밖에 없으나, 첨삭을 어떤 방식으로 해야 하는지는 현장의 경험과 이론의 조화가 필요하다. 첨삭을 하더라도 학생이 쓴 글에 학생의 생각과 인격, 현재의 마음 상태가 담겨 있음을 이해하고 존중하면서 지도해야 한다.

그렇다면 아이들이 쓴 독서록과 학습일기 등 매일 확인해야 하는 학습 결과물을 온라인으로 받아 보는 것은 어떨까? 원격수업 상황에서는 물리적으로 교사와 떨어진 환경, 혼자서 해야 하는 과제에 대한 부담감 탓에 오히려 글로 쓰고 점검을 받는 시간이 많이 줄어들었다. 보다 효과적이면서 모든 학생에게 유의미한 피드백을 제공하려면 온라인 글쓰기가 필요하다.

온라인상에서 글을 작성하면 공유와 편집이 쉽다. 이런 특성을 잘 활용하되 구글 문서의 댓글 기능을 적절히 사용한다면 학생 개인에 대해 피드백이 가능하다. 동시에 우수 학생의 좋은 글을 클릭 몇 번으로 전체 학생에게 공유할 수 있다. 이때 주의할 것은 글의 형식이나 양보다는 글에 담긴 생각, 의도 등을 끄집어내어 피드백하고 전체와 공유해야 한다는 점이다. 그럼 글의 형태가 다소 부족해도 생각이 비슷한 학생들은 자신의 방향이 맞다는 것을 알고 글쓰기에 자신감을 가질 수 있다.

그런데 많은 교사들이 온라인으로 글을 쓰는 것에 대해 부정적으로 생각한다. 그 이유는 아직 손으로 쓰는 단계가 필요하다는 전통적인 교육관을 지니고 있기 때문이다. 이런 생각은 새로운 교육 방법의 도입을 주저하게 만든다. 또 요즘 학생들은 컴퓨터보다 스마트 기기에 익숙해서 온라인으로 글을 쓰는 것이 오히려 어려울 수 있다는 우려 때문이다.

무엇이든 불편한 점이 있기 마련이다. 그러나 무엇보다 고려해야 할 것은 학생들이 살아갈 미래의 삶과 환경의 변화다. 인류가 연필을 사용하기 시작한 것은 전체 역사에 비추어 볼 때 얼마 되지 않았으며, 연필 없이도 우리는 생각을 글로 표현할 수 있었다. 학생들에게 연필은 빠르고 힘 있는 글쓰기가 가능하다는 장점이 있지만, 연필로 쓴 글은 지우고 고치는 데 많은 시간이 걸린다. 또 글에 담긴 글쓴이의 생각과 같은 본질적 측면보다 필체에 대한 평가가 따라붙게 만든다.

이소현(2020)[1]의 연구에 따르면 중등 국어 교사 64명을 대상으로 '손글씨 쓰기 평가의 필요 유무'라는 주제에 대한 설문조사를 진행했는데, 손글씨의 가독성이 평가 결과에 영향을 끼칠 수 있다는 결과가 나왔다. 우선 48명(75%)의 교사가 손글씨 쓰기가 가진 장점으로 소근육과 두뇌 발달, 집중력 향상, 사고력 향상(수정이 어려워 사고를 요함), 상위인지 활용(워드에 비해 작성에 오랜 시간이 걸림), 국어 규범 학습(맞춤법과 띄어쓰기를 고려하며 글쓰기) 등의 이유를 꼽으며 대체로 손글씨를 이용한 학습과 평가를 선호하고 있음을 밝혔다. 그러나 손글씨 쓰기가 필요 없다고 응답한 교사들은 '학생이 더 자유롭게 사고하도록 돕는 점', '쉬운 수정으로 인한 브레인스토밍', '빠르게 쓰기' 등을 이유로 글쓰기에 대한 부담을 줄여 주는 측면을 고려해 컴퓨터를 활용한 글쓰기를 선호하기도 했다. 무엇보다도 '학생의 글씨체가 교사의 평가 결과에 영향을 미칠 것이라고 생각한다.'는 문항에 38명(59%)이 '그렇다'고 대답하였는데, 근거로 '첫인상에 따른 호감도', '가독성' 등의 요소를 지적하였다. 이 논문에는 글씨체가 평가에 영향을 끼치지 않게 하기 위한 통제 방안까지 거론되어 있다. 교사로 재직하며 학생이 쓴 글을 평가해 본 사람은 누구나 이 부분에 대해 문제의식을 느낄

---

1 이소현(2020), "손글씨 가독성 수준에 따른 국어교사 평가의 차이 분석", 석사학위논문, 한국교원대학교.

수 있을 것이다.

김인숙(2015)[2]은 선진국의 사례를 들며, 학생의 쓰기 능력을 최대한 발휘할 수 있는 도구의 차원으로 손글씨 쓰기와 컴퓨터 쓰기 방식에 대한 선택권을 학생에게 부여하고 있다고 밝힌다. 또한 손글씨 쓰기와 컴퓨터 쓰기의 글 점수를 비교해 본 결과, 학습 수준이 상·중인 학생들의 경우 손글씨 쓰기의 점수가 컴퓨터 쓰기보다 통계적으로 유의하게 높았지만, 하 수준 집단은 쓰기 도구에 따른 평가 점수가 없는 것으로 드러나 글씨체가 학생 평가에 영향을 주고 있음을 밝혔다. 이는 위 사례와 달리 우수 학생의 글쓰기에 편향되어 높게 점수를 주고 있음을 밝힌 것으로, 도구의 변화를 이용해 부진 학생을 제대로 평가하려는 의도와 유사하면서도 상이한 결과를 드러내고 있다.

손글씨 쓰기와 컴퓨터 쓰기의 연구는 연구 표본이 부족하여 절대적으로 신뢰할 수 없다. 그러나 연구 과정에서 드러난 교사들의 인식, 연구자가 제기하는 가독성 문제와 평가 결과의 상이함은 교사가 염두에 두어야 할 점이다. 초등은 중등과 달리 평가를 이용해 점수화·서열화하는 것을 지양하고, 또한 지속적인 피드백으로 생각을 확장하고 글쓰기의 기초를 다질 가능성이 높기에 컴퓨터 글쓰기의 부분적인 도입은 교육적으로 유의미하며, 현재와 같은 원격 수업 및 블렌디드 수업 상황에서는 더욱 유용할 것이다.

---

2 김인숙(2015), "손글씨쓰기 평가와 컴퓨터쓰기 평가의 차이 분석 – 중학생 논설문 평가를 중심으로", 석사학위 논문, 한국교원대학교.

2. 온라인 글쓰기 준비

성취기준에 나와 있는 쓰기 영역의 여러 요소를 고려하여 매일 한 줄 혹은 2~3줄의 글쓰기를 온라인으로 받으면 훨씬 쉽다. 이때 '매일'에 초점을 두려면 글에 대한 정성적·정량적 평가는 신중해야 한다. 매일 쓰는 글에 부정적인 평가가 달리거나 매번 고쳐야 한다면 학생들이 즐겁게 쓸 수 있을까? 처음에는 매일 글 쓰는 습관을 들이는 것에 목적을 두는 것이 좋다.

✓ '매일 글쓰기' 양식을 만들고 학생에게 제공한다

원격수업 상황 혹은 탄력적 학사일정으로 쉬는 시간마저 부족한 블렌디드 수업 환경에서 글은 온라인으로 수집하는 것이 훨씬 편하다. 이를 위해 구글 클래스룸을 이용해 '매일 글쓰기' 문서 양식을 만든 후 학생들에게 사본으로 제공한다. 이때 중요한 점은 사본으로 제공한 문서의 주소를 학생들이 기억할 수 있도록 메모하거나 즐겨찾기로 추가해 놓는 것이 좋다. 카카오톡에서 개인 대화창을 열어 주소를 붙여 넣고, '공지사항' 등록을 해 두면 언제든 쉽게 들어갈 수 있다.

구글 클래스룸 사용자 과제 생성에서 '학생 사본 제공' 기능을 이용하고, 구글 문서만 따로 활용할 경우에는 학생에게 개별 문서를 따로 만들어 제공한다. 하나의 양식을 만든 후 '사본 만들기'를 이용하여 문서의 제목을 바꾸고, 주소를 공유하면 된다. 하나씩 해야 하는 번거로움이 있지만 한 번 해 두면 일년을 쓸 수 있다.

학생이 주소를 잊어버리거나 찾지 못하는 경우가 있으므로 교사가 구글 드라이브에서 관련 문서를 다시 찾아 보내거나, 바탕화면의 메모장에 각 학생의 문서 주소를 입력하여 필요할 때마다 복사 후 제공한다.

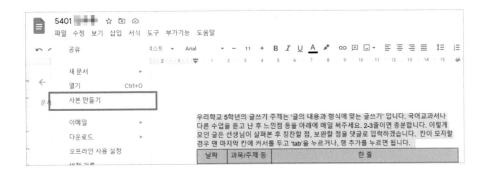

문서의 제목은 학번과 이름으로 하고, 공유 설정을 변경(링크가 있는 모든 사용자에게 공개/혹은 학생 구글 메일 주소 추가)하고 편집자 권한을 제시해야 한다. 만약 학생이 컴퓨터를 잘 활용하거나 스마트폰에 구글 문서를 설치하여 이용할 수 있다면, 직접 문서를 생성한 후 문서 링크를 교사에게 역으로 제공하는 방법도 가능하다.

짧은 글을 확인하거나 개요 짜기를 통해 공책으로 옮기는 방법을 쓴다면 구글 문서가 아닌 패들렛으로도 충분히 실천 가능하다.

학생별 과제 생성

✔ 과목별, 주제별, 독서록 후기 등 다양한 형태로 글을 쓰게 한다

활용 방법은 다양하다. 특정 교과의 특정 단원에 대한 글쓰기 수업으로 글을 모을 수도 있고, 온작품읽기에 곁들여 이야기 간추리기, 혹은 일어날 일 예상 하여 쓰기 등 다양한 온라인 글쓰기 수업도 가능하다.

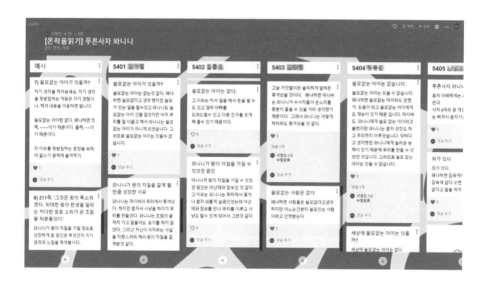

✔ 맞춤법, 문장성분, 글의 내용 등 다양한 부분을 댓글로 첨삭한다

문장의 오류를 가리기보다는 부족함을 조금씩 보완하는 것이 중요하다. 다음 첨삭 내용을 보면 문법 요소(마침표, 문장성분), 맞춤법을 중심으로 피드백을 하 고 있는데, 이런 유형의 첨삭은 앞에서 강조하였듯 최대한 미루는 것이 좋다. 잦은 첨삭으로 학생이 글쓰기에 대한 부담감을 먼저 갖게 된다면 글쓰기의 즐 거움을 얻기 힘들다. 따라서 아래 예시는 글의 생각보다 형식에 초점을 맞춘 예시임을 감안하여 댓글 다는 기능만 살펴보기를 바란다.

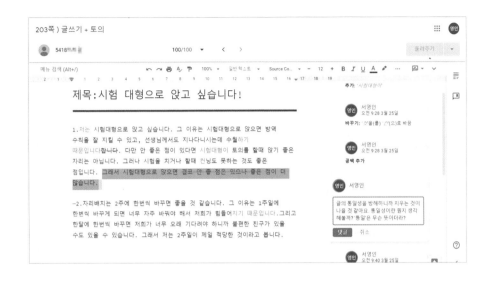

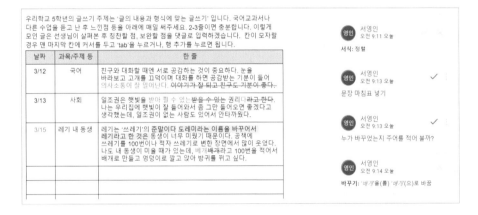

3. 디지로그 글쓰기

여전히 글은 손으로 써야 한다는 생각이 든다면 혼합하는 방법도 사용할 수 있다. 한편의 짜임새 있는 글을 완성하게 하려면, 먼저 온라인 글쓰기로 주제를 제시한 후 학생의 글을 받아 2~3회에 걸쳐 피드백한다. 피드백이 다 되었다면 학생은 교사의 피드백을 바탕으로 '종이 공책'에 완성된 글을 손으로 쓴다. 이렇게 하면 온라인 글쓰기와 손글씨 쓰기의 균형을 맞추고, 완성된 글만 하나의 공책에 차곡차곡 모을 수 있다. 초고 단계는 부담 없이 작성하되, 완성된 글은 차분하게 써 보는 시간도 필요할 것이다. 또한 교사가 첨삭한 댓글에 V표를 눌러 댓글을 모두 없애고 글 전체를 수정한 상태로 만들지 말고, 교사의 피드백이 담긴 댓글을 있는 그대로 살려 둔다면 어떤 부분이 첨삭되었는지 나중에라도 살펴볼 수 있다.

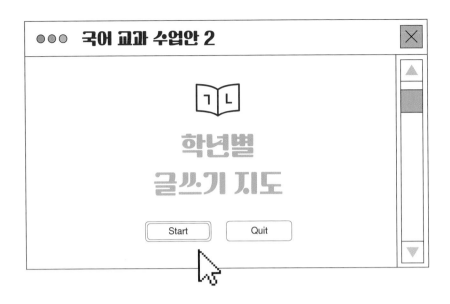

1. 3-4학년 글쓰기 : 문단 나누기와 중심 문장 찾기

3학년에 처음으로 등장하는 중심 문장과 문단은 많은 학생들이 어려워하는 내용이다. 문단을 나누는 원칙은 설명하는 대상이 바뀔 때, 시간이나 장소가 바뀔 때, 자신의 입장이나 논점이 바뀔 때, 절차와 단계가 바뀔 때 등이 있으나 아직 어린 학생들은 글을 읽으면서 글의 흐름이 바뀌는 부분을 의식하기 어렵다.

구글 문서를 이용해 위 4가지 사례에 맞는 두 문단의 글을 작성하여 학생에게 제공하고 문단을 나누는 시범을 보이는 것은 어떨까? 예를 들면, 시간이나 장소가 바뀌는 두 문단의 글을 제공하고 글의 내용에서 갑자기 변화가 일어난 곳은 어디인지 찾게 하는 것이다. 학생들이 채팅이나 음성으로 대답하면 교사는 화면공유를 통해 문서에 적힌 글의 일부에 시간과 장소를 블록 설정으로 표시할 수 있다. 그리고 달라진 부분을 참고해 어디에서 '줄바꿈'을 하면 좋을지 묻고, 문단을 나누는 것까지 시범을 보인다.

글쓰기에는 약간의 기능이 요구되기 때문에, 처음에는 다소 힘들더라도 위와 같은 직접교수법(설명하기-시범 보이기-질문하기-활동하기)이 유용할 때가 있다. 교사의 시범 이후에 연습문제를 각자 제공하거나(구글 과제 생성 후 학생 사본 제공), 화이트보드 위에 텍스트를 제시하고 어디에서 나누면 좋을지 주석 달기로 표시하면 된다.

직접교수법을 이용하여 문단을 나눌 때는 문단이 나뉘지 않은 텍스트의 문단을 나누는 것으로 시작하되, 궁극적으로 문단을 구성해 글을 쓸 수 있는 과정까지 나아가야 한다. 그러려면 글의 개요부터 작성하는 것이 훨씬 유리하다. 개요 작성은 교사와 학생의 일대일 공간에서 이루어지기보다는 학생이 서로의 내용을 볼 수 있는 공개된 플랫폼이 좋다. 패들렛의 '셸프' 기능을 이용하여 각 학생별로 자기 생각과 그 이유를 2줄 정도 적게 한 후, 다 쓴 사람은 다른 친구들의 글을 읽고 '좋아요'나 공감의 댓글을 달게 한다. 이 방법은 개요 쓰기가 막막한 학생들에게 적절한 영감을 줄 수 있어 좋다. 글의 주제를 쓰고, 주제에 맞는 중심 문장을 2~3개 쓰면 문단도 자연스럽게 나눌 수 있다. 글의 개요를 짜기 위한 방법으로 브레인스토밍, 마인드맵이나 연꽃 기법 같은 사고 기법을 추천한다. 이때 '만다라트(Mandal-Art) 기법'으로도 불리는 연꽃 기법 차트(학습지)를 제공하는 것이 좋다.

다음 표는 연꽃 기법 학습지를 필자만의 방식으로 수정한 것으로, 적절한 형태로 바꾸어 자유롭게 사용할 수 있다. 연꽃 기법 학습지가 글의 양을 늘리면서 다양한 생각을 발산할 수 있게 하는 것이라면, 이 형식은 많은 생각을 하기 힘든 3-4학년 학생들이 정돈된 형태로 글쓰기 할 수 있도록 도와주려는 의도로 만들었다. 양 옆의 여백은 교사가 첨삭할 수 있는 공간으로 활용한다.

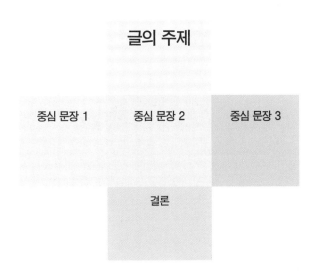

글의 주제

중심 문장 1 중심 문장 2 중심 문장 3

결론

온라인상에서 중심 문장 찾기는 문장을 블록 설정하여 음영 처리를 하면 알아보기 쉽게 공유할 수 있다. 교사가 제시한 글에서 중심 문장을 찾아 블록을 설정하고 색깔을 바꾸는 시범만 보여 주면 된다. 교과서 텍스트를 모두 입력하는 것이 번거롭다면, 교과서 텍스트를 사진으로 촬영하여 과제로 제공하고, 그 위에 주석 표시나 프레젠테이션의 그리기 기능을 이용해도 된다. 과제를 제시할 때도 마찬가지인데, 교과서 속 텍스트를 사진으로 찍어 학생에게 과제로 제공하면, 학생들은 모바일 앱을 통해 조회하여 사진 위에 그리기 기능을 이용해 밑줄을 표시하고 과제를 제출한다. 구글 클래스룸을 사용하지 않는다면 교과서 페이지를 안내하고 줄을 그은 다음 사진으로 찍어 제출하게 해도 된다.

다만 문단 나누기나 중심 문장 찾기는 기능적인 수업처럼 변질될 우려가 있다. 그리고 글에는 생각이 담겨 있으며, 중심 문장이 꼭 두괄식으로 표현되는 것은 아니라는 점을 기억해야 한다. 중심 문장을 찾는 주 목적은 '찾았다'가 아니다. 글에 담긴 생각을 잘 이해하기 위함이다. 학생이 글을 제대로 이해하지도 못한 채 기능적으로 접근하는 것은 배움이 아니므로 주의해야 한다.

 구글 문서 양식을 동 학년과 공유

만약 동 학년이 함께 구글 설문지/문서를 작성한다면, 과제 작성한 것을 사본으로 공유하여 다른 교사의 구글 드라이브에 양식을 제공할 수도 있다. 적절히 분담하여 과제를 작성하거나, 이미 만들어 둔 구글 협업 도구들을 잘 공유하면 시간을 절약하고 함께 문항을 만드는 학년 연구가 일어날 것이다.

2. 5학년 기행문 작성 : 글의 구성 요소 비율 확인하기

기행문에 들어갈 3가지 요소는 여정, 견문, 감상이다. 2학기에 들어서면 기행문과 비슷한 느낌으로 '체험한 일'과 이에 대한 자기 감상을 쓰는 단원을 통해 1, 2학기 모두 비슷한 형식의 글을 쓴다. 해마다 성취기준이 바뀌는 것 같지만 논설문, 기행문 등 글의 종류에 따른 글쓰기 내용은 여전히 교육과정에 나타나고, 교과서에는 1, 2학기에 걸쳐 비슷한 구성의 내용이 등장한다.

  기행문을 쓸 때 초등학생이 범하는 실수 중 하나는 3가지 요소 중 특정 부분을 지나치게 많이 서술하는 것이다. 주요 유형을 살펴보면 아래와 같다.

- 여정이 글의 80% 이상을 차지하고 감상은 '재밌었다'로 끝난다.
- 여정이나 견문에 대한 지식이 매우 부족하고 감상이 대부분인 것 같지만 '즐거웠다, 재밌었다' 같은 비슷한 말로 채워진다.

보고 들은 것을 바탕으로 자기 생각과 느낌을 진솔하게 드러내려면 표현력이 높거나 경험, 지식이 많아야 한다. 보고 들은 것을 자기 경험에 비추어 표현할 때, 그리고 여기에 다양한 어휘력이 뒷받침될 때 글이 풍성해지고 자기 생각이 명료해지기 때문이다. 그러나 초등학생에게 기행문 소재는 학교에서 떠나는 숙박형 체험학습이나 하루 만에 다녀오는 소풍, 가족과 함께 가는 여행 정도가 되고, 이 모든 것이 대부분 일기를 통해 표현된다. 어른이 세운 계획에 따라 자신의 기호에 맞지 않는 장소를 다녀와야 하거나, 자신이 원하는 곳을 가더라도 순간의 놀이에 빠진 학생들에게 여정을 서술하게 하는 것은 애초에 어려운 일일지도 모른다.

어디를 다녀온 후의 이야기를 글로 쓰려면 미리 글의 요소를 파악하여 여정의 순서가 어떻게 되는지, 무엇을 볼 것인지, 자기 생각과 실제로 본 것의 차이는 어떤지를 구체적으로 느낄 수 있도록 관점을 세워 주는 것이 좋다. 그런데 지금의 국어 교과서는 학생이 지녀야 할 관점을 정립하는 데 힘을 쏟기보다는, 타인이 쓴 기행문의 본보기를 읽고 따라 하는 수준으로 구성되어 있다. 그러니 기행문을 쓰는 것이 어려울 수밖에 없다.

따라서 글쓰기를 바탕으로 국어 교과서 내용을 정리해 나가면서 꽤 많은 고쳐쓰기 작업이 이루어져야 한다. 코로나19로 인해 여행을 다니지 못하는 현실적 상황과 피드백 횟수를 더욱 늘려야 하는 점을 감안하면 온라인 글쓰기는 장점이 될 수 있다.

등교수업에서의 기행문이라면 교과서 속 텍스트를 읽으면서 형광펜이나 색연필로 견문과 감상에 해당하는 문장 또는 서술어에 표시한다. 교과서와 달리 학생이 쓴 글에 이와 같은 방식으로 표시하게 해 보면, 대부분의 글에서 감상의 서술어는 드물고, 여정과 견문이 장황하게 긴 것을 알 수 있다.

구글 문서를 통해 글쓰기 수업을 한다면, 중심 문장 찾기와 마찬가지로 문장에 음영을 표시할 수 있다. 여정, 견문, 감상의 비율을 시각적으로 드러낸 후, 견문을 어떻게 줄이고 감상은 어떻게 늘릴 수 있을지 고민하는 것으로 한 차시의 수업을 구성할 수 있다.

✔ 감상 표현을 어떻게 늘려야 할까

사실 학생 본인이 많이 느끼고 궁금해 한다면 이것이 자연스럽게 다양한 글로 표현된다. 매일 쓰는 일기는 그저 비슷한 일상과 자기만의 생각이 담겨 있기 쉽다. 그러나 교사가 공들여 계획한 수업이나 체험학습 과정을 거친 후의 일기는 분량이나 구성 면에서 질적으로 다르다.

기행문도 마찬가지다. 보고 들은 것이 많아야 하고, 그것이 학생의 관심을 이끌어 내야 감상 표현도 풍부해진다. 국어 수업의 기행문을 기능적으로 접근하게 된다면 형식적인 수업에 그칠 수밖에 없다. 그러나 담임교사가 다양한 지역 여건과 원격수업 방법을 고려해 견문을 확장시켜 준다면 더 좋은 기행문 지도가 가능하다.

우선 학생이 지닌 경험을 최대한 끌어내거나, 학생이 이해할 수 있는 수준의 경험담을 또래로부터 끌어오는 것이 중요하다. 이를 위해서 앞서 언급했던 연꽃 기법이나 만다라트 형태의 학습지를 이용하면 좋다. 중심 주제와 개인의 경험 1~2개만 완성하면, 나머지 빈칸은 친구의 경험이나 교사의 설명으로 채울 수 있고, 이를 이용해 글을 조직하고 쓰는 것은 학생 개인의 몫으로 다시 돌려줄 수 있다.

이때 비어 있는 학습지를 반드시 다 채워야 하는 것은 아니라는 점을 강조하여 글쓰기의 부담을 최대한 낮춰 주는 것이 중요하다. 1~2개의 감상 표현 혹은 뒷받침 내용으로도 충분히 심화하여 글을 확장할 수 있다. 미사여구나 수식어를 덧붙이라는 것이 아니다.

- **학생** : 불국사를 보았는데 돌이 엄청 큰데도 뾰족하지 않고 둥근 게 신기했다.

- **교사 피드백** : 중요한 점을 언급했구나! 선생님도 같은 생각을 했는데, 큰 돌을 뾰족하지 않게 만든 것이 왜 신기한지 보충해 볼까?

  신기하다고 표현했구나. 다른 친구들은 대부분 '재밌다'고 표현했는데!

학생의 생각이 담긴 글을 언급(칭찬)한다. 같은 생각을 했다면 밝히고, 다른 생각이라면 '선생님과 다른 생각을 해서 재밌게 느껴진다.'와 같이 다른 생각을 했다는 것 자체에 피드백을 해 준다.

사실 학생이 쓴 글에는 이미 생각이 담겨 있다. 다만 구체적이지 않을 뿐이다. 따라서 교사가 조금만 이끌어 주면 된다. 큰 돌을 깎아서 만들었을 텐데 어떻게 매끄럽고 둥근 모양으로 만들었을지 그 방법이 궁금하다는 것, 어떤 방법을 썼을지 상상해 보는 것까지 나아간다면 글이 더 풍성해진다. 그러나 이 글의 핵심은 결국 '신기하다', '놀랍다'와 같은 경외감이다. 글이 풍성해진다고 하여 경외감이 사라지는 것은 아니다.

원격수업에서의 피드백은 등교수업과 달리 개인이 볼 수 있는 공간에 세심한 표현이 가능하고, 이런 피드백으로 수정된 글을 모든 학생에게 손쉽게 공유할 수 있다. 교사가 조금만 신경 써서 글쓰기를 꾸준히 이루어 낸다면 학생에게 큰 도움이 될 것이다.

✔ 랜선 여행으로 기행문 작성하기

그래도 역시나 원격수업 상황에서는 타자 속도가 느리고 생각이 부족한 여러 학생들의 부족한 글솜씨를 보면서 답답한 마음이 들 것이다. 학생의 생각을 최대한 끌어내어 쓸 만한 간접경험을 많이 제공해 주는 것 외에는 다른 방법이 없다. 뒤의 사회 교과 수업안에서 소개할 내용이기도 하지만, 코로나19 상황에서 부족한 체험학습을 온라인 박물관 탐방이나 스트리트뷰, 위성지도를 이용하여 여행을 다니는 간접경험으로 대체할 수도 있다. 단순히 시각적 효과를 바라는 수업이 되기보다, 학생 스스로 특정 장소를 정하고, 장소까지 가는 방법을 기획하여 길찾기 과정을 수행한다. 박물관의 경우 다양한 유물을 직접 검색하고 감상한 것을 실제 기행의 과정으로 생각하여 유사한 형태로 기행문을 써 볼 수도 있을 것이다.

인터넷 검색 과정에서 다른 사람의 글을 그대로 가져와 쓰는 경우도 있는데, 이런 일이 일어나지 않도록 사전에 조건을 하나 걸어 본다. '검색을 해도 좋지만 타인의 글을 그대로 가져오기보다는 사진을 직접 보고 쓰기', 그리고 '좋은 글이 있다면 출처를 밝히고 이 글의 좋은 부분을 언급하면서 자기 생각을 보충하기'를 내걸면서, 검색과 출처를 밝히는 공부를 함께 한다. 이 과정을 겪다 보면 자기 생각을 간단히 적는 것이 훨씬 더 빠르다는 것을 느낄 것이다.

뒤에 나올 "사회 교과 수업안 3"에 제시해 둔 패들렛의 '타임라인' 기능을 이용하여 기행문의 초고를 작성할 수 있다. 장소별로 작성한 글을 시간 순서에 따라 조정할 수 있는 것이 장점이다. 꼭 구글 문서를 고집하지 않아도 누구나 쉽게 접근 가능한 패들렛으로도 온라인 글쓰기가 충분히 가능하다.

✔ 재미있다, 즐거웠다 이외의 다른 표현은 없을까?

유의어 찾기

포털사이트의 국어사전을 이용해 낱말을 검색하는 시범을 보인다. 그 밑에는 '유의어'가 표현되어 있다. 예를 들어, '재미있다'는 낱말을 검색했을 때 네이버에 등장하는 유의어는 '아기자기하다', '익살스럽다', '재미나다' 등이 있다. 관련 표현으로 바꾸어 보거나, 다른 유의어를 찾고 싶다면 낱말을 클릭해 다른 낱말을 찾아 본다. 검색어를 클릭하면 아래와 같이 검색한 낱말 주위로 '비슷한 말'과 '반대말'이 등장한다.

네이버(웹) 국어사전의 "재미있다" 검색결과 중 유의어/반의어 부분
(https://ko.dict.naver.com/#/entry/koko/da00017bbac84f41a4ba49adf817c3c5)

관점을 분명하게 제시하기

감상 표현에서 단골처럼 등장하는 '즐거웠다' 표현을 대체하거나 더 풍성한 내용으로 바꾸려면 관점을 뚜렷하게 제시해 주어야 한다. 기행문, 즉 내가 부모님이나 친구와 어떤 장소를 방문할 때의 목적은 무엇인지, 아는 것과 모르는 것은 무엇인지 미리 아는 것이 좋다. 심지어 계곡으로 놀러 간 여름 휴가에 대해 쓸 때도 '자신이 원하는 휴가의 모습'은 무엇인지 미리 상상해 본다면 기행문의 내용도 달라진다. 부모님이 가자고 해서 갔고, 선생님이 쓰라고 해서 쓰는 기행문이라면 교과서와 같은 건조한 글이 된다. 그러나 여행의 목적이 무엇인지 분명하다면(계곡에서 튜브를 끼고 사촌과 물장구를 치겠다, 시골 할머니 댁

에 가서 30개의 감을 따겠다), 이 목적을 이루기 위한 글쓴이(학생)의 시선이 글에 드러나고, 목적을 달성하는 데 필요한 도구나 과정의 어려움, 혹은 도움을 준 이들이나 주변 환경에 대해 이야깃거리가 풍부해진다.

비유 표현 활용하기

학생에게 최근 들어 경험한 것 중 가장 재미있었던 활동은 무엇인지 떠올리게 한다. 친구와 신나게 스마트폰 게임을 한 날일 수도 있고, 아무도 없는 숲속 공원에서 마스크를 벗고 숨을 크게 내쉰 날일 수도 있다. 이런 경험을 곁들여 재미있다고 표현해 보는 것이다.

마치 스마트폰 게임에서 이긴 것처럼 재미있었다.

마스크를 벗고 숨을 쉴 때처럼 상쾌했다.

3. 6학년 기사문 작성하기 : 구글 문서 혹은 Google Sites 이용

고학년 학생들과 충분히 진행 가능한 활동 하나를 소개한다. 교육과정이 해마다 바뀌어도 기사문, 연설문 등 특정 유형의 글을 쓰는 학습 내용은 바뀌지 않는다. 열정 있는 교사들은 해마다 학생들의 글을 수집하여 학급 문집을 만들기도 한다. 그런데 문집을 만들 때마다 아이들이 쓴 글을 다시 타이핑해야 하는 어려움을 겪다 보니, 나중에는 학생의 종이 결과물을 잘 모아 놨다가 복사하거나 학생들에게 타이핑을 하여 메일로 보내라고 했던 기억이 난다.

구글 문서를 이용하면 기사문 작성 수행평가는 물론, 온라인 학급 문집도

손쉽게 만들 수 있다. 물론 학생들이 서로 장난을 치지 않고 협력하여 작성한다는 전제하에서다. 앞서 서술했지만, 학생의 장난을 두려워하지 말고 천천히 단계를 거쳐 조정하면 된다.

구글 문서는 글의 내용을 작성하는 데 집중할 수 있으며, 글쓰기에 대해 부분적인 피드백을 기록으로 남기고 수정하는 데 특화되어 있다. 맞춤법이나 글의 구조, 문단을 지도하는 데 탁월하므로 구글 문서는 곧 글쓰기 수업의 완전체라 볼 수 있다.

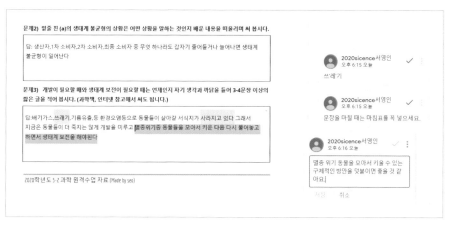

과학 수업 글쓰기에서 댓글을 다는 모습. 학생이 수정을 해 두면 교사는 댓글의 V표를 눌러 완료 처리를 한다.

구글 사이트(Google Sites)는 신문 형식까지 갖춰서 사진과 글을 함께 넣을 수 있다. 온라인의 특성을 이용해 동영상까지 삽입 가능하며, 이를 학부모나 학생 전체에게 공유할 수도 있다. 다만 구글 워크스페이스 학교 계정이 생성된 곳에서만 이용할 수 있으며, 개인 구글 아이디로는 이용할 수 없다. 현재 대부분의 교육청에서 구글 워크스페이스를 사용할 수 있도록 계정을 만들었기 때문에 이용하는 데 큰 어려움은 없을 것이다.

구글 사이트는 작성이 쉽지만 체계적으로 관리하려면 꽤 어려운 편이다. 2020년 대구에서 처음 코로나19 집단감염이 확산되었을 때 현장 교사들의 자발적 움직임으로 원격수업용 콘텐츠를 제작, 정리한 것도 구글 사이트의 기능 덕분이었다. 당시 대구 초등 교사들을 중심으로 형성된 '학교가자' 팀은 서로 구글 사이트를 편집할 수 있는 권한을 공유하였고, 과목을 나누어 해당 게시판의 내용을 채워 나갔다. 국가적 재난에 현장이 적극적으로 대응한 이 모습은 차후 다른 교육단체와 교사들에게도 많은 영향을 주었으며, 이후 많은 교사들이 이 사이트를 통해 원격수업 콘텐츠를 이용할 수 있었다.

✓ 구글 사이트의 편집 권한 공유 – 학생들에게 공유하기

학생용 구글 계정은 보통 교사가 다 알고 있을 것이다. 일괄 계정 생성을 하기 때문에 아이디 생성에도 일정한 규칙이 들어 있으므로 아이디를 외우는 것은 어렵지 않다. 필자는 ss5101, ss5102식으로 아이디를 설정하였기 때문에 학번만 입력하면 학생 이름과 전체 메일 주소가 아래에 자동으로 완성되어 뜨는데, 이를 클릭하여 추가하였다. 일일이 하나씩 추가하기 어려울 경우에는 '구글 그룹스' 기능을 활용하면 된다.

✓ 구글 그룹스 기능 활용하기

이것 역시 번거로울 수 있겠으나 초반에 미리 해 두면 쉽다. 구글 워크스페이스로 생성한 교사용 계정에 접속하면 오른쪽 상단의 점 9개 표시를 눌렀을 때 '그룹스'라는 항목을 볼 수 있다. 이를 선택한 후 '그룹 만들기'를 누르고 적절한 이름을 넣으면 된다. 이후 구글 사이트에서 편집 권한을 위해 공유 버튼을 누를 때는 학생 개별 메일 주소를 쓰지 않고, 그룹 주소를 입력하면 된다. 그러면 그룹에 속한 모든 학생들이 편집 권한 메일을 받게 된다. 단, 학생들에게 gmail 앱을 설치해 두도록 알려 주어야 한다.

꼭 이것을 활용해야 하는 것은 아니다. 개인적으로 한 명, 한 명의 학생 메일을 이용해 공유하고 권한을 주는 것으로도 충분하다. 중등 국어과 수업에서 간혹 볼 수 있는 사례이므로 초등에 적용하긴 어려울 수도 있겠지만, 등교수업에서 한 차시 동안 크롬북이나 컴퓨터실을 이용해 편집 권한을 공유하고 연습한다면 충분히 도전할 법하다.

구글 사이트 예시 편집 모습. 구체적인 기능은 직접 들어가서 이것저것 만져 보면 된다. 자세한 기능을 설명하는 데 지면을 할애할 필요 없을 정도로 편집이 쉽다.

구글 문서나 구글 사이트를 이용할 수 있는 방법은 무궁무진하다. 연말 학급 문집 만들기에 활용하거나, 원격으로 학습 일기를 쓰게 할 수도 있다. 모두가 공유하는 문서라 내용이 삭제되는 것이 걱정된다면, 편집 권한을 낮춰서 '댓글 달기' 권한만 제공해도 된다. 댓글로 달려 있는 내용을 교사가 확인하면서 편집하면 훨씬 빠르고 안전하게, 모두가 참여한 글을 완성할 수 있다.

요즘과 같은 특별한 상황이라면, 모든 성취기준과 제재글을 분석·재구성해서 글쓰기에 특화된 수업으로 일 년을 운영하는 것도 고려해 볼 수 있다. 그렇게 모은 책을 PDF 파일의 문집이나 책으로 만들고, 학생에게 선물해 보는 것은 어떨까?

구글 문서나 구글 사이트를 이용한 협업 수업이 부담스럽다면, 개인별 과제로 내 주어도 된다. 미리캔버스에 접속하는 방법을 알려 주고 신문 관련 양식을 검색하면 깔끔하고 손쉬운 방법으로 1~2페이지의 학급신문을 만들 수 있다.

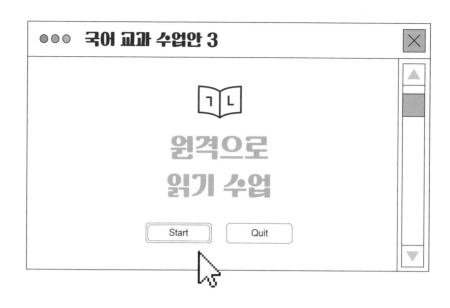

읽기 수업을 세분화하면 문학작품 읽기와 설명하는 글 읽기 정도로 나눌 수 있겠으나, 이 지면에서는 모두 통합하여 다룬다. 먼저 과거 수업을 토대로 온라인으로 읽기에 대한 논쟁부터 살펴보자.

1. 2015학년도 6학년 국어 수업
: 전자책 읽기와 종이책 읽기 비교

당시 국어 교과서 「7. 다양한 생각」에는 종이책의 미래에 대해 상반된 입장이 실린 2가지의 글(종이책은 점점 더 늘어날 것이다 vs. 종이책의 위기)이 실려 있었다. 여느 때와 다름없이 수업 준비를 위해 종이책에 대한 여러 자료를 찾던 중 유튜브에서 종이책의 미래에 대한 언론 보도와 EBS 자료를 찾았다. 당시 영상은 다시 찾을 수 없었으나, 전자책의 가독성이 훨씬 떨어진다는 실험 결과를 소개하고 있었다. 최근의 연구 결과나 언론 보도에 따르면 전자책과 종이책에 대한 의미 있는 차이는 없다는 것이 정설이지만, 당시에는 종이책의 우수함을 전제로 연차시 수업을 구성하고 학생들과 토론 수업을 진행했다.

- 활동1. 읽기 : 교과서 본문(종이책에 대한 2가지 관점의 글)을 읽고 물음에 답하기
- 활동2. 실험 : 전자책 vs. 종이책(똑같은 내용으로 도구만 달리했을 때 어떤 것이 더 읽기 쉬울까?)
- 활동3. 토론 : 종이책에 대한 내 생각과 근거를 쓰고 모둠원과 토론하기

활동2의 실험을 위해 종이책과 전자책의 가독성을 비교할 수 있는 지문을 작성하려고 인터넷을 검색했다. 당시 학생들이 잘 알고 있던 영화 〈세 얼간이〉에 대한 언론 기사를 찾아 지문으로 작성했다. 기사의 내용을 대폭 줄이고, 어려운 단어는 쉬운 단어로 고친 다음 종이로 인쇄하여 모든 아이들에게 나눠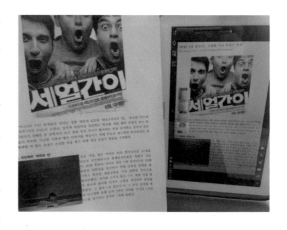

주었고, 태블릿 PC를 준비하여 이 내용을 촬영한 뒤 실험을 준비했다. 지금 생각해 보면 아무런 근거도 없는 빈약한 실험이어서 부끄럽기까지 하다. 학생 2명을 선발하여 수업 시간에 실험을 진행했다.

학생 선발의 기준은 '스스로 책읽기를 좋아하며 또래에 비해 단어 뜻을 많

이 안다고 생각하는 사람'이다. 우리 반에서는 4명이 마지막까지 손을 들었고, 그중 국어 성적이 비슷한 2명의 친구를 뽑아 교실 한가운데에 앉히고 종이책과 전자책을 나눠 주어 1분 30초 동안 읽게 한 후 내용에 대해 간단히 물었다. 2명이 아니라 최소 8명은 진행했어야 했는데, 기사에 나온 내용만 믿고 2명에게 실험을 진행한 과거의 필자를 생각하면 참 부끄럽다. 위 내용 외에 다른 책에 대해서도 실험을 했는데, 두 경우 모두 '종이책'을 읽은 친구가 내용을 좀 더 정확히 알고 있었다.

최근에는 전자책과 종이책에 유의미한 차이가 없다는 결과가 언론을 통해 보도되고 있다. 갑작스럽게 결과가 달라진 이유는 무엇일까?

2006년에 발표된 한 연구[3]를 살펴보자. 초등학생 도서부원 8명을 대상으로 전자책과 종이책 독서 후 사고력, 상상력 같은 고차원적 사고력을 제외하고 오로지 '독해력'만 20개의 평가 문항을 통해 측정하였다. 실험 결과, 8명의 학생 평가 결과를 합산하면 종이책보다 전자책의 독해력 점수가 58점이나 높았는데, 종이책 평가 결과가 20점이고, 전자책 평가 결과는 78점을 받은 C학생의 결과를 제외하고 나면 두 매체의 평가 점수가 동점으로 별 차이가 없음을 밝히고 있다. C학생은 종이책보다 전자책 매체를 선호하였다는 개인적 특성이 실험에 반영된 사례이기도 하다. 나머지 학생들의 점수를 보더라도 둘 다 점수가 같은 학생이 있는가 하면, 종이책이 높은 학생, 전자책이 높은 학생 등 유의미한 차이를 보이지는 않았다.

다만 8명을 대상으로 한 실험이라 일반화하기에는 무리가 있다. 그러나 이

---

3 황금숙(2006), "전자책의 독서효과에 관한 실험적 연구 : 종이책과의 비교를 통하여", 『한국비블리아』 17권 1호, 한국비블리아학회, pp.47-62.

연구 결과가 시사하는 바는 무엇인가? 원격수업을 해야 하는 교사들을 살펴봐도 이 학생들의 성향과 유사하다. 어떤 교사는 컴퓨터로 글을 읽는 것을 상당히 부담스러워하여 모두 인쇄하여 보는 반면, 또 어떤 교사는 책상 위에 종이한 장 올려 두지 않는 깔끔함을 보인다. 또한 원격수업에 특화된 학생들이 있다. 이들은 스마트 기기에 친숙하며, 자신이 키보드로 두드려서 나오는 즉각적인 결과물에 빠르게 반응한다. 정보를 읽거나 해석, 가공하는 것도 교실에서의 모습과는 판이하게 다르다. 그렇다면 글을 읽고 쓰는 것에도 분명 차이가 있다는 합리적 추측을 해 볼 수 있을 것이다. 물론 종이책이 지니는 장점도 무시할 수는 없다. 위 논문에서는 선행연구를 통해 '심층 메시지 전달', '가독성' 등을 종이책의 장점으로 정리하여 제시한다.

종이책, 전자책의 독해력 비교 실험과 원격수업 상황에서 우리가 얻어야할 교훈은 특정한 결론이 아니다. 연구에 참여한, 그리고 우리가 매일 마주하는 학생들의 개성과 학습 방식이 모두 다르다는 것이다. 매체가 달라짐에 따라 우리가 부적응 학생으로 보았던 일부 학생들의 새로운 가능성도 엿볼 수있다. 악필이거나 연필로 글쓰기를 싫어하는 학생의 화려한 타이핑 실력을 통해 교사들은 디지털 세대의 새로운 가능성을 엿보고, 학생의 창의성과 논리성을 제대로 평가할 수도 있다. 우리는 이런 점을 고려해 새로운 국어 수업을 계획·시도해야 한다.

2. 원격으로 온작품읽기

학교 현장에서 추진되었던 온작품읽기 수업이 원격수업 상황을 맞이하여 어려운 상황에 직면했다. 함께 책을 읽고 책 속의 여러 내용을 토대로 다른 교과와 연계하여 다양한 활동 중심으로 꾸렸던 수업이 모두 사라져 버렸기 때문이다. 지금도 많은 교사들은 학생에게 읽어야 할 분량을 알려 준다. 아침 시간에 20분씩 매일 함께 책을 읽는 것과 크게 다르지 않은 형태다.

필자는 다른 활동을 할 수 없는 현재의 상황이 온작품읽기를 온전히 실천할 수 있는 기회라고 생각한다. 온작품읽기, 즉 하나의 작품을 통째로 읽는 것의 '진정한' 의미는 책 하나에 '온전히' 몰입할 수 있는 읽기 경험을 제공하는 것이다. 작품의 주제를 깊이 이해할 수 있고, 책 한 권을 읽었다는 성취감을 덤으로 얻을 수 있다. 이는 교과서가 제시했던 다양한 텍스트가 지나치게 분절적이어서 학생에게 제대로 된 읽기의 즐거움을 제공하기 어려웠던 기존의 국어 교육을 비판하면서 나온 것이다.

그동안 현장의 온작품읽기 교육은 2~3장을 읽고 멈춘 다음 관련 내용에 대해 각기 다른 활동을 끄집어내어 하나의 주제 중심으로 꾸려 나갔다. 작품 감상의 촉진을 위해서, 다양한 반응을 형성하기 위한 활동이라면 의미 있는 활동임에 분명하다. 그러나 책을 오롯이 집중해서 읽는 독서의 즐거움 자체를 방해하는 것은 좋지 않다. 등교수업이 이루어지지 않아서 다양한 활동을 못한다고 아쉬워할 것이 아니라, 오히려 그간의 활동을 과감히 버리고 오롯이 독서에만 집중하는 시간은 어떨까?

함께 읽기의 힘은 무엇보다 강하므로 화상수업으로 카메라를 켜서 한 명씩 돌아 가며 글을 읽는 것이 좋다. 많은 교사들이 의외로 실시간 화상수업을 통해 함께 책을 읽는 수업의 효과성을 체감하고 있을 것이다. 화면에서 잠시 눈을 떼어 종이로 옮기고, 친구와 교사의 비언어적·반언어적 표현을 들으면서 책을 읽어 보자. 읽기라는 활동의 본질에 좀 더 집중한다는 측면에서 여타의 활동은 모두 제외하고 오로지 '읽기'에만 집중하는 것이 현명하다.

작품을 다 읽은 후에는 소회의실을 이용한 생각 나누기로 작품에 대한 반응을 활성화하고(5~6분), 다시 전체 모임으로 돌아와 주제와 작품에 대한 자기 생각을 다양하게 나눌 수 있다. 반응을 좀 더 구체화시키고 싶다면 패들렛의 셸프 서식을 이용하여 카테고리를 만들어 줄 수도 있다.

✔ 함께 읽을 때 반응 유도하기

실시간 화상수업으로 책을 읽다 보면 학생들이 제대로 읽고 있는지, 어떤 점에서 공감하는지 알기 어려울 때가 있다. 읽는 학생의 목소리만 강조하기 위해서 나머지 학생들은 모두 음소거를 해야 하기 때문이다.

그래서 책을 읽다가 재밌는 부분이 나오면 각 화상 도구에 있는 손들기/박수 버튼 같은 기능을 이용해 자신의 감정을 표현하게 한다. 손들기를 하면 소리가 들리기 때문에 함께 읽기에 참여한 모든 학생이 서로 어떤 부분에서 공감이 일어나는지 확인할 수 있다.

✔ 감상 나누기

구글 클래스룸을 이용하는 교사라면 '질문' 기능을 만들어 두고 아래에 학생들의 응답을 받을 수도 있다. 질문을 이용하여 게시글을 작성하면 해당 게시글에 학생들이 쓴 답변이 누적되고, 다른 친구에게 답글을 달 수도 있다.

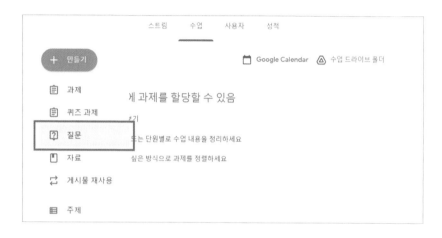

✓ 그림책 온작품읽기

학생들을 교실 가운데에 둥그렇게 모여 앉히고 교사가 그림책을 펼쳐 가며 이야기를 들려주는 방식은 코로나19 시대에는 꿈꾸기 어려운 모습이 됐다. 그러나 그림책 읽기는 오히려 더 쉬워졌다. 웹캠 앞에 큰 그림책을 펼쳐 가면서 교실에서 읽던 그림책 읽기 활동을 해도 좋고, 웹캠을 실물화상기처럼 그림책으로 향하게 한 다음 그림책을 읽어 주는 것도 좋다. 한참을 읽다가 특정 부분에서 그림을 가린 채로 아이들과 이야기를 나누어도 좋고, 멘티미터 같은 실시간 반응 플랫폼을 이용해 학생의 생각과 느낌을 정리, 화면공유 기능으로 학급 전체와 함께 읽어 볼 수도 있다. 원격수업 상황에서도 책은 얼마든지 읽어 줄 수 있다. 하지만 그림책을 저작권자의 허락 없이 모두 녹화하여 유튜브로 올리는 것은 불법이므로 주의해야 한다.

수학은 이미 개발된 학습용 앱이 많이 있다. 그러므로 교사가 유용한 앱을 잘 찾아 선택한 뒤 화면공유 기능을 통해 수업에서 잘 활용하면 아주 편리하고 깔끔하게 수업을 진행할 수 있다.

다만 이 방식은 학생들이 응답을 할 때 수식을 키보드나 마우스로 입력해야 하므로 번거로움을 느낄 수 있다. 그리고 아직은 손으로 직접 풀이 과정을 적어 보면서 자신의 생각을 곰곰이 반추하는 학습 방식이 더 효과적일 수도 있다. 그러므로 학생들이 풀이 과정을 연습장에 직접 적고 이를 사진으로 찍어 과제로 제출하는 방식이 바람직하다.

다음에 제시한 것을 참고하여 적절한 콘텐츠와 플랫폼 도구를 선택한 뒤, 수학의 개념을 익히는 수업을 구성해 보면 좋을 것이다.

1. 앱을 활용한 도형 수업

구글 미트를 이용해 교사용 스마트폰에서 수학 앱을 실행하려는 장면

위 장면은 교사의 스마트폰에 교육용 수학 앱을 모아 놓은 폴더를 화면공유한 모습이다. 아래에 점 2개가 있는 것은 2개의 면을 채울 수학용 앱이 있는 것인데, 모두 수업에서 유용하게 쓰는 앱이다. 2016년경 우연히 플레이스토어 검색을 통해 발견했는데, 제작자가 서울에서 근무하는 초등학교 교사로 지금까지 꾸준히 앱을 제작·배포하고 있다. 학생들에게도 추천해서 집에서 공부할 때 사용해 보도록 했다.

학생들이 가장 선호하는 앱은 '점대칭도형'과 같이 머릿속으로만 생각하기 어려운 것을 회전 기능으로 보여 주는 앱이었다. 반대로 교사인 필자가 학생들에게 가장 자주 활용했던 앱은 '최대공약수'와 '최소공배수'를 이미지로 가르치는 앱이었다. 모두 플레이스토어에서 '스마트수학'이라고 검색하면 다운받을 수 있다.

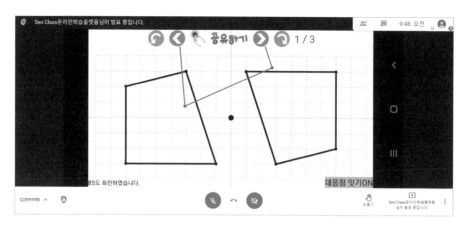

'터치로 배우는 점대칭 위치에 있는 도형' 앱, 나훈희 제작

이 앱들을 원격수업에 사용하는 방법은 무궁무진하다.

- 익힘책 문제 풀이 전 개념 설명을 위해 활용하고, 다시 문제를 풀도록 기회 제공
- 거꾸로수업용 콘텐츠로 활용
- 학생 스마트폰에 설치 권장 후, 학생 스마트폰으로 화면공유하여 학급 친구 가르치기 및 문제 풀이 발표

2. 앱을 활용한 연산 수업

연산 수업은 과학 수업 사례 중 속력을 구하는 형식(퀴즈형)으로 수업할 수 있다. 다만, 교사가 한 차시에 지도하려는 연산 규칙을 모든 학생이 주어진 시간 안에 이해한다는 건 어려운 일이니 학생 수준 차를 고려한 추가 과제를 제시하거나, 게이미피케이션을 도입하여 연산 연습이 충분히 이루어지게 할 필요가 있다. 이를 도와주는 3가지 앱을 소개하고자 한다.

✓ 1학년을 위한 기초 수학 – 너랑나랑 수학짱

'너랑나랑 수학짱'은 1학년 학생의 10 가르기와 모으기를 학습할 수 있도록 특화하여 만든 앱이다. 화살표와 함께 제시되어 있는 '클릭'이라는 글씨를 누르면 다양한 학습 형태에 따라 혼자서 혹은 둘이서 앱을 가지고 연산 학습을 진행해 나갈 수 있다.

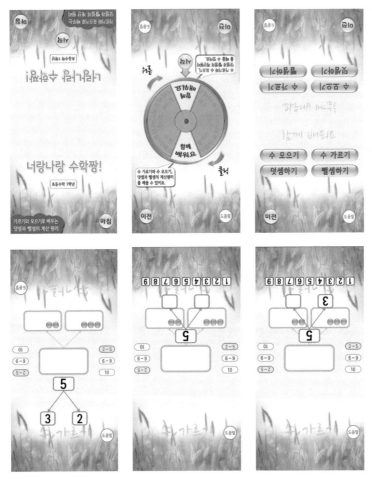

가운데 네모에 있던 동그라미를 손가락으로 클릭하여 위쪽으로 드래그하면서 가른다. 마주 보는 짝지는 1~9 숫자 중 하나를 네모 칸 안에 적절하게 드래그로 이동시킨다.

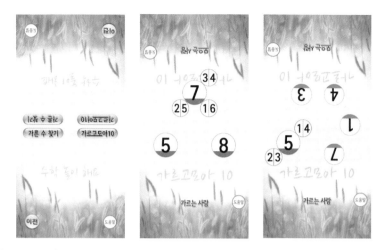

'가르고모아 10'을 누르면 3개의 숫자가 뜬다. 클릭하면 다양한 형태로 수를 가를 수 있도록 여러 형태가 나온다. 그중 하나를 누르면 숫자가 분리되고, 모두 분리시킨 다음 숫자 하나를 선택하여 10이 되도록 다른 숫자와 만나게끔 드래그하면 저절로 10이 완성된다.

✔ 2, 3학년을 위한 연산 능력 향상 앱 – 스피드수학

'스피드수학'은 현재 플레이스토어에서 '스피드수학2'로 다운받을 수 있다. 버전1과 달라진 것은 게임에 참여한 사람들의 점수를 비교할 수 있도록 리스트를 만들어 두었다는 점이다.

부진 학생이 연산 연습을 반복하게 만들기 위해 '리스트에 순위를 올리는 것'을 목표로 한다면 많은 학생들이 즐겁게 학습에 참여할 것이다. 순위에 자기 점수를 올리기 위해서는 ID와 PW를 입력하는데, 회원가입을 위한 계정이 아니라 순위에 이름을 표시하기 위한 것이므로 학생 이름이나 학번을 입력하고 OK 버튼만 누르면 된다.

다음은 연산의 가장 기초인 '10 만들기'와 사칙연산 5개 중 '곱셈' 영역을 보여 준 것이다. 2, 3학년 학생들의 연산 능력을 향상시키는 데 탁월하다. 이 앱의 묘미는 정답을 누를 때마다 들리는 효과음인데 어떤 동요를 한 음씩 재생

해 주기 때문에, 게임을 진행하면 동요 하나를 띄엄띄엄 듣는 재미를 느낄 수 있다. 학생들에게 태블릿 PC를 주어 이 앱을 활용하게 하면 디지털노마드 세대에게 적절한 학습 방법이 될 것이다.

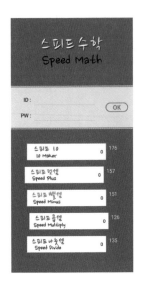

✔ 2, 3학년이 짝과 함께 할 수 있다 – 단짝수학

'단짝수학'도 '너랑나랑 수학짱'과 마찬가지로 2명의 학생이 기기 한 대를 두고 서로 마주 앉아 함께 게임할 수 있도록 화면이 구성되어 있다. 학생들은 배려 모드, 대결 모드를 선택할 수 있는데, 각자 하고 싶은 영역을 선택해 게임하는 실력 모드도 있다.

특이한 점은 게임에서 지고 있는 사람에게 글씨가 바른 방향으로 보이게 되어 있기 때문에 이기고 있는 사람은 글씨를 거꾸로 읽으며 게임해야 한다는 것이다.

두 명이 마주 앉아 게임할 수 있도록 화면이 구성되어 있다.

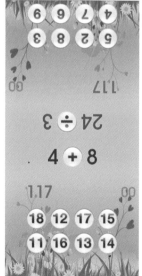

위 사람은 3점, 아래 사람은 5점이다. 지고 있는 사람이 읽기 쉬운 방향으로 숫자들이 제시된다.

실력 모드는 각자 자신 있는 영역으로 대결하므로 복식 학급에서 함께 대결이 가능하다.

몇 가지 앱에서 특별하다고 생각되는 기능을 간추려 소개했는데, 이외에도 다른 형태의 게임이 더러 있으므로 수업에 맞게 적절히 사용하면 된다. 플레이스토어에서 각 앱의 이름을 검색한 후 저작자 'SongMJ'의 앱인지 확인하고 다운받으면 된다.

수학도 과학처럼 가상 시뮬레이션을 통해 개념을 학습할 수 있다. PhET Interactive Simulations 사이트에서는 과학뿐만 아니라 수학 시뮬레이션 콘텐츠도 제공하고 있는데, 저학년 학생을 위한 기초 연산이나 분수, 도형의 넓이 등 다양한 수학 콘텐츠를 제시하고 있다. 단순한 연산 연습이 아니라 개념을 이해할 수 있는 콘텐츠를 제공하고 있기 때문에 학생의 교과 이해에 탁월한 도움이 된다.

크롬을 이용하는 교사라면 https://www.mathlearningcenter.org/apps 에 접속하여 필요한 수학 도구를 크롬 앱에 추가하면 웹상에서 도구를 쉽게 활용할 수 있다. 수직선, 분수, 지오보드, 패턴블럭 등 다양한 도구가 있다.

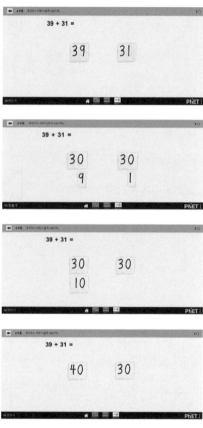

29+15라는 문제가 나타나면, 마우스로 각 숫자를 클릭할 수 있다. 클릭을 세심하게 해야 하는데, 15에서 5라는 숫자만 클릭하여 드래그후 옆으로 빼자.

그럼 5가 4와 1로 가르기가 된 것을 볼 수 있다. 1을 29와 더하면, 30이 되고, 10과 4가 남는다. 보수의 개념을 이용해 덧셈을 공부하는 것으로 현장의 많은 교사들이 지도하는 방법을 조작, 실습할 수 있다.

세로셈을 보여 주기 위해서는 숫자를 차례차례 분리해 볼 수도 있다.

이와 같은 방법은 전북에서 수석교사로 활동하고 있는 정미진 선생님(미찌샘)의 연산 지도법과 유사하게 구현한 것이다.

2. 면적 모형 : 곱셈

PhET 한국어 사이트
https://phet.colorado.edu/ko 〉 시뮬레이션 〉 수학

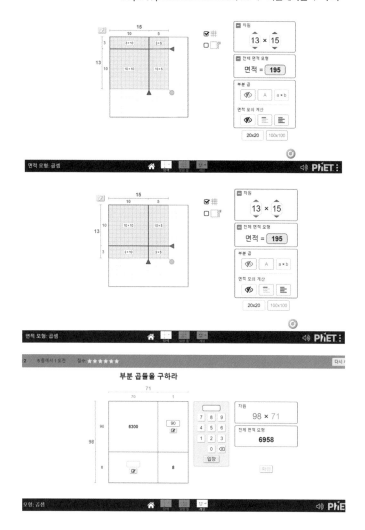

면적 모형은 '두 자리 수×두 자리 수의 곱셈'을 지도할 때 사용되는 모델이다.
일의 자리 숫자를 0으로 만들어서 쉽게 계산하기 위한 것으로, 사각형 모델로
지도하면 간편하다. 3학년 학생들과 수학 수업을 할 때 활용했던 적이 있으나
직사각형 면적을 구하는 방법은 5학년 과정에서 나오기 때문에 몇몇 아이들은

다소 생소하게 느끼기도 한다. 3학년 교사라면 시험적으로 지도해 볼 수 있을 것이고, 5학년에서 도형 단원을 지도할 때 곱셈 연산이 부족한 학생들에게 유용하게 사용할 수 있다. 직사각형 모델은 대분수의 곱셈에서도 유용하게 지도할 수 있으나 위 시뮬레이션은 자연수에 한해서만 지도할 수 있다.

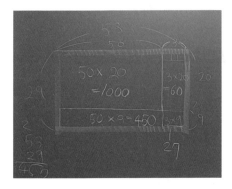

2018학년도 3학년 수학 수업 판서

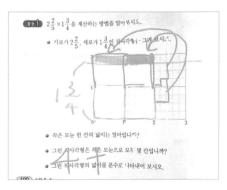

2016학년도 5학년 대분수의 곱셈 수업 자료

이외에도 분수의 기초 개념을 공부하거나, 비와 비율을 조작 형태로 공부할 수 있는 콘텐츠가 있다. 공책이나 칠판에 판서로 강의하는 것은 현장 교실에서 강점을 보인다면 작은 화면 앞에 앉아 있는 학생들을 위해서는 깔끔하고 선명하게 디자인된 시뮬레이션 콘텐츠를 적극 활용해 보는 것이 어떨까?

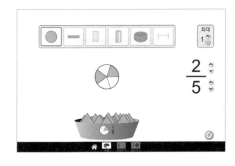

분수: 기초 콘텐츠

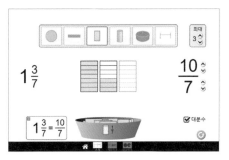

분수: 대분수 콘텐츠

3. 크롬을 활용한 수학 도구 www.mathlearningcenter.org

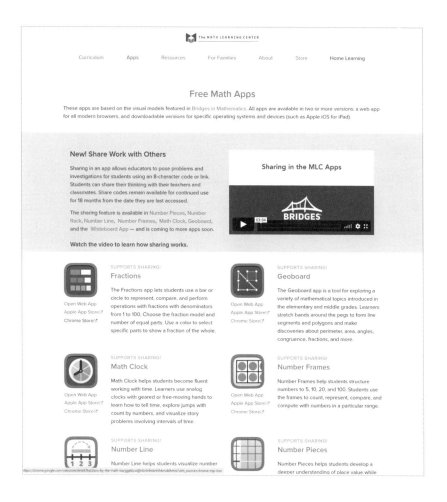

온라인 수학 학습 센터를 소개한다. 링크 주소는 이렇다. www.math learningcenter.org 여기에서 메뉴명 Apps를 누르면 하단에 다양한

앱이 소개되어 있다. 각 아이콘 하단의 3가지 옵션 중 Open Web App을 누르면 새 창이 열리니 즐겨찾기에 추가해 두면 좋다. 맨 아래의 Chrome Store를 누르면 크롬 웹스토어에서 설치 버튼을 눌러야 한다. 그러면 크롬 브라우저의 북마크바 왼쪽에 있는 '앱' 탭에서 설치한 앱 모음을 한 번에 볼 수 있다.

✓ Fractions 소개

분수를 지도할 때 가장 많이 쓰는 교구가 분수막대. 온라인 상황에서는 분수막대를 보여 주기가 번거로우나 Fractions를 이용하면 쉽게 지도할 수 있다. 숫자만 입력하면 아래와 같이 일정한 길이의 막대를 분할하여 여러 개의 막대를 생성할 수 있다. 두 막대를 겹쳐 보는 활동을 통해 두 수의 공배수, 통분의 개념을 지도할 수 있다.

하단부의 왼쪽에서 두 번째인 막대 아이콘을 클릭하고, 숫자를 입력하면 된다. 마우스로 막대의 길이를 조정할 수 있으며, 하단부의 연필 아이콘을 클릭하면 다양한 필기가 가능하다. 아이콘을 클릭하지 않고 마우스를 클릭하여 드래그하면 점선이 표시되었다가 잠시 후 사라지므로 무언가를 지시하기에도 좋다.

4와 6을 통분하기 위한 첫 번째 장면
(막대 길이를 똑같이 한 상태에서 점선 표시를 통해 똑같이 분할할 수 없는지 생각해 보게 한다.)

막대를 가까이 배치한 후(겹쳐 봐도 된다), 학생들이 분할된 칸의 간격을 비교해 보게 한다. 4의 한 칸이 3분할되어 4×3=12, 6의 한 칸은 2분할되어 6×2=12, 즉 4와 6의 최소공배수인 12로 분할됨을 보일 수 있다.

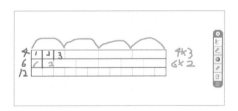

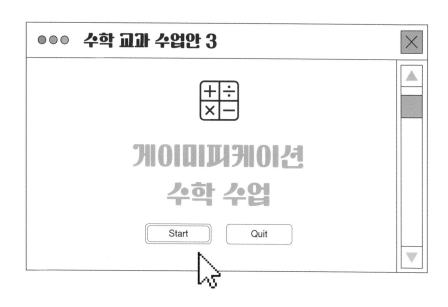

Part 2에서 이야기한 원격수업의 유형에서 2번 판서형(태블릿 PC 미러링)과 3번 판서 퀴즈형(온라인 칠판에 문제 풀기)은 수학 수업에서 자주 활용된다. 그러나 이런 유형은 자칫 학생의 반응이 저조하여 교사 주도의 강의로 흘러가기 쉽다.

이런 문제를 해결하기 위해서는 학생이 적극적으로 참여할 수 있는 게임을 활용하는 것이 좋다. 게임과 관련한 수학 교육의 유용성은 여러 학자와 논문을 통해 밝혀지고 있는데, 핵심은 수학적 의사소통 능력을 기르는 것이다. 주어진 상황의 문제 해결에 게임의 사고 과정을 적용하는 일. 이것이 게이미피케이션(gamification)이라는 말의 의미다.

다음은 5학년 「약수와 배수」 단원 지도에 활용했던 수업 사례이다.

약수와 배수는 나눗셈과 곱셈의 관계를 이해하는 추상적 개념이자, 분수의 사칙연산에 필요한 통분을 수행하기 위한 중요 개념인 만큼, 최대공약수와 최소공배수를 구하는 연산 능력이 매우 중요하다. 우선 '공약수'와 '공배수'부터 알고 넘어가야 한다. 스무고개 게임의 목적은 '공약수'와 '공배수' 개념의 유용성을 자연스럽게 실감하게 하는 것이다.

학생 : 3의 배수입니까?

교사 : 예.

학생 : 4의 배수입니까?

교사 : 예.

∴ 3과 4의 공배수다! (12, 24, 36, 48, 60, 72⋯)

학생 : 5의 배수입니까?

교사 : 아니요.

학생 : 2의 배수입니까? (이 질문은 낭비에 가깝다. 왜 그런지 추후 설명하자)

교사 : 예.

학생들이 배수에 대한 질문만 한다면 교사가 약수 개념을 언급해 주는 것이 필요하다. 약수는 게임에서 수의 범위를 축소시키는 데 유용한 개념으로 쓰인다. 게임 후에는 공약수와 공배수 개념을 다시 한번 정리해 주는 것이 좋다.

학생 : 72의 약수입니까?

교사 : 예.

학생 : 48의 약수입니까?

교사 : 예.

∴ 72와 48의 공약수다!

3과 4의 배수이면서 5의 배수는 아니라고 했으니 12, 24, 36, 48, ~~60~~, 72, 84, 96.

72의 약수이자 48의 약수라고 했으니 12, 24, ~~36~~, ~~48~~, ~~60~~, ~~72~~, ~~84~~, ~~96~~.

남은 12, 24를 두고 "12의 약수입니까?", "8의 배수입니까?" 등의 질문을 더하면서 정답 숫자를 찾도록 도와준다.

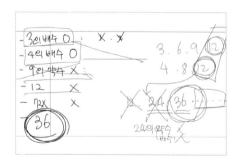 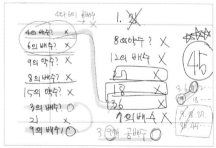

원격수업 중 실시한 2회의 약수/배수 스무고개 게임

여유가 된다면 학생끼리 소회의실을 열어서 모둠별로 게임 활동을 진행해도 좋다. 스무고개 게임은 반응이 아주 좋아서 등교수업에서 한 번 더 실시했다. 여러 번 반복하면서 게임에서 이길 수 있는 요령에 대해 학습 대화를 이어나간다면 자연스럽게 공배수, 최소공배수로 개념을 확장하여 이해할 수 있다.

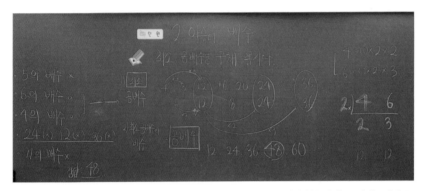

등교수업 때 판서 모습. 왼쪽은 게임을 한 차례 더 실시했던 내용을 적어 복습하였고, 자연스럽게 오늘 배울 '최소공배수' 개념으로 연결하여 수업을 진행했다.

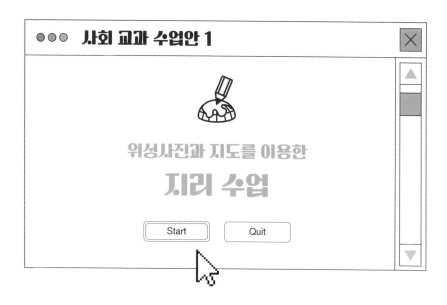

사회는 상급 학교로 진학할수록 교과가 세분화된다. 초등에서는 '사회'라는 과목으로 통합하여 가르치고 있으나, 각 내용을 들여다보면 성격이 매우 뚜렷하게 구분되어 있다. 각 교과에 따라 활용하는 도구와 수업 설계도 약간의 차이가 있기 마련이지만, 다양한 분야를 다루고 있기 때문에 보다 폭넓은 수업 설계가 가능하다.

지리 수업의 경우 교실 수업에서는 TV로 사진을 보여 주거나 점토로 한반도 지형 나타내기, 만들어 보는 구체적 조작 활동으로 지도했다면, 원격수업 상황에서의 지형 이해는 실감형 콘텐츠를 이용할 수 있다. 유튜브, 구글 어스 등을 통해 다양한 영상 콘텐츠와 3D 그래픽을 이용하면 훨씬 흥미로운 수업이 된다. 다만 주의할 것은, 흥미로운 것과 배움이 일어나는 것은 별개라는 점이다. 흥미롭다는 것은 배움의 세계로 빠져들 가능성이 높다는 것일 뿐, 배움이 확실히 일어나는 것을 보장하지는 않는다. 더군다나 학생이 제대로 배우고 있는지 확인이 어려운 원격수업 상황이라면 수업 사례 유형이나 특징을 토대로 사회 교과에 알맞은 방법을 도입해야 한다.

사회는 광범위하고, 사람의 관계 속에서 일어나는 다양한 사회적 현상을 다루고 있다. 그런데 학교교육에서는 이러한 현상을 잘 이해하였는지 알아보는 측정 도구로 '객관식' 문제나 단답형의 '퀴즈'를 활용한다. 교실 현장에서도 잘 요약된 학습지를 제공하거나 빈칸이 제공된 학습지를 채우는 것으로 사회 학습을 마무리하는 경향이 많은데, 이는 수업 시간을 굉장히 알찬 배움으로 이끄는 것 같은 착각을 불러일으킨다. 빈칸을 채우기 위해 학생들이 부분적인 몰입을 할 것이고, 교실은 다소 평온해지며, 교사는 자신의 말을 줄이고 학습자 스스로 공부할 수 있는 기회를 주었다고 생각하기 때문이다.

물론 잘 구조화된 학습지 속에 학생의 학습 과정 일부분이 녹아든 질문이 포함되어 있다면 분명 배움에 도움이 될 것이다. 그러나 광범위하고 방대한 지식을 짧은 시간 안에 가르쳐야 하다 보니 많은 교사들이 이미 생성된 콘텐츠를 주로 활용하고 있다. 이것이 원격수업의 국면으로 넘어오면서 '10분 이상의 차시 요약 콘텐츠'와 '학습지 완성 후 사진 업로드' 형태의 콘텐츠+과제 제시형 수업으로 제시되는 것이다. 학생에게는 분명 부담스럽고 힘든 배움이 될 것이다.

이런 사회 수업을 극복하기 위한 대안으로 교실에서 어떤 활동이 이루어졌을까? 필자는 그 대안 중 하나로 게이미피케이션과 사회 참여형 수업, 구체적 조작물을 이용한 사회 수업 등을 내세웠다. 재미와 배움의 요소가 들어 있는 가상의 게임을 통해 배움을 얻는다면 어떨까? 학생 자신이나 지역사회와 관계된 문제를 해결하기 위해 학생 스스로 문제를 제기하고 해결해 나가는 과정을 제공한다면 재미있어 하지 않을까? 구체물을 가져오기 힘든 상황을 3D 그래픽이나 다양한 사진 자료로 대체하여 원격수업에 제공한다면 훌륭한 온라인 박물관 수업이 될 수도 있을 것이다. 이에 덧붙여 물리적 거리를 극복하는 실시간 화상 도구의 이점을 이용해 먼 거리에 있는 전문가나 다른 지역의 학생과도 연결할 수 있는 수업도 구상할 수 있다.

다음 사례들은 모두 교실에서 진행한 수업 사례이며, 이를 바탕으로 원격수업과 블렌디드 수업 상황에 적용할 요소들을 살펴볼 것이다.

1. 3학년 마을, 고장 수업

3학년을 맡은 교사들은 해마다 교사 커뮤니티에 '학급편지 교환하실 분'이란 제목으로, 학급 간 편지 교류를 원하는 타 지역 교사를 찾는다. 필자 또한 2018학년도 3학년 수업 때 처음으로 시도한 타 지역과의 편지 교류에서 서울의 한 학교와 연결을 시도하였고, 아이들에게 '서울이 지니지 못한 매력'을 담아 '고장을 소개하는 편지'를 쓰게 했다.

지금과 같은 원격수업이라면 굳이 우편으로 보낼 필요가 없다. 교실에서 교사의 컴퓨터와 웹캠으로 타 지역의 교사와 실시간 화상 도구에서 만난 후 웹캠을 아이들 방향으로 돌려서 서로 인사하게 해도 된다. 아이들끼리 만나게 하는 것이 너무 소란스러울까 봐 걱정되거나 여타의 이유로 부담스럽다면 교사들이 한 시간씩 상대의 화상수업에 접속해 수업을 도와주는 것도 생각해 볼수 있다.

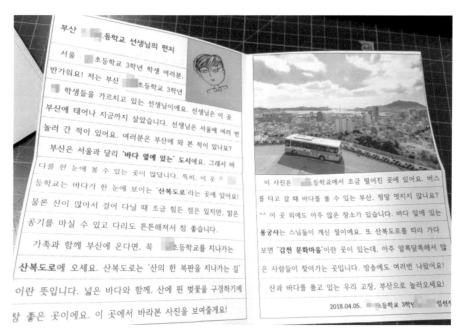

부산 ■■■등학교 선생님의 편지

서울 ■초등학교 3학년 학생 여러분.
반가워요! 저는 부산 ■■초등학교 3학년
■ 학생들을 가르치고 있는 선생님이에요. 선생님은 이 곳
부산에 태어나 지금까지 살았어요. 선생님은 서울에 여러 번
놀러 간 적이 있어요. 여러분은 부산에 와 본 적이 있나요?
부산은 서울과 달리 '바다 옆에 있는' 도시예요. 그래서 바
다를 한 눈에 볼 수 있는 곳이 많답니다. 특히, 이 곳 ■■■
등학교는 바다가 한 눈에 보이는 '산복도로'라는 곳에 있어요!
물론 산이 많아서 걸어 다닐 때 조금 힘든 점은 있지만, 맑은
공기를 마실 수 있고 다리도 튼튼해져서 참 좋습니다.
가족과 함께 부산에 온다면, 꼭 ■ 초등학교를 지나가는
산복도로로 오세요. 산복도로는 '산의 한 복판을 지나가는 길'
이란 뜻입니다. 넓은 바다와 함께, 산에 핀 벚꽃을 구경하기에
참 좋은 곳이에요. 이 곳에서 바라본 사진을 보여줄게요!

이 사진은 ■■등학교에서 조금 떨어진 곳에 있어요. 버스
를 타고 갈 때 바다를 볼 수 있는 부산, 정말 멋지지 않나요?
^^ 이 곳 외에도 아주 많은 장소가 있습니다. 바다 앞에 있는
용궁사는 스님들이 계신 절이에요. 또 산복도로를 따라 가다
보면 '감천 문화마을'이란 곳이 있는데, 아주 알록달록해서 많
은 사람들이 찾아가는 곳입니다. 방송에도 여러번 나왔어요!
산과 바다를 품고 있는 우리 고장, 부산으로 놀러오세요!

2018.04.05. ■■등학교 3학년 임선■

2018년 4월에 작성했던 편지글, 이 글은 서울의 모 초등학교로 전해졌다.

3학년 사회에서는 지리의 이해를 위해 마을을 심상지도 형태로 그리는 활동이 소개되고, 4학년 때는 기호와 방위의 기초를 배우면서 지도 영역을 조금씩 확장하여 배운다. 아이들이 자주 다니던 장소라면 위성지도 등 다른 시선에서 지역과 장소를 소개해 주는 것이 장소에 대한 질감을 느끼고 전체를 조망하는 데 유리하다. 각 지역의 위성사진은 다양한 포털사이트를 이용해 보여줄 수 있으며, 구글 어스를 이용할 수도 있다. 다음은 2018학년도 3학년과 진행했던 PPT 자료 중 하나이다.

동그라미가 표시된 곳은 부산의 '안창마을'이란 곳이다. 지역의 이름이 어디에서 유래했는지 알아보는 활동을 하기 위한 소재를 고르다가 학생들의 거주지역과 그리 멀지 않은 곳을 선정했다. 위성사진으로도 파란색 지붕으로 이루어진 마을임을 쉽게 알아볼 수 있는 이곳의 이름은 '산 안쪽에 번창한 마을'

이라는 뜻을 갖고 있다. 만약 이 마을에서 사는 아이들이라면 집과 집을 보고, 집 사이의 골목을 누비면서 주변의 나무들을 보게 될 것이다.

자신이 사는 곳을 위에서 본다고 하였을 때 아이들은 어떤 생각을 하게 될까? 내가 서 있는 곳과 내가 사는 집의 위치는 어디이며, 집에서 나와 학교까지 가는 길은 어디인지 찾을 것이다. 그리고 이런 길을 위에서 바라볼 때의 모습을 기억하면서, 앞으로 자신이 다니게 될 다양한 장소를 위에서 조망하는 상상을 할 것이다.

고장의 모습을 위성사진으로 보고 자신이 살고 있는 집은 어디쯤일지 표시해 보는 활동도 생각해 볼 수 있다. 이때 무작정 찾기보다는 범위를 한정하여 제시하거나, 주변의 큰 건물부터 찾는 것이 유리하다는 사실을 생각할 수 있도록 유도하는 것이 좋으며, 4학년 수업이라면 방위를 이용해 특정 장소를 찾는 게임 형태를 구상할 수도 있다.

좀 더 간단한 수업 방법은 유튜브 영상을 이용해 Nearpod 플랫폼에서 상호작용형 동영상을 만들고 제공하는 것이다. 유튜브에서는 각 지역의 드론 애호가들이 촬영한 4K 드론 영상을 검색할 수 있다. 깨끗한 고화질 영상을 이용해 영상 중간에 퀴즈를 넣고, 자신이 다니는 학교나 주변의 기관을 바라보는 영상을 만들 수 있다. 4학년 학생이라면 기호와 방위를 이용해 공공기관의 위치를 묻는 질문을 넣을 수도 있다.

그러나 이런 수업은 학생의 흥미를 북돋기 위한 자료 위주의 제공에 그칠 가능성이 높다. 한 차시는 그저 마을을 탐색하거나 소개하는 것으로 만족한다면 전혀 문제없으나, 이런 유형의 수업이 두 차시 이상 반복된다거나 단편적인 퀴즈 형성과 영상만 제공하는 것은 학생의 의미 있는 배움을 일으키는 데 큰 도움이 되지 못하므로 교사 수준 교육과정에 알맞은 별도의 수업 설계가 보완되어야 할 것이다.

2. 4학년 위성지도를 이용한 지리 수업

생활에서 가장 자주 사용하는 앱 중 하나가 바로 '지도' 앱이다. 마을에서 거주하는 초등학생은 의외로 지도 앱을 거의 활용하지 않는데, 앱을 바르게 사용하는 방법을 '등고선' 개념과 연결해 지도해 보는 수업을 구상했다.

이 수업 구상의 이유는 '길찾기' 기능만 믿고 도보로 장소를 찾아가던 필자의 경험 때문이다. 부산은 다른 지역과 달리 산지에 주택가와 공공기관, 대학 등의 건물이 많이 자리하고 있다. 분명 평면 지도상에서의 직선거리는 얼마 되지 않아 5~10분을 생각했는데, 막상 가 보니 오르막길로 가야 해서 시간이 많이 걸렸다. 이런 경험을 되살려 등고선을 도입하기 위한 배움 장면으로 활용하였다. 다음은 2019학년도 4학년 사회 수업 사례이다.

✔ 축척을 이용해 거리와 시간 예상하기

높은 지역에서 낮은 지역 사이를 지정한 길찾기 사진을 캡처하여 학습지에 싣고, 축척까지 제시하여 배움 중심 학습지를 다음과 같이 제시하였다. 보통 기본 개념을 제시하거나 찾아보게 한 다음 문제를 풀게 하는데, 이번에는 등고선이 필요한 이유를 직접 느껴 보게 하려고 기본 개념을 맨 뒤에 제시하였다.

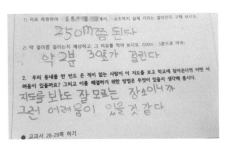 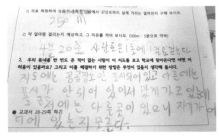

- 1번 문제에는 모두 250m쯤으로 답을 쓴다. 자로 길이를 측정했을 때 일정하기 때문이다. 축척 개념을 제대로 이해했다.
- 2번 문제에선 시간에 혼동을 느끼고 있다. 오른쪽 사진처럼 계산하는 것이 일반적이다. 왼쪽의 경우는 드문 답변이었다.

　마지막 문제는 높낮이를 모를 때의 어려움을 느껴 보게 하려는 문항이었는데, 학생들이 문항의 의도를 전혀 이해하지 못했다. 문항을 세심하게 작성하지 못한 교사의 실수다. 평면상의 지도에서 높낮이를 인식하지 못하는 것은 아마도 경험이 있는 학생이 아니라면 미리 생각하기 어려운 문제이므로 지도상에서 높낮이가 표현되는 것이 좋다. 그러나 일상적인 길찾기 지도에서 도심의 수많은 건물 정보와 지형의 높낮이를 함께 표현하기란 어렵다. 그러므로 높낮이를 느낄 수 있는 다른 형태의 자료를 이용해야 한다.

직선거리로는 7분이 나온다.   가파른 경사가 포함된 곳까지 걸어가는 데 22분
                              이 걸린다.

위 사진은 네이버 지도 웹에 접속하여 캡처한 사진 중 일부이다. 오른쪽 상단
에 지도의 유형 3가지가 나와 있는데, 이 중 세 번째인 '지형지도' 탭을 선택한
경우 지도 전체의 높낮이가 사진과 같이 나타난다. 그러나 지도의 축척을 (마
우스 스크롤로 조정하여) 줄일수록 지형은 두드러지게 나타나는 반면, 도심의 도
로와 길에 대한 정보는 작아져서 제대로 볼 수 없게 된다. 또한 처음부터 이런
지도를 제시하면 등고선의 도입이나 높낮이에 대한 필요성을 깨닫는 기회가
사라지게 되므로 정보의 공백이 있는 자료를 먼저 제시하는 것이 좋다.

위 사진은 '국토정보플랫폼' 사이트의 '국토정보맵'에 들어가 지형과 상관없이 지명만 표기되어 있는 하얀 백지도 형태를 다운받은 것이다. 마우스 오른쪽 버튼을 눌러 이미지 저장을 누르면 쉽게 백지도 원본을 저장할 수 있다. 다만 큰길을 제외하곤 건물이나 지형 등 어떠한 정보도 없기 때문에 오히려 학생들에게 어려운 과제가 될 수 있다. 우선 사진을 저장한 다음 구글 프레젠테이션을 이용해 사진을 삽입하고, 지도 위에 몇 가지 주요 건물을 표시하여 학생들에게 제공한 후 나머지 지도의 정보를 채워 보게 하는 원격수업을 구상할 수 있다. 프레젠테이션 조작이 힘들다면 스마트폰/태블릿 PC를 이용해 PDF 파일로 조회된 화면 위로 손을 이용해 글씨나 기호를 표시할 수도 있다.

이렇게 제출한 학생 과제를 화면공유로 보여 주거나, 아니면 모둠별로 프레젠테이션을 공유하게 하여 서로의 지도에 어떤 차이가 있는지 비교해 본다. 그런 후 교사는 "학교에서 목적지까지 걸어가는 데 얼마나 걸릴지 지도를 보고 예상하시오."라고 질문하여 가는 길과 시간을 표시하게 한다. 이는 앞서 '거리 재기' 기능으로 경로와 시간을 표시한 네이버 지도와 비교하고, 시간의 차이를 이해하면서 무엇이 빠졌는지 생각하게 만들려는 의도이다.

✔ 교과서 읽고 등고선 개념 이해하기

사회나 과학의 경우 디지털교과서가 있기 때문에 화상수업을 통해 교과서를 같이 읽을 수 있다. 사회 교과서는 교사와 학생이 함께 천천히 읽는 것을 권장한다. 어려운 용어를 또박또박 읽어 나가면 학생에게 확실한 자극을 주고, 뜻을 생각해 보는 기회를 제공한다.

디지털교과서 활용하기

사회의 디지털교과서는 상당히 매력적이다. 그동안 교사들은 실체를 잡기 어려운 사회현상을 이해시키기 위해 다양한 이미지와 영상 자료를 검색하고 다운받느라 바빴다. 디지털교과서는 실제 서책형 교과서와 동일한 구성을 취하면서도 텍스트와 함께 실린 이미지에 다양한 동영상을 실어 두었기 때문에 텍스트를 읽으면서 바로 영상을 볼 수 있어 학습자의 이해를 돕는 데 유리하다. 교수자는 수업 자료를 준비하는 시간을 절약할 수 있으며, 학습자는 바로 이해할 수 있으니 모두에게 도움이 된다.

또 다른 강점은 '실감형 콘텐츠'다. 학생들이 가장 좋아하고 신기해 하는 요소이지만, 한편으로는 배움과 관계없이 흥미롭게 흘러갈 수 있는 부분이 있으므로 교사의 취사 선택이 필요하다. 디지털교과서에 있는 전체 실감형 콘텐츠를 조회하려면 디지털교과서 앱을 실행한 후 전체 목록을 살펴보고 필요한 것만 취사 선택하여 블렌디드 수업 설계에 반영하면 된다. 원래는 학생 개개인이 기기를 이용하여 직접 실감형 콘텐츠를 실행하고 조작하는 것을 목적으로 만들어졌지만, 3-4학년 학생들이 개인 기기에 디지털교과서 실감형 콘텐츠를 설치하는 것은 쉽지 않다.

차선책으로 교사는 메인 PC에서 실시간 화상수업 도구를 실행한 후, 태블릿 PC를 이용해 보조용 계정으로 접속하여 태블릿 PC에서 화면공유 기능을 한 다음 AR, VR 콘텐츠를 보여 줄 수도 있다. 그러나 완성된 콘텐츠가 아니라 실시간으로 전송하기 때문에 심한 버퍼링이 예상되므로 수업 설계 시 시간을 넉넉히 잡아 두길 권한다.

3. 시대에 따라 달라지는 지도 학습

우리가 처음 지도를 배울 때는 사회과부도나 넓은 전도를 펼쳐 두고 평면 위에 표시된 여러 기호와 지명을 살펴보는 것부터 시작했다. 지도를 살피다 보면 자연스럽게 자신이 사는 곳과 평소 다니던 길을 찾아보고, 지도 위에는 어떻게 표현되었는지, 거리는 얼마나 나타나는지 확인한다. 이런 호기심을 지도의 기초 개념(기호, 범례, 방위, 축척)과 잘 연결하면 지도에 대한 학습은 상당히 흥미로워진다.

그런데 요즘 아이들은 지도를 평면으로 배우지 않고 3D로 접할 때가 많다. 가족과 함께 여행을 가는 차 안에서 부모님이 참고하는 내비게이션만 봐도 건물의 높이를 사실적으로 드러낸 3D인 경우가 많고, 모바일 지도 앱에도 실제 거리를 나타내는 기능이 들어가 있어 평면과 실제의 간극을 줄일 수 있는 기술의 발달이 매우 진척된 상황이다. 게다가 목적지만 입력하고 위치 신호만 켜 두면 어디를 어떻게 가야 하는지 친절히 알려 주기 때문에 과거와는 다른 방식의 지도 학습이 필요할지도 모른다.

그러나 어떤 방식으로 배우더라도 지도에 담긴 사람들의 삶과 모습, 사람들이 형성한 사회와 문화를 놓쳐서는 안 된다. 지도를 기능 중심으로 접근하면 도시가 만들어 낸 다양한 사회문화현상으로 연결하여 이해하는 것이 어렵다. 초등학교 과정에서 지도를 토대로 확장할 수 있는 다양한 프로젝트 수업의 가능성이 열려 있음에도, 현장에서는 인문학적 접근의 수업보다는 기능 중심의 수업으로 변형될 가능성이 크다. 어느 곳에 사람이 더 많이 모이는지, 어떤 곳이 사람들을 더 많이 모을 수 있는지 분석해 보는 것은 실생활을 살아가는 우리에게도 자주 활용되는 생각이므로, 기능과 함께 생각을 확장시킬 수 있는 수업이 구상되어야 한다.

    2019학년도 4학년에 진행했던 「사람들이 많이 모이는 곳은 어디일까요?」 수업의 핵심은 '중심지'이다. 2차시에서는 중심지에 있는 다양한 요소들을 이해하는 것이 목적이므로 연차시로 준비한 후 중심지의 개념과 함께 실제 지도상에서 중심지를 찾아보고, 관련 기호와 범례, 방위 등 배운 개념을 적용해 보게 했다. 지도는 부산광역시청 홈페이지에서 '행정구역지도'를 다운받아 활용했는데, 상당히 많은 정보가 들어간 PDF 파일이라 꽤 무거운 느낌이다. 구글에서 '부산 해운대구 행정구역 지도' 같은 꼴로 검색하면 구청 홈페이지에서 PDF 파일을 다운받을 수 있다.

    이 파일을 A1 사이즈로 모둠 수만큼 인쇄하고, 붉은색 마카를 나눠 준 뒤 모둠원과 함께 살펴보면서 중심지로 예상되는 곳을 표시하고 이유를 적게 했다. 원격수업 상황이라면 이런 자료의 준비에 부담을 덜고, 다루고 싶은 범위만 캡처하여 이미지 파일로 제공하면 된다.

    행정구역 지도를 이용한 것은 다양한 기호와 범례가 종합적으로 나타나 있기 때문이다. 포털사이트에서 제공하는 지도는 전형적인 기호의 등장이 생각

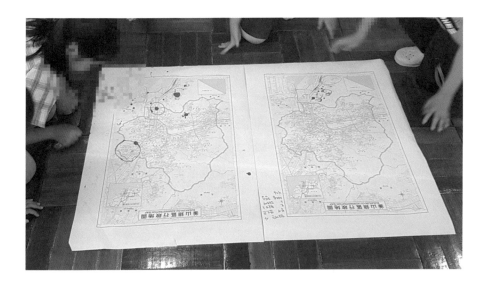

보다 적으며 축약된 느낌이 들었다. 그래서 다소 복잡하더라도 해석과 대화, 사고 유도를 위해 행정구역 지도를 활용했는데, 학생들에게 다소 어려운 것은 사실이었다. 한문이 혼용되어 나타나다 보니 스마트폰으로 한문을 해석하는 일이 일어나기도 하고, 자신이 부모님과 놀러 갔던 곳을 말하느라 수업 시간 이 다소 지체되었다. 이러한 상황은 폭넓은 배움의 장면으로 인정하고, 수업 의 초점으로 돌아올 수 있도록 기다려 주는 것도 필요하다.

학생들은 바닥에 둘러앉아 중심지가 될 만한 곳을 표시하고 그 이유를 적는 다. 대부분의 학생들은 학교나 공공기관 같은 건물을 이유로 꼽는데, 교사는 지도에서 가장 많이 표시된 것이 무엇인지 묻고, 중심지라는 것이 무엇일지 발문했던 수업의 초반부를 다시 회상시켜 주는 것이 필요하다.

학생1 : 학교가 있는 곳엔 학생이 많기 때문에 중심지가 될 것 같습니다.

학생2 : 병원에는 환자들과 병문안을 오는 사람이 많아서 중심지일 것입니다.

학생3 : 공공기관이 있으므로 중심지가 될 것입니다.

교 사 : 그럼 학교가 있는 곳과 학교, 병원이 같이 있는 지역 중에서는 어디가 더 사람이 많을까요? 병원이나 영화관을 지을 땐 어디에 짓는 것이 가 장 좋을까요?

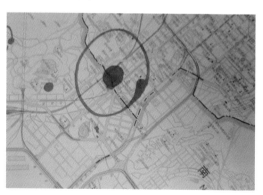

이런 형식을 빌어 와 원격수업을 구상한다면 구글의 잼보드나 Zoom의 화 이트보드를 이용할 수 있다. 이미지를 캡처하여 바탕화면에 불러온 후, 모둠

별로 양식을 제공하고 중심지가 될 만한 곳을 표시하게 한다. 표시하는 과정에서 그 이유를 스티커 메모로 적게 하고, 소회의실을 이용해 활발한 토론이 일어나게 한다면 교실 현장 못지않은 수업이 될 것이다.

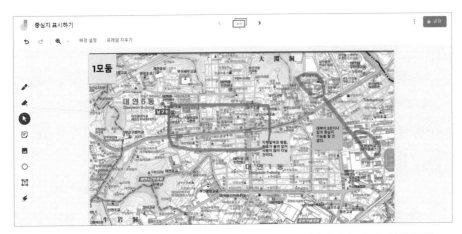

잼보드에 행정구역 지도를 업로드한 후 중심지인 곳과 그 까닭을 표시하게 한다. 지도는 부산광역시 남구 행정구역 지도 중 일부이다.

5학년 2학기가 되면 많은 교사들이 역사 수업을 고민한다. 역사는 통사적 접근에서 많은 지식을 알고 다가가야 효과적인 스토리텔링이 발휘되는 만큼 대다수의 교사에게는 부담스러운 부분이다. 또한 스토리텔링이 역사적 사실을 지나치게 해석하거나 부적절한 가치관을 심어 준다는 점에서 조심스럽기도 하다. 그럼 역사 수업은 어떻게 다가가는 것이 좋을까?

1. 쟁점화할 수 없다면 있는 그대로를 보여 주기

쟁점화란 말은 쉽게 말해 토론의 장을 여는 것이다. 온라인 상황에서 비동시적으로 접근하여 자기의 생각을 남길 수 있는 패들렛 같은 도구를 이용하면 역사에 대해 좀 더 재미있는 대화와 상호작용을 이끌어 낼 수 있다. '신라가 삼국통일을 위해 당나라를 끌어들인 것은 옳은 일이었다.', '이순신을 벌한 선조는 나쁜 임금이다.'와 같이 약간의 '선악'이 포함된 논제를 제공하고 다양한 역사적 사실을 얻을 수 있는 플랫폼, 자료를 제공하면 훌륭한 역사 토론 수업이 될 것이다.

이를 온라인에서 진행한다는 것은 어떤 의미일까? 역사를 잘 알지 못하는 학생은 인터넷의 도움을 얻어 '뭐라도' 쓸 수 있다. 이것이 학생에게 좋은 의미로 배움을 일으켰다고 보기는 힘들지만, 어쨌든 토론에 참여할 기반을 제공한다는 점에서 의미가 있다. 용어를 설명하거나 검색할 수 있는 팁을 함께 제공하거나, 이미지를 검색하여 공부할 수 있도록 안내한다면 용어는 어려워도 역사를 대하는 태도에 약간의 변화를 줄 수 있다.

그럼에도 불구하고 여전히 역사를 소재로 한 토론 수업은 어렵다. 아직 어린 학생들에게 특정 가치관을 주입하는 것은 아닌가 하는 불편함도 든다. 예전에는 이런 생각을 하지 않았지만, 갈수록 다변화하는 사회와 새롭게 드러나는 역사적 진실, 다양한 해석 탓에 무엇을 지도해야 할지 어렵기만 하다. 교과서에 실린 역사는 수많은 쟁점 중에서도 '정설'이라 믿는 것들만 엄선되어 소개되는데, 학생들은 다양한 콘텐츠에 노출되어 있어 교과서보다 더 폭넓은 이야기를 듣고 오기도 하므로 수업이 '정설' 중심으로 이루어지지도 않을뿐더러, 정설의 교과 내용만을 가르치는 것은 교과를 통해 가르쳐야 할 역사적 탐구력, 역사적 상상력, 역사적 판단력을 기르는 데도 도움이 되지 않는다.

정리하면, 원격수업 상황에서는 다양한 자료에 접근할 수 있는 환경을 이용하여 역사 토론 수업으로 나아가는 것이 오히려 등교수업보다 훨씬 효과적일 수 있다. 그러나 토론 수업을 구성하는 것이 교사에게는 부담이 된다.

2. Google Arts&Culture × 패들렛

구체적 조작기인 학생들에게 구체물을 보여 줄 수 없지만, 온라인상에 있는 수많은 역사적 유물을 그대로 제공하면서 생활 모습을 상상하게 하는 수업이 낫다. Google Arts&Culture에 접속하면 교과서 속 유물 사진 일부를 조회·검색할 수 있다. 일례로 위 사이트에서 '황금의 나라' 또는 '신라'로 검색하면 관련 유물을 큐레이팅한 콘텐츠를 볼 수 있다. 관련 내용을 화면공유하거나 링크로 제공한 후 작품에 대한 의견을 패들렛으로 모을 수 있다. 구글 클래스룸의 '질문' 기능을 이용해서 한 유물이나 시대에 대해 궁금한 점을 모을 수도 있고, 이를 토대로 새로운 형태의 학습지를 구글 문서로 제공하여 역사 글쓰기 수업까지 확장할 수 있다.

3. e뮤지엄 속 '나도 큐레이터'

국립중앙박물관 e뮤지엄 홈페이지 상단에는 '나도 큐레이터'라는 탭이 있다. 국립중앙박물관을 비롯해 전국의 수많은 박물관에 소장된 유물을 사진 자료로 저장한 데이터베이스를 활용하여, 스스로 주제를 설정하고 온라인상의 유물을 전시할 수 있다. 크게 '전시기획형'과 '일반형'으로 나와 있는데, 전시기획형은 관리자가 검토한 후 게시하는 것으로 보아 아직 많은 자료가 올라와 있지 않은 반면, 일반형에는 자료가 꽤 올라와 있다. 반가운 점은 '학교 수업 연계' 항목이 있다는 것이다. 현재까지 초등학교와 고등학교는 0인데, 아마도 플랫폼을 이용하는 방법이 어려운 것과 입시 영향 때문일 것이다. 반면 중학교에서는 활발하게 게시물이 업로드되고 있다.

e뮤지엄에 로그인하는 방법은 기존 포털사이트의 계정을 이용하면 된다. 네이버, 카카오톡, 트위터 중 하나로 로그인할 수 있으나 초등학생은 자기 계정을 외우는 학생이 드물다. 그러나 원격수업을 시작한 지 일 년 이상이 지난 지금, 학생들에게 포털사이트 아이디 하나쯤은 생성하여 로그인할 수 있는 역량이 길러져 있어야 하고, 없다면 교사가 길러 주어야 할 것이다. 번거롭더라도 포털사이트에 가입하는 방법을 안내하고 로그인하여, 큐레이팅을 주제로한 역사 수업을 기획해 보기를 추천한다.

큐레이팅 작성 방법은 http://www.emuseum.go.kr/serviceInfo로 접속하면 쉽게 알 수 있으며, 교사는 이를 참고로 하여 큐레이팅하는 방법을 화면 녹화 후 콘텐츠로 제공하거나, 실시간 화상수업에서 직접 시연으로 보여 줄 수도 있다.

❶ 상단 메뉴 중 고객센터 클릭
❷ 화면 중간의 '나도 큐레이터' 클릭 후 '일반형' 선택 클릭
❸ 로그인

❹ 소장품 추가하기 : '나도 큐레이터' 활용 전, 여러 유물을 검색하고 '소장품'으로 등
록해 두어야 큐레이팅 기능을 활용할 수 있다.

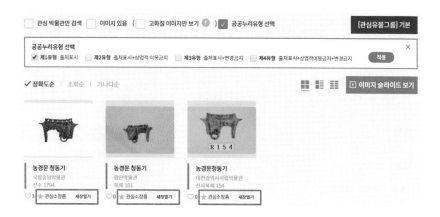

❺ 상단의 '나도 큐레이터' 클릭 후 화면 중간의 '신규 등록'을 클릭하고 주제와 전시
명, 전시 설명 등을 입력한다. 이때 전시기획형보다는 일반형으로 선택하는 것이
편리하다.

❻ 일반형 선택 – 탬플릿 선택(주황색) – 제목과 설명 입력 – 소장품 추가 – 미리보기
후 저장

❼ 내가 등록한 작품을 보려면 '마이페이지–나의 소장품–나도 큐레이터'로 들어가서
전시기획형/일반형 중 자신이 만든 유형을 클릭하면 된다.

'나도 큐레이터'를 이용해 활용할 수 있는 학습 주제는 다양하다. 다양한 주
제를 큐레이팅하기에 앞서, 교사는 다음과 같은 준비가 필요할 것이다.

- 교과서 속 유물의 이름과 시대에 대한 공부
- 국립중앙박물관 로그인하는 방법 실습
- 유물 검색 방법
- 소장품 추가하기 실습

이후에는 교과서 차시에 따라, 또는 교사가 재구성한 주제에 따라 주제별 역사 학습을 실시할 수 있다. 현재 사회 교과서에는 '구석기', '신석기', '청동기' 시대란 용어는 등장하지 않으며, 당시 사용했던 도구는 '생활사' 영역의 한 부분으로 포함되어 3학년 사회 교과서에 등장한다. 현재 성취기준은 '[4사02-03] 옛 사람들의 생활 도구나 주거 형태를 알아보고, 오늘날의 생활 모습과 비교하여 그 변화상을 탐색한다.'인데, 이 성취기준 안에 주먹도끼나 낚시바늘 같은 도구들이 현대에 사용하는 다양한 생활 도구와 함께 등장하고 있다.

그러나 교육과정이 바뀌면 다시 5-6학년 역사 영역에 포함될 가능성이 크다. 바뀔 교육과정을 염려하라는 의미는 아니지만, 그만큼 이 영역은 독자적일 수 있기 때문에 큐레이팅 학습으로 다루기 적합하다.

또한 교과서에는 고대사를 '문화유산'으로 접근하는 방식을 취하고 있어 다양한 유물과 사진이 등장하고 있다. 디지털교과서를 이용하면 관련 유물의 영상 자료를 쉽게 확보할 수 있다. 하지만 영상은 유물의 전체 크기나 형태에 대한 감각을 익히는 것으로 활용하고, 본격적인 탐구는 정지되어 있는 이미지를 활용하여 공부하는 것이 좋다. 무령왕릉 같은 유물 탐구는 디지털교과서의 실감형 콘텐츠(VR)로 공부한 후 비슷한 시기의 유물을 검색해서 큐레이팅하는 과제를 제출하면 문화유산을 보다 깊이 이해할 수 있고, 그 과정에서 옛 사람들의 기술과 문화의 수준을 짐작해 볼 수 있다.

4. 구글 어스로 역사 실감하기

역사는 추상적이라서 초등학생에게는 매우 어려운 과목이다. 이러한 상황에서 유물이 실제처럼 눈앞에 있으면 흥미로운 수업이 이루어지는 것처럼 역사의 한 장면이나 옛 사람들이 오갔을 지역을 눈으로 보는 것만큼 좋은 교육은 없다.

필자가 활동했던 전문적 학습공동체의 동료 교사가 참관했던 수업에 대해 들려준 적이 있는데, 예성강 인근의 벽란도를 가르치는 과정을 어떤 방법으로 수업에 구현하면 좋을지 고민하던 한 교사가 구글 어스를 이용했다는 것이다. 구글 어스를 이용해 현재 예성강 주변을 확대하고, 마우스 휠을 클릭한 채로 위아래 방향을 조정하면 약간 낮은 위치에서 지형 전체를 조망할 수 있는 풍경이 나온다. 예성강 줄기가 서해 바다로 흘러가는 모습을 실감나게 보여 주면서, 벽란도에서 뱃길을 이용해 물자가 해외로 나갔을 것이란 점을 학생들에게 보여 주었다고 한다.

예성강에서 서해 바다 쪽을 바라보도록 구글 어스를 조작하면, 중국의 산둥반도와 과거 고구려의 땅이었던 요동반도가 한눈에 보인다. 해외로 나아가기에 적합할 뿐 아니라, 긴 강줄기가 한반도 깊숙이 이어져 있어 교역에 최적의 장소였음을 쉽게 이해할 수 있다.

구글 로그인 상태에서 구글 어스 웹버전으로 들어가면, 장소를 선택하여 임의로 이름을 입력할 수 있다. '예성강 하구'라고 입력한 파란색 위치 표시에서 서해 바다 쪽을 보면 중국 산둥성이 보인다. 들어오고 나가기 쉬운 항구임을 알 수 있다.

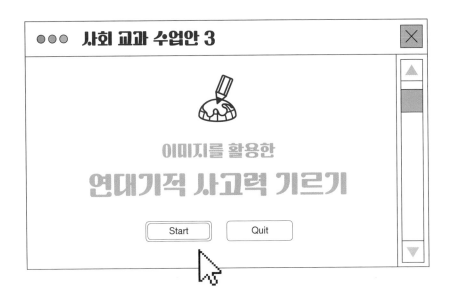

이번에 소개할 수업은 패들렛을 활용하여 연대기적 사고력을 기르는 역사 수업이다. 입시를 치러 본 사람이라면 역사적 사건과 연도를 암기해 본 경험이 있을 것이다. 기계적인 숫자 암기는 불필요하지만, 사건의 인과관계나 흐름을 이해하고, 역사적 흐름을 꿰뚫은 관점을 취하기 위해서 연대기 파악력은 매우 중요하다.

그러나 현장에서 이루어지는 역사 수업의 대부분은 연도와 사건을 연결하고 암기하는 수준에서 끝나기 쉽다. 이런 수준이라면 아무리 잘 정리된 요약본을 제공하거나 외우는 방법을 제공하더라도 한계가 있기 마련이며, 자칫 역사에 대한 흥미를 잃어버리게 만들 수 있다.

패들렛 서식 중 '타임라인' 서식을 이용하면 시간의 흐름대로 역사적 사건과 관련 이미지를 삽입하여 요약본을 제시할 수 있다.

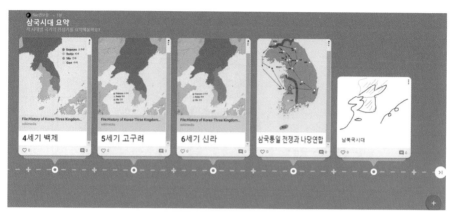

이미지를 삽입하고 간단한 제목을 붙여 요약한 삼국시대 전성기의 흐름

중요한 것은 이런 기능을 활용해 다음과 같은 선택지를 생각할 때 무엇을 고르느냐의 문제다. 위와 같은 모습을 학생이 스스로 만들어 보게 할 것인가, 아니면 위의 양식을 제공하여 또 다른 생각할 거리를 던져 줄 것인가?

1. 교과서를 읽고 시대에 알맞게 삼국시대의 전성기 과정 요약
2. 삼국시대의 전성기 과정의 중요한 사건을 검색하여 댓글로 입력하기
3. 백제에서 고구려로 전성기가 넘어간 이유는 무엇인지 생각해 보기

1번과 같은 수업은 교과서를 통해 충분히 해낼 수 있다. 2번 수업은 정보 검색 역량이 필요하지만 기본적으로 1번과 같이 지식 위주의 학습이란 점에서 큰 변화가 없고, 단지 지식의 범위를 넓혀 주는 기회 제공에 그친다. 어려운 낱말이 나오면 오히려 과다한 정보 속에서 무엇을 선택할지 몰라 버거워하고 검색 역량의 부족만 드러낼 수 있다. 물론 1, 2번의 경우 교사가 어떻게 수업을 구성하느냐에 따라, 또 어떤 모둠을 구성하느냐에 따라 원격수업 상황에서도 충분히 의미 있는 수업으로 만들어 낼 수 있다.

그러나 사회에서 역사 분야의 수업을 할 때 고려해야 할 역량 중 하나인 '연대기적 사고력'을 생각한다면 3번과 같은 수업을 시도해야 한다. 사건과 사건 사이를 잇는 또 다른 역사적 사실은 무엇인지 찾고 생각해 봄으로써 상상력과 논리적 사고력을 향상시킬 수 있다.

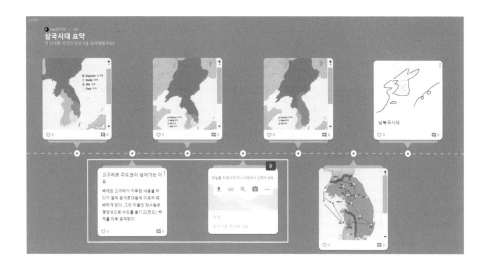

위 사진의 노란색 네모 영역을 학생이 입력할 수 있도록 한다면 연대기적 사고력을 키울 수 있는 수업으로 구성할 수 있다. 또한 +버튼을 눌러 얼마든지 역사적 사실과 사실 사이에 자신의 생각을 입력할 수 있고, 이미 입력된 내용을 클릭, 드래그하여 순서를 조정할 수도 있다. 꼭 기억해야 할 연대기가 있다면 4가지 정도의 사건을 이미지와 함께 뒤섞어 입력한 후, 순서를 맞춰 보는 과정을 실시간 수업으로 보여 줄 수도 있다.

꼭 패들렛이 아니더라도 학생의 공책 정리 등을 통해 아날로그적인 수업으로도 구현할 수 있으나, 정보 검색의 용이함을 생각한다면 온라인상의 과제가 더 적절하다. 패들렛이 아니라 구글 프레젠테이션을 이용해 위와 비슷한 양식

을 설정하고, 학생들이 사진과 글을
입력하는 수업도 구상할 수 있다.

패들렛이 좀 더 간편하지만, 간편
한 만큼 내용 구성의 제약이 있으므
로 어떤 도구가 더 좋은지 기능을 따
지기보다는 교사가 편하게 활용할 수
있는 도구를 선택하면 된다. 책의 서
두에서 밝혔듯이, 철학과 의지만 있

다면 어떤 방식으로든 학습과 피드백은 이루어진다. 지속가능한 방법에 대한
고민을 놓지 않는다면 기술에 대한 이해나 학습은 저절로 따라오기 마련이다.

1. 콘텐츠 제작 이야기

원격수업 첫 단원의 영상을 어떻게 하면 좋을지 생각하다가 아이패드를 이용한 화면 녹화 기능과 디지털교과서를 이용하여 과학사를 설명하는 것으로 콘텐츠를 만들었다. 영상 길이가 13분이 넘었던 것 같은데, 서두에서는 원격수업을 시작하게 된 배경과 당부를 이야기하고, 태양이라는 존재의 엄청난 힘을 알리기 위해 갈릴레이가 망원경으로 태양을 관측하다 실명한 일화, 그리고 천동설에 대해 설명하였다.

이 단원을 가르치기 위해서 크게 3가지 방법을 활용했다.

첫째, 천체 관련 웹/앱 기반 프로그램을 녹화하여 영상에 포함시켰다.

둘째, 저작권 걱정이 없는 무료 이미지/영상을 다운받아 영상을 편집했다.

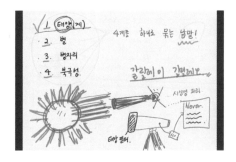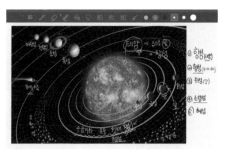

셋째, 국내 영상이 아닌 해외 영상 위주로 수업에 도움이 되는 영상을 유튜브 재생목록에 포함시키고, 구글 클래스룸으로 과제를 안내·취합하였다.

영상 녹화 방법은 다음과 같다.

❶ 컴퓨터 내의 다운된 영상을 녹화할 때 : window키+G 버튼(게임 녹화 창이 뜨고, 녹화를 누르면 내컴퓨터의 '동영상' 폴더에 자동 저장된다.)

❷ 인터넷상의 화면을 녹화할 때 : 크롬 확장 앱을 이용한 영상 녹화(Loom 앱을 추천한다.)

• 크롬 웹스토어 검색 – Loom 검색

• 설치(크롬의 오른쪽 위에 '확장 프로그램'으로 추가된다.)

• 기존 구글 아이디로 로그인 후 활용

❸ 스마트폰/태블릿 PC의 앱을 녹화할 때

• 최근 출시되는 스마트폰에는 자체 화면 녹화 기능이 있다.

• 아이패드와 같은 태블릿 PC도 화면 녹화 기능이 있다.

• 녹화된 영상을 자신의 드라이브에 공유하거나 카톡 메시지로 공유한다(드라이브 공유는 용량이 크지만 고화질로, 카톡 메시지로 공유하면 용량이 적으나 저화질로 공유된다).

✓ 스텔라리움 지도 방법

천체 관련 영상에서 가장 많이 활용되는 프로그램은 stellarium이다. 대학 시절부터 즐겨 쓰던 무료 프로그램인데, 아마추어 천체관측자들에게 천체관측에 관한 모든 자연현상을 거의 완벽하게 제공하는 '사기 캐릭터' 프로그램이다. 당일 해와 달이 뜨고 지는 시각을 확인하고 시뮬레이션으로 재생시킬 수 있으며, 어떤 별이 언제 뜨고 지는지, 성운과 성단의 위치는 어디에 있는지 찾아볼 수 있다. 초등학교 과학 지도서에도 등장하지만 구체적인 사용 방법 요령은 현장에 널리 퍼져 있지 않아 사용하기 쉽지 않다. 초등 교사 과학실험 연수에 나갈 기회가 있을 땐 소프트웨어 활용의 필요성과 가치를 짧게 설명하고, 교사가 머뭇거리지 않고 수업에 바로 사용할 수 있도록 단축키를 활용한 연습 시간을 충분히 제공하였다.

❶ 포털사이트에서 검색 및 다운로드 후 설치한다(https://stellarium.org/ko/). 보통 windows 64비트 버전을 받는다.

❷ 마우스 커서를 왼쪽과 아래쪽에 갖다 대면 여러 가지 기능 창이 나온다. 처음에는 마우스로 이것저것 눌러 보며 기능을 숙지한다. 나중에는 단축키로 보여 준다.

• 가장 많이 쓰이는 단축키는 J, K, L, / 이다.

- J를 5번 누르면 시간이 거꾸로 흐른다(별이 서에서 동으로).

- K를 누르면 현재 시각으로 돌아온다(재생속도도 원래대로 돌아온다).

- L을 3번 누르면 시간이 빨리 흐른다(별이 동에서 서쪽으로 움직인다).

- 별을 클릭한 후 /를 누르면 그 별로 확대된다(달의 위상을 볼 때 활용).

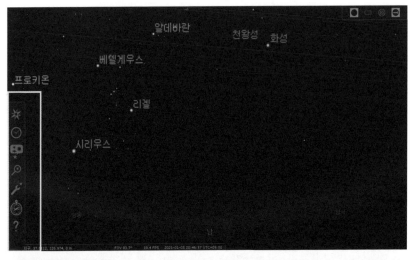

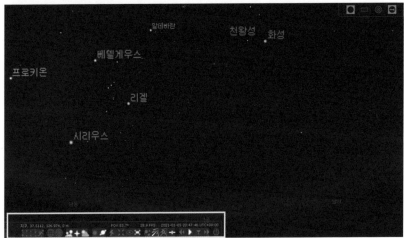

단축키	기능	수업 효과 / tip
스페이스 바	선택한 천체를 가운데로 두기	북극성 찾아 사용해 보기
마우스 휠	선택한 천체의 확대 또는 축소	고화질의 선명한 천체관측 가능
J	시간이 거꾸로 흐른다.	4~5번 눌러보기
K	현재 시각으로 돌아온다.	
L	시간이 빨리 흐른다.	3번 누르기(별의 움직임 관찰)
/	(클릭한) 별을 확대한다.	달의 위상/행성 관찰에 유용
C	별자리 선	별자리 등장
V	별자리 이름	서양 별자리의 이름이 등장!
R	별자리 그림	그리스 로마 신화의 그림 등장
F6	위치 창	원하는 도시/나라/행성으로
F5	날짜/시간 창	원하는 시간/날짜로 변경

※ F1(도움말)을 이용하면 많은 단축키 기능을 확인, 사용할 수 있다.

첫 시간에다가 콘텐츠 제작을 하다 보니 시간이 13분으로 길어졌다. 영상 13분을 본 후 실험관찰을 작성하고, 구글 클래스룸에 탑재한 퀴즈까지 푸는 것을 감안하면 40분 내에 수업이 이루어지는 설계였다. 그러나 13분이란 긴 영상을 교사의 얼굴 없이 음성과 판서 내용만 바라보는 것이 학생 발달과 배움에 적합한 일일까? 그렇지 않다는 결론을 내리고 영상 길이를 (처음 13분에서 7분으로) 조금씩 줄이기 시작했다.

영상 길이를 줄여 나가면서 처음에 플랫폼을 선정할 때의 생각을 반성하게 됐다. e학습터 영상 길이가 4~5분임을 알고 '이것으로는 공부가 되지 않는다.'며 e학습터를 활용한 수업은 배제했었는데, 실은 4~5분의 영상만으로도 배움을 일으키기 위한 충분한 선행조직자, 스키마를 형성할 수 있었다. 이 영상의 전후로 교사가 어떤 과제와 활동을 설계하느냐에 따라 수업이 달라지는 것이지, 콘텐츠의 길이로 수업의 질이 결정되는 것은 아님을 깨달았다. e학습터는 영상의 길이나 내용 자체만으로는 핵심을 정확하고 깔끔하게 담고 있어서 나무릴 것이 없는 훌륭한 영상이다. 그러나 반복되는 형태의 수업 진행이 학생의 호기심을 떨어뜨리거나 학생 사고 발달을 위한 과정을 건너뛰고 핵심 내용만 요약하여 제시하는 것은 한계로 남아 있다. 필요한 것은 골라서 쓰고, 없는 것은 교사가 직접 만들거나 찾는 것으로 적절하게 사용하는 것이 필요하다.

2. 태양계 구성원 종류와 행성, 행성 사이의 거리

우선 원격수업 상황임을 고려해 태양계 행성을 그대로 보여 줄 화려한 영상을 찾았다. 저작권 문제를 걱정하다 보니 영상을 찾는 것이 쉽지 않았는데, 검색하는 과정에서 '저작권 무료' 영상이 올라와 있는 사이트를 발견하였고, 이 영상을 윈도우 비디오 편집기(윈도우에 설치된 기본 영상 프로그램)로 합쳐서 간단한 자막을 입혔다. 교과서에 나와 있는 이미지만으로는 행성의 모습을 이해하는 데 어려움이 있기 때문에 행성이 자전하고 있는 모습과 태양의 경우 핵융합을 하고 있는 모습을 꼭 보여 주면 좋겠다고 생각하여 만든 자료다.

 저작권 걱정 없는 수업 영상 자료 만들기

원격수업 상황에서 저작권 문제 없이 좋은 영상을 올리려면 어떻게 해야 하는지 다들 걱정이 많다. 보통 이미지를 구하기 위해서는 픽사베이 같은 저작권 무료 사이트에 접속하는 경우가 많은데, 이곳에서 '비디오'도 저작권 걱정 없는 것을 검색하여 다운받을 수 있다. https://pixabay.com/ko/videos/ 에 접속 후, 관련 개념을 한글 또는 영어로 함께 검색해 보자. 행성을 소개하는 수업에서 각 행성의 영문을 입력하여 무료로 짧은 영상들을 다운받을 수 있다. 이 영상을 연결하여 태양계 행성을 소개하는 수업 자료를 만들면 된다.[4]

본래 수업은 행성의 정보가 담긴 카드를 두고 여러 가지 기준으로 분류하는 활동으로 이루어진다. 원격수업에서는 카드를 이용할 수 없다. 기준을 학생 스스로 생각해 보게 하는 것은 서로 떨어져 있는 상황에서는 어렵기 때문에 기준이 되는 생각이 떠오르도록 만들어야 한다.

이때 학생이 질문할 수 있도록 허용해 주면 어떨까? '우주'에 대해 배우는 단원은 학생들의 호기심이 충만하여 많은 질문이 쏟아진다. 학생들이 무심코 던진 질문을 교사가 잘 받아서 기준으로 바꾸어 준다면 훌륭한 수업이 될 수 있다. 학생들에게서 질문이 나오지 않는다면 교사가 미리 질문을 준비해 두는 것도 좋다. 다음은 수업을 하면서 학생들이 생각할 법한 질문, 그리고 스스로 궁금했던 것을 정리한 질문이다.

질문	기준으로 바꾸기
행성은 왜 같은 방향으로 제자리를 돌고 있나요? (행성의 자전 방향)	행성의 자전 방향으로 행성 나누기 (금성과 천왕성은 다르다)
행성은 왜 같은 방향으로 태양 주위를 돌까요?	공전 방향이 모두 일치하므로 분류 기준으로 쓸 순 없다.
행성은 무엇으로 이루어져 있나요?	행성을 이루는 물질 생각하기(3학년 「물질의 성질」 단원을 연결하면서)
지구랑 행성의 거리는 얼마나 떨어져 있나요?	지구를 중심으로 거리에 따라 나누기 (외행성/내행성)
다른 곳에도 생명체가 사나요?	생명체의 유무
고리는 왜 생겨요?	고리의 유무

학생들의 질문에 교사가 모두 답할 수는 없다. 현재 과학계에서도 여전히 가설을 세워 논의 중인 문제들이 있기 때문이다. 솔직하게 어려운 문제임을

---

4 필자가 만든 수업 자료는 블로그에 올려 두었다. "3. 태양계와 별", 2020.04.22., https://blog.naver.com/busrock/221922072605

밝히되, 학생의 질문을 이용하여 행성을 기준에 따라 분류해 보는 활동을 역으로 제안하면 된다.

만약 아이들에게서 질문이 나오지 않는다면 행성 카드를 이용한다. 행성 카드에는 다양한 정보가 입력되어 있다. 이 데이터를 정리하여 행성을 여러 가지 기준으로 분류해 볼 수 있다. 원격수업 중 교사의 태블릿 PC나 스마트폰을 이용한 화면공유가 가능하다면 다음 앱을 소개하고 스스로 탐색해 보게 하는 것도 좋다. Solar System Scope로, 컴퓨터로 웹 접속도 가능하다(https://www.solarsystemscope.com).

3. 평가에 대하여

콘텐츠 제작에 힘을 쏟고, 구글 클래스룸에 업로드된 개개인의 실험관찰 내용을 아무리 꼼꼼히 확인해도 여전히 내용을 이해하지 못하는 것이 엿보였다. 원격수업은 등교수업과 달리 학생 이해도를 즉각적으로 알아볼 수 없다는 어려움이 있다. 그러나 퀴즈 과제(구글 설문지)를 이용하면, 대면보다는 훨씬 더 자세히 학생 개개인의 정보를 수집할 수 있으므로 어렵지만 교사가 꼭 활용해야 하는 부분이다.

단원을 마무리하기 위해 총 10문제를 만들어서 구글 클래스룸에 퀴즈 과제로 제공했다. 10문제를 만드는 것도 쉽지 않았다. 돌이켜보니 문제가 모두 지식을 묻는 것이어서 앞으로 어떤 평가를 해 나갈지 걱정이 된다. 우선 수업 초창기의 모습이라 있는 그대로를 보인다.

구글 퀴즈 과제(설문지) 기능을 활용하면 학생들이 무엇을 많이 틀렸는지 그래프로 데이터를 확인할 수 있다. 북두칠성 별자리 모양을 잘 모르는 학생들이 있었고, 별자리와 북극성을 헷갈려 하는 학생들, 태양계 행성의 크기에 대한 양감이 없는 학생들이 더러 있었다. 이런 문제들이 다음 내용을 배우는 기초가 되기에 기억하길 바랐다.

2. 다음 중 틀린 설명을 고르시오.
   39개 중 19개 맞춤

1. 지구에는 생물이 살고 있다.
2. 태양으로부터 가장 가까운 행성은 수성이다.
3. 태양계에는 스스로 빛을 내는 '별'이 딱 1개 있다.
4. 태양 주위를 돌면서 스스로 빛을 내지 못하는 별을 '행성'이라고 한다.
5. 지구 주위를 도는 달을 '행성'이라고 한다.

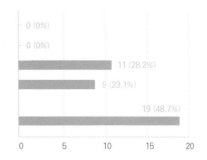

5. 다음 그림에서 '북두칠성'은 어느 쪽에 있나요?
   39개 중 16개 맞춤

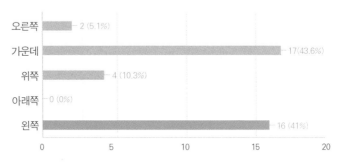

별자리는 6학년 「지구와 달의 운동」의 공전 개념과 연결되기 때문에 5학년 과정에서 제대로 익히고 가야 하는데, 대부분의 학생들은 별자리를 '동물'과

연결한 그림 정도로 이해하는 것 같다. 6학년을 동시에 가르치다 보니 더욱 선수 개념에 대한 이해도에 신경이 쓰였다. 학생들이 제출한 답 중에는 '북극성'이 있었는데, 별자리와 별을 구분하지 못하는 학생이 5명이나 된다는 사실에 원격수업의 허무함을 느꼈다. (달토끼에 응답한 것은 나를 조롱하는 것일까? 아니면 원격수업에 대한 저항? 실수?)

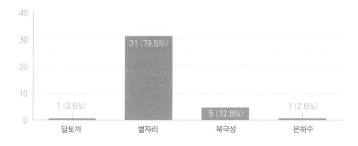

4. 옛날 사람들은 밤하늘에 떠 있는 수많은 별들을 선으로 연결하여 사람이나 동물의 이름을 붙였습니다. 이것을 3글자로 뭐라고 할까요?
응답 39개

위 문제에 대한 학생들의 응답 데이터를 살펴보자.

북두칠성이나 카시오페이아자리의 모양은 기억하기 쉬운데, 심지어 북극성을 찾기 위해 별자리를 찾아 그리고 표시까지 하는 것이 실험관찰 한 페이지 내용임에도 불구하고 북두칠성 별자리를 쉽게 찾아내지 못한다. 왜 이런 현상이 일어날까? 학생들이 콘텐츠 수업을 띄엄띄엄 봤을 수도 있고, 원격수업이 지닌 여러 환경의 제약 때문에 집중력이 떨어졌을 수도 있다.

그러나 앞에서 강조했듯이, 교사는 환경이나 내용의 어려움보다 방법의 신중함이나 학생 입장에서 문제를 바라보며 고민해야 한다. 북두칠성과 카시오페이아 사이의 북극성을 찾는 사진을 자세히 보면 북극성을 포함한 '작은곰자리' 별자리가 있는데, 이 별자리가 북두칠성의 국자와 유사하다. 깊이 공부하지 않은 학생은 쉽게 착각할 수 있기 때문에 수업 시간에 교사는 작은곰자리와 큰곰자리에 대한 전설이나 위치, 차이 등을 강조하여 가르쳐야 했는데, 필자는 그러지 않았던 것이다.

학습자의 기초 수준을 파악하고 이를 데이터로 분석하는 점에서 원격수업 퀴즈 과제는 매우 유용하다. 그러나 퀴즈를 만드는 툴의 형태가 사지선다, 오지선다에 최적화되어 있어 지식 위주로 측정하게 만들기도 한다. 주관식 문제를 출제하게 되면 교사가 학생의 답안을 모두 읽고 분석해야 하므로 위와 같은 데이터를 얻는 데는 어려움이 있다.

그러므로 학생의 기초 수준을 파악하는 용도로 기본적인 질문만 담은 퀴즈 과제 활용을 적극 추천한다. 평가에 대한 철학이 없는 교사는 당연히 없을 것이지만, 기능에만 매몰되어 교실 속 학습지를 그대로 온라인상에 옮겨 놓으려고 한다면[5] '불편함'을 느끼게 될 것이다. 그 불편함은 이내 '역시 원격으로는 힘들다.'는 부정적인 인식만 남길 가능성이 크다. 그렇다면 퀴즈 과제를 쓸모 없는 기능으로 치부하고 버릴 것인가?

평가에 대한 목적을 분명히 한다면 퀴즈 과제에 변별력을 부여하기 위해 일부러 어려운 지식이나 보기를 섞어 넣을 필요는 없다. 아직까지 원격 형태의 시험을 학교에서 인정해 줄 리도 없거니와, 변별을 위한 평가는 성장을 위한 평가라는 관점에서 벗어난 것이기 때문에 교사가 비교육적 평가를 추진할 필

---

5 https://teachermade.com/에 들어가면 교실에서 사용하던 지필평가지를 그대로 온라인상에 구현할 수 있는 기능이 있다. 그러나 이런 평가지 사용은 2가지 문제를 낳는다. 첫째, 평가 문항을 교사가 직접 모두 제작하기 어려워 기존 문항지를 사용할 것인데, 그 문항지는 대부분 민간이 저작권을 가지고 있을 것이다. 온라인상에 쉽게 공유하는 것은 다소 위험하다. 둘째, 성적에 들어가지 않는 평가지라고는 하지만 이런 평가 문항들이 사교육 시장에 흘러들어 갈 가능성도 찜찜하다. 그래서 누구나 만들 수 있는 기본 개념 문항을 만들어 간단하게 평가하는 형식으로 사용하는 것이 훨씬 더 낫다.

요도 없다. 기초적인 지식을 묻는 것은 학생을 괴롭게 하려는 것이 아니라, 학생의 수준을 파악하고 더 나은 수업을 설계하기 위한 진단 방법일 뿐이다. 청진기 하나를 갖다 대었는데 환자가 소스라치게 놀란다면 의사는 진단을 제대로 할 수 없다. 차가운 청진기가 몸에 적응이 되도록, 그리고 몸에 아무런 영향을 끼치지 않는다고 안심시키기 위해 몸을 가볍게 두드리며 갖다 대는 액션이 필요하다. 가벼운 문제, 개념을 또렷하게 묻는 퀴즈로 시작하자. 평가의 목적은 오롯이 진단과 그에 따른 피드백이어야 한다. 원격수업과 블렌디드 수업 상황에서는 변별하기도 어렵고, 변별하더라도 문제 유출이나 검색 찬스 같은 다양한 변수가 존재하기 때문에 더욱 평가는 변별이 아닌 피드백의 본질에 가까워야 한다.

원격수업에서의 평가는 학생의 기초 지식을 묻는 수준과 더불어 교사가 제작·제공하는 콘텐츠의 효과성을 파악하는 용도로도 활용되어야 한다. 제대로 만든 영상인지, 학생에게 효과가 있는지 알아보고 학생에게 피드백하는 것뿐만 아니라 교사 스스로에게도 피드백해야 한다.

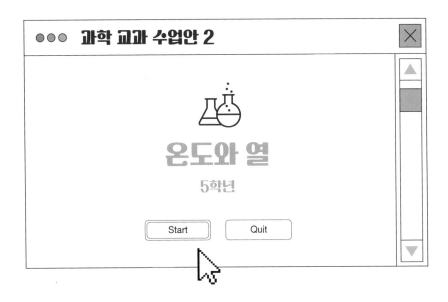

해당 차시는 중등 과학에서 '열평형'이란 개념에 해당하는 내용으로, 서로 다른 온도의 물질이 접촉했을 때 두 물질의 온도가 점차 비슷해져 가는 현상을 말한다. 교과서에서는 두 물질의 온도를 일정한 간격으로 측정하여 꺾은선그 래프로 나타내도록 한다.

원격수업 상황에서는 직접 실험할 수도 없기 때문에 그래프를 그릴 수 있는 데이터를 교사가 제공해야 한다. 자료만 제공하고 꺾은선그래프를 그리게 하기보다, 약간의 시각적인 느낌을 주면서 데이터를 직접 입력해 보는 활동을 추가하는 것이 데이터 처리 역량과 과학적 사고에 도움될 것이라 생각했다.

교사가 직접 학생의 과제를 살펴보면서 그래프 작성에 피드백을 주기 위해서는 클라우드 기반의 스프레드시트를 활용하는 것이 좋다. 구글 클래스룸이 없는 교사도 개인 계정에서 스프레드시트를 만들어 주소를 공유할 수 있다.

1. 콘텐츠 제작하기

먼저 실험을 촬영하였다. 실험을 촬영한 후 찬물과 따뜻한 물에 담가 둔 온도계의 변화를 비교하기 위해 자막 처리를 하고, 재생속도를 빠르게 하여 짧은 콘텐츠를 만들었다. 또한 변화를 한눈에 이해하기 쉽도록 파워포인트 애니메이션 작업을 하여 학생의 이해를 돕고자 했다. 영상을 축약하고 별도의 정리 자료를 넣는 것은 실험 영상만 제공했을 때 학생들이 제출하는 과제의 질이 다소 낮았던 경험 때문이다. 그러다 보니 추가 자료를 검색하는 과정에서 콘텐츠 제작에만 3~4시간을 소비해야 했다.

영상 말미에 과제를 하는 구체적인 방법을 제공했는데, 가정에 컴퓨터 활용이 어려운 친구들도 많아 스마트폰 사용 방법을 추가하였다.

열평형 실험 콘텐츠 캡처

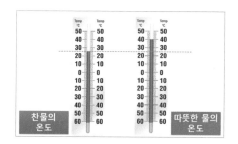

학습내용 정리 파워포인트 캡처   영상 말미의 과제 안내 부분

핵심은 실험 과정의 변화가 뚜렷하게 드러나면서 학생의 집중력이 유지될 수 있는 시간으로 콘텐츠를 제작하는 것이다. 그러려면 영상을 편집하는 과정에서 재생속도 100%를 150%와 같이 1.5배속으로 늘리거나, 아예 촬영할 때부터 '타임랩스'(혹은 하이퍼랩스) 기능을 이용해 실험 과정을 촬영해야 한다. 10분짜리 영상을 1분 안에 만들면 영상 업로드와 편집이 훨씬 수월하고 변화도 잘 드러난다.

구글 클래스룸에서 스프레드시트를 학생 사본으로 제공하고, 시트 안에는 실험관찰에서 학생들이 기록해야 할 표를 삽입하였다. 다만 학습의 효율성을 위해 1~7분까지의 온도는 교사가 직접 기록하였고 8, 9, 10분은 빈칸으로 남겨 두었다. 3칸은 영상 속 실험을 있는 그대로 바라보고 적는 것이 아니라 앞선 실험 과정을 살펴보고 10분이 되었을 때 온도의 변화 결과는 어떻게 바뀔지 추측하도록 했다. 그리고 이 표를 기반으로 '꺾은선그래프 차트'를 삽입하였는데, 표에 숫자를 입력하면 자동으로 꺾은선그래프가 그려져서 두 물질의 온도 변화를 시각적으로 알아보게 하였다. 그리다 보면 온도가 점점 같아지고 있는 모습을 눈으로 보고 이해할 수 있다.

구글 클래스룸을 활용하는 교사라면, 학생의 과제 제출 현황에서 특정 학생의 과제를 골라 학생이 과제를 입력하고 있는 순간을 실시간으로 확인할 수 있다. 화상수업과 병행하고 있다면 마이크를 켜고 학생을 부른 다음, 데이터를 제대로 입력하고 있는지 음성으로 피드백하며 과제를 지도할 수 있다. 스프레드시트 화면상에는 교사와 학생의 커서가 구분되어 깜박이기 때문에 학생도 교사가 자신의 과제 작성 장면을 보고 있음을 알 수 있다.

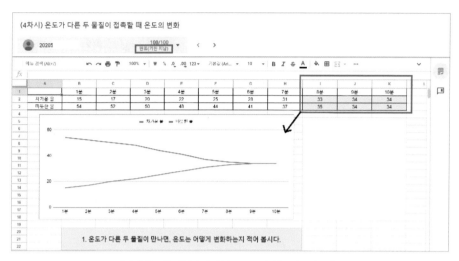

빈칸에 온도를 입력하면 자동으로 그려지는 꺾은선그래프

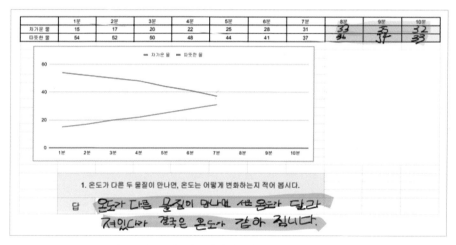

스마트폰에 스프레드시트 앱이 없는 학생의 기록(캡처-글쓰기)

학생들의 과제를 검토하는 과정에서, 다음과 같은 형태로 가장 많이 제출되었음을 알 수 있었다.

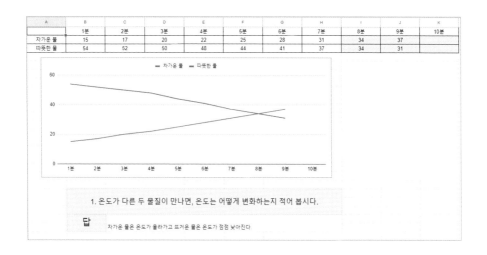

A	B	C	D	E	F	G	H	I	J	K
	1분	2분	3분	4분	5분	6분	7분	8분	9분	10분
차가운 물	15	17	20	22	25	28	31	34	37	
따뜻한 물	54	52	50	48	44	41	37	34	31	

1. 온도가 다른 두 물질이 만나면, 온도는 어떻게 변화하는지 적어 봅시다.

답 차가운 물은 온도가 올라가고 뜨거운 물은 온도가 점점 낮아진다.

서로의 온도가 점점 내려가고 올라가다가 만나는 지점을 벗어나 반대로 올라가는 것이다. 왜 이런 반응을 했을지 교사의 책임 관점에서 생각해 봤다.

첫째, 실험 영상에서 10분이 될 때까지의 온도 변화를 정확히 제공해 주지 않았다.

둘째, 10분 이후 온도의 변화 없이 서로 같아지는 현상을 영상에 담지 않았다.

다소 억울한 점이 있다면, 애니메이션 효과로 두 물질의 온도가 서로 같아진다는 것을 보여 주었음에도 위와 같이 그래프가 X자로 교차하는 엇갈린 그래프가 나왔다는 것이다. 이처럼 열평형 실험을 이해하기 위해 냈던 과제를 제대로 이해하지 못한 학생들이 많았다.

교사 : (스프레드시트에) 접속했니?

학생 : 넵. 들어왔어요.

(현재 학생과 교사는 같은 스프레드시트 화면을 보고 있다. 클라우드 기반의

협업 프로그램이므로 둘 중 한 명이 작업을 하면 그 작업 과정이 상대방에게 그대로 보인다.)

교사 : 31도와 37도가 만나면 37도에 있는 열이 31도로 가겠지?

학생 : 넵.

교사 : 열은 뜨거운 것에서 차가운 것으로 이동하니까… 지금 그래프 입력한 거 보여?

학생 : 네.

교사 : 9분째에는 어떻게 될까? 네가 입력해 봐.

학생 : (9분째 되는 칸에 정확하게 입력한다. 이후 9분째 되는 칸의 나머지 칸도 정확하게 입력한다.)

교사 : 잘했어. 이제, 10분이 되면 어떻게 될까? 온도가 같아진 다음에는 주변에서 뭔가 저치(열을 주거나 빼앗거나)하지 않는 이상은? 그대로 ('가겠지?'라고 입력하려던 순간)

학생 : (정확한 답을 입력한다.)

교사 : 그렇지. 잘했어.

보통 20명의 학생에게 이와 같은 과제를 주면 15명 이상은 스스로 해내거나 부모님의 도움을 얻어 해결해 낸다. 학교마다 다르겠지만 4~5명의 학생은 교사에게 묻거나, 때로는 묻지도 않은 채 포기한다. 교사는 이 4~5명의 학생과 위와 같은 모습으로 일대일 대화를 통해 무엇이 어려운지 물어보고, 이에 맞는 학습 방법을 코칭해 줄 수 있다.

이 수업을 통해 얻은 가능성 한 가지는 실시간 화상수업이 아니더라도 얼마든지 다른 도구로 '쌍방향'을 추구할 수 있다는 것이다. 이 책에서도 일관되게 '실시간 쌍방향'이 아닌 '실시간 화상수업'이란 용어를 사용하는 이유도 이 때문이다. 다시 강조하지만, 쌍방향이 아닌 교육은 교육이 아니다. 시간의 차이가 있을지언정, 얼굴을 볼 수 없을지언정, 교사와 학생의 상호작용과 피드백이 있어야 교육이고 수업이다.

2. 피드백(수업 개선)

앞에서 소개한 스프레드시트 활용 수업은 학생이 직접 실험관찰에 나와 있는 꺾은선그래프의 양식을 활용해서 그려 볼 수도 있다. 굳이 스프레드시트를 고집할 필요는 없다. 다만 스프레드시트의 활용 가능성과 과제 취합의 용이성을 바라본 것이며, 현재 가르쳤던 5학년 학생들이 4학년일 때 스프레드시트를 활용해 본 경험이 있어 수업에 활용했을 뿐이다. 무엇보다도 그래프를 그릴 때 가장 흔히 범하는 오류 중 하나인 '범주의 간격'을 스프레드시트는 정확하게 자동으로 표현해 주기 때문에 그래프의 경향을 이해하는 데 큰 도움이 된다.

한편, 원격수업에서 교사의 피드백이 원활하게 이루어지고, 과제가 곧바로 수정되려면 앞선 예처럼 학생은 2개의 기기를 이용해야 한다. 학생은 컴퓨터로 스프레드시트에 접속한 후 개인 휴대전화를 이용해 교사와 소통한 것이다. 이러한 여건이 가능할 경우에는 학생이 과제를 수행하려는 그 시간에 교사가 적절히 채팅을 이용하거나 통화하는 것이 훨씬 효과적이다. 그러나 대부분의 학생은 원격수업 참여를 위해 작은 스마트폰 하나에 의지하고 있어 현실적으로 수업과 동시에 학생의 참여를 이끌어 내는 것이 어렵다.

교사의 설명을 들으면서 앱을 조작할 수 없는 것은 아니다. Zoom의 경우 스마트폰에서 다른 앱을 실행시키면 작은 화면으로 창이 최소화되어 여전히 교사의 얼굴을 볼 수 있다. 그러나 애초에 작은 스마트폰 화면에서 교사가 제시하는 프레젠테이션 화면이 눈에 보일 리가 없다. 따라서 도구 조작의 가능성을 열어 두면 학생의 활동 가능성을 넓혀서 지루하지 않게 참여시킬 수 있는 여건이 마련되어 있는지부터 확인하는 것이 필요하다.

스마트폰 하나만 사용하는 학생에게는 학교에서 마련한 태블릿 PC를 대여하고, 정보화 예산을 긁어모아 40~50만 원 가격의 크롬북을 사서 보급해야 한다. 이런 여건이 어려운 상황이라면, 원격수업을 위해 다양한 도구를 사용하는 것이 오히려 독이 될 수 있으므로 심플한 수업 활동을 계획하고, 교과서 위주에 아날로그식 과제 수행이 훨씬 낫다.

과학 교과 수업안 3

식물의 구조와 기능

6학년

Start   Quit

이 단원은 전 차시 콘텐츠 제시 및 부분적인 화상수업을 진행했다. 콘텐츠 제시형으로 수업을 꾸린 이유는 식물의 구조나 성장 과정을 이미지, 동영상으로 제공해야 하는 필요성 때문이었다. 작고 흔한 식물을 좀 더 자세히 바라보면서 과학적으로 접근하려는 태도를 기르는 것이 본 수업의 목적이었기 때문에, 자세하고 확대된 콘텐츠를 보여 주고 싶었다. 평소 교실에서도 식물 관련 수업을 할 땐 교실 TV를 이용하여 식물의 다양한 모습을 보여 주었기에 콘텐츠 제시형이 훨씬 효과적이다. 일 년 단위로 관찰이 필요한 부분이기 때문에 짧은 시간 안에 식물의 정보를 제공할 수 있는 것은 모두 콘텐츠로 제작·제공하고, 현미경을 사용하는 부분만 등교 후 교실에서 따로 관찰의 기회를 제공하였다.

직접 촬영했던 양파 표피세포를 구글 클래스룸 이미지 파일로 저장 후 실험 관찰을 작성하게 하였다. 다음은 세포핵 사진이다.

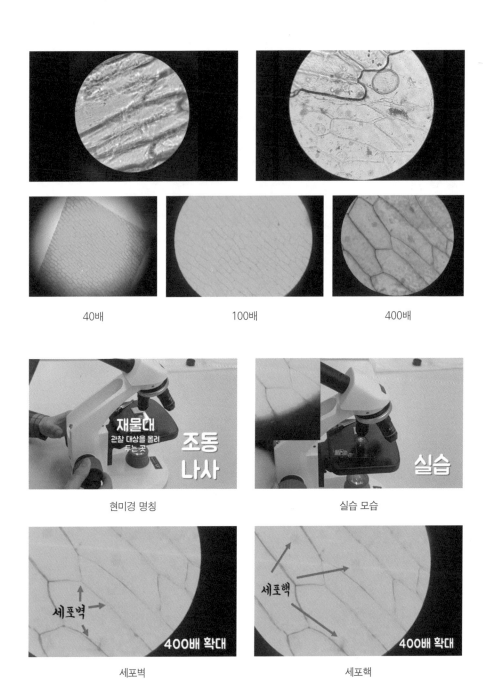

40배   100배   400배

현미경 명칭   실습 모습

세포벽   세포핵

현미경 조작 및 관찰 모습을 콘텐츠로 제작

1. 줄기의 생김새와 하는 일(백합 줄기 실험)

세로로 자르는 모습과 단면을 콘텐츠로 제작하여 보여 준다. 실제로 줄관에 염색된 물이 올라가는 모습이 뚜렷하게 보이지 않고, 오른쪽 사진처럼 단면 전체가 물드는 모습이 나타난다.

세로로 자르기

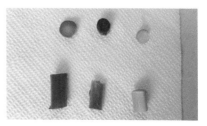

그래서 현미경에 카메라를 대고 사진 또는 영상을 촬영해 콘텐츠에 추가했다. '어포컬 촬영'이라고 하는데, 쉽게 말하면 카메라 렌즈를 현미경 렌즈에 갖다 대어 찍는 것으로, 천체 사진을 촬영하는 동호인 사이에서 통용되는 촬영 기법이다. 그런데 이게 쉽지 않다. 요령은 다음과 같다.

카메라를 양손으로 잡되 왼손의 중지와 약지를 현미경 경통에 대고, 카메라를 약간 띄운 채 현미경 렌즈 쪽을 향해 바라보며 천천히 아래로 접근해야 한다. 이후 동료 교사나 학생에게 카메라 화면을 터치하여 초점을 맞춰 달라고 도움을 요청한 후 촬영해야 한다.

현미경으로 본
줄기의 모습

뿌리에서 흡수한 물이
줄기 속을 이동하고 있음!

미니현미경으로 본
백합 물관

2. 잎에 도달한 물 : 증산작용

증산작용을 지도할 좋은 방송 영상이 하나 있다.[6] 모 방송국에서 오래전에 제작한 동영상으로, 잎 주위에 봉지를 묶은 다음 하룻밤을 놔 두면, 증산작용으로 잎에서 빠져 나온 수분이 봉지에 맺혀 물이 한가득 생기는 동영상이다. 영상 속 주인공은 봉지에 있는 물을 거름망으로 걸러서 식수로 사용한다.

그런데 동영상이 워낙 오래전에 제작된 것이라 유튜브에서 찾기 힘들었고 화질도 좋지 않았다. 또 수업에 필요하지 않는 부분이 많아 다른 장면을 모두 지우고 필요한 부분만 활용하여 개인 계정으로 영상을 업로드한 후 '일부 공개'로 올려 두었다.

그런데 필자의 개인 유튜브 스튜디오 계정에 접속했더니, 해당 영상 업로드가 저작권을 침해한 영상이라며 경고 메시지가 올라왔다. 깜짝 놀랐다. 알아보니 영상 속에 방송사 로고가 있으면 유튜브에서 알아서 '저작권 침해' 사례로 분류하고 업로드한 이에게 저작권 위반 경고를 하는 것이다. 교육 목적으로 몇몇 학생들에게 잠시 보여 주기 위해 사용한 것이지만 경고가 뜬 것이 마음에 걸려 빨리 지우고 말았다.

> **Tip** 유튜브 영상 업로드 '일부 공개'를 하면 해당 영상의 링크 주소가 있는 사람에게만 영상이 공개된다. 원격수업 초창기, 저작권 문제로 현장에서 많은 원성이 생기자 저작권 문제에 대응하기 위해 교육부가 대응했지만 현장의 반응은 만족스럽지 못했는데, 디지털교과서 속 화면을 캡처하거나 사진을 활용하는 것에도 불안한 요소들이 있었기 때문이다.
> 유튜브는 저작권 위반 경고를 3번 받을 경우 계정 및 계정과 연결된 모든 채널을 해지시킨다. 업로드된 동영상은 모두 삭제된다. 아마 유튜브를 다룬 교사 대부분은 이

사실을 잘 알고 있을 것이다. 모르고 올리는 교사는 '교육 목적인데 뭐', '그 많은 영상을 어떻게 다 검열하겠어'와 같이 쉽게 생각할 수 있다. 유튜브 알고리즘이 걸러 내지 못하면 저작권 위반 경고를 받지 않지만, 엄연히 교과서 속 이미지나 디지털교 과서 속 내용 또한 외부에 의뢰하여 싣는 것이기 때문에 저작권 문제가 생길 수 있다 는 점을 명확하게 알고 있어야 한다.

증산작용 영상을 보고 실험관찰을 작성하여 올리는 과제에서 학생들은 물이 생기는 현상에만 집중하여 답을 작성하는 모습이 보였다. 이 물이 어디에서 왔으며, 어디를 통해 나온 것인지를 알아야 '식물의 구조와 기능'이라는 단원명의 취지에 알맞은 배움이 일어날 것이다. 디지털교과서를 활용하면 교과서 삽화가 일종의 애니메이션처럼 보여 뿌리부터 나무줄기를 지나 잎까지 올라가는 물의 진행 방향을 확인할 수 있다.

다음 사진은 증산작용 과정에서 물이 거치는 곳을 되묻는 피드백과 학생이 응답한 흔적이다.

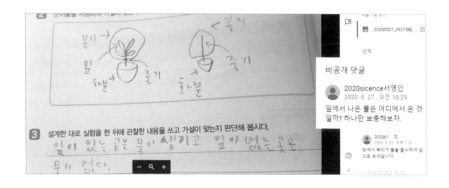

---

6 유튜브에서 "생활의 달인＋생존의 달인＋20120604"를 검색하면 찾을 수 있다.

3. 열매의 생김새와 하는 일

이 단원 전체가 주로 좋은 콘텐츠를 찾거나, 직접 콘텐츠를 만들어 제공하고 과제를 제출·풀이하는 형태로 수업이 이루어졌다. 그러다 보니 자연스럽게 학생 참여도가 줄어드는 것은 어쩔 수 없었다. 교사도 찾기 힘든 식물 관련 콘텐츠를 학생이 직접 찾게 하는 것은 지나치게 어려울 것 같고, 그다지 좋은 자료를 검색할 것 같지도 않았다. 그런데 읽고 외워야 할 지식은 많아 어떻게 하면 참여도를 끌어올리면서 지식을 얻게 할 수 있을지 고민하다가 '문제 만들기'를 활용했다.

구글 프레젠테이션을 통해 '예시 문제' 하나를 적은 후, 그 아래에 슬라이드를 추가하여 3개의 문제를 만들도록 '사본 제공'을 했다. 학생들은 구글 클래스룸에서 각자 사본을 클릭하여 문제와 답안을 포함한 슬라이드를 만들고 제출하였다. 학생들이 제출한 슬라이드를 보면서 겹치는 문제는 제외하고 참신한 문제를 하나의 슬라이드에 (복사–붙여넣기 기능으로) 모아서 10개 안팎의 문제를 만들었다. 이렇게 학생 참여 형태로 만든 자료는 곧바로 화상수업에 투입되었고, 화면공유 기능을 통해 각자 문제를 풀어 보는 시간을 가졌다.

교사가 제작한 구글 프레젠테이션. 학생 사본으로 제공.

문제 만들기 활동을 하다 보면 학생들이 가진 오개념을 발견할 때도 있다. 다음 학생이 만든 문제를 보면 '줄기'에 대해 옳게 설명한 내용을 틀린 설명으로 생각하고 있다. 필자가 학생의 오개념이라고 표현했지만 실은 교사의 명백한 실수다.

생각해 보니 수업 과정에서 감자와 같이 줄기에 양분을 저장하는 식물을 제대로 가르치지 않았다. 양분을 저장하는 '저장 기관'은 열매, 씨, 줄기, 뿌리 등 다양하다.

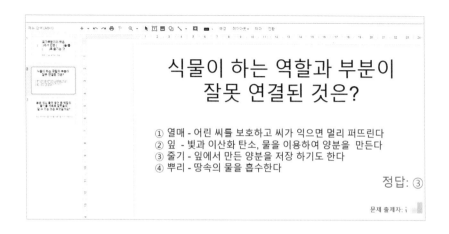

또 한 가지 특이한 것은 학생들이 문제를 만드는 걸 보니 주로 객관식으로 만들었다는 점이다. 구글 프레젠테이션에 문제 만드는 법에 대한 예를 2가지 제시해 주었는데 모두 '서답형' 형태의 빈칸 채우기 문제였다. 그래서 당연히 학생들도 문제를 빈칸 채우기 형태로 낼 것이라 생각하고 있었다. 처음에는 학생들이 혹시 문제집에서 베낀 것이 아닐까 잠시 의심하였는데 문제 끝에 답을 틀리게 적은 걸 보니 베낀 것이 아니었다.

빈칸 채우기 문제보다 객관식 문제는 만들 때 생각할 것이 많다. 특히 틀린 것을 고르는 문제를 만들 때는 생각할 것이 더 많다. 올바른 선택지 4개를 확실하게 적은 뒤, 그중 한 부분을 틀리게 바꾸는 과정을 거쳐야 하기 때문이다. 점검하고 확인할 것이 꽤 많은 과정이다. 따라서 객관식 문제를 '만드는' 과정은 학생이 보다 깊이 생각하도록 만든다.

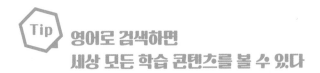

영어로 검색하면 세상 모든 학습 콘텐츠를 볼 수 있다

식물 관련 콘텐츠를 교사가 직접 제작하는 것은 불가능에 가깝다. 식물의 성장 과정은 오랜 시간을 필요로 하고, 그 시간만큼 오래 촬영해야 한다. 앞에서 설명했던 타임랩스 기능을 활용하더라도 현실에서 흐르는 시간만큼 카메라는 식물 앞에 있어야 한다.

관련 영상을 계속 찾아봤지만 마음에 드는 분량과 내용의 영상을 찾기 힘들어 낙담하던 중, 영어로 검색한 덕에 괜찮은 영상 하나를 발견했다. 호주 빅토리아 주정부에서 만들었다는 영상으로, 학생들에겐 영상을 편집해서 보여 줬으나 저작권 문제로 편집 영상은 공유할 수가 없었다. 열매 타임랩스(fruit time lapse)로 검색했다.

영상에는 씨가 떨어져서 뿌리를 내리고, 줄기와 잎이 성장하고 곤충이 날아와 꽃가루받이가 이루어지는 모습, 꽃이 지고 열매가 부풀어 오르기 시작하는 모습과 완전한 사과의 모습이 드러나는 순간까지 잘 나타나 있다. 링크 주소는 다음과 같다. https://youtu.be/eBzTCbGnlWo

과학 교과 수업안 4

에너지와 생활

6학년

Start   Quit

이 단원은 구체적인 실험이 없다. 교과서를 읽고 다양한 지식의 종류를 나열한 다음 퀴즈를 내어 '이것은 무슨 에너지일까?'식으로만 수업을 하려다가, 원격수업을 준비하는 차원과 에너지에 대한 각자의 선개념을 드러내기 위한 의도로 잼보드를 활용한 원격수업을 설계했다.

잼보드는 일종의 칠판 역할을 한다. 학생 개개인의 의견을 모두 담아 칠판에 붙이는 아날로그식 교실 수업 방식을 온라인에서 그대로 구현할 수 있다. 학습자 참여 중심이면서 개개인에게 책임을 부여하고 모두를 생각하게 만든다. 더 나아가 모두가 쓴 생각, 낱말을 한 화면으로 쉽게 파악할 수 있다.

다만 아직 어린 학생들의 자제력이 부족한 탓에 낙서가 빗발치고 친구가 쓴 쪽지를 마음대로 수정하거나 옮기는 현상이 비일비재하다. 잼보드 내에서 각 기능의 권한을 제어할 수 있는 설정이 포함된다면 더할 나위 없이 좋을 테지만, 가볍게 쓸 수 있는 현장 협업용 프로그램에 너무 큰 기대를 하는 것은 무리다. 간혹 프로그램의 불완전성 때문에 '이건 안 쓰는 게 맞아.' 하고 단정적으로 치부하고 넘기는 경우가 있는데, 단점 한두 가지로 장점을 모두 차치한다면 우리는 어떤 수업 도구도 활용할 수 없을 것이다.

1. 에너지에는 어떤 것이 있을까

잼보드 판을 4개로 만든 후 각 판에 학생 이름을 미리 적어 두어(사진에서는 학생 이름이 적힌 부분이 가려졌다) 모둠으로 활동하게 했다. 잼보드 가운데 상단에 있는 잼보드 목차를 누르면 어느 보드에 몇 명의 학생들이 편집하고 있는지 일괄적으로 볼 수 있다. 학생용 계정으로 들어오면 프로필 위에 학생 이름이 떠서 식별이 가능하지만, 잼보드 설치가 어려운 학생들에게는 한글 깨짐 현상을 해결하기 위해 뷰어로 바꾸어 공유한다. 뷰어로 공유하게 되면 로그인하지 않아도 접속할 수 있어 좋지만 누가 편집하는지 모르는 단점이 있다.

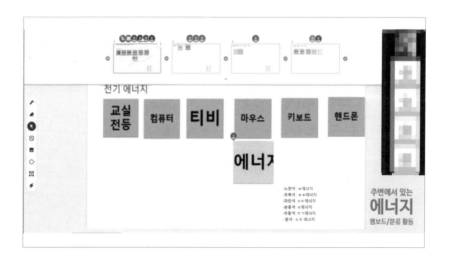

모둠별로 할당된 각 잼보드에 해당하는 학생들이 들어가서 '주변에서 볼 수 있는 에너지의 종류'를 스티커 메모로 적어 본다. 브레인스토밍 형식으로 적은 다음, 비슷한 메모끼리 모아 둔 후 아래에 '에너지' 이름을 붙인다. 마지막에는 같은 에너지를 쓰는 것끼리 같은 색깔로 바꾼다. 잼보드의 스티커 메모를 더블클릭하면 색을 바꾸는 기능이 있다.

❶ 생활 주변에서 발견할 수 있는 에너지의 소재를 찾아 적기

❷ 비슷한 것끼리 이동(분류)

❸ 용어 도입 : 전기에너지, 빛에너지, 화학에너지…

❹ 같은 에너지끼리 포스트잇 색깔 바꾸기

이 활동을 해 보면 대부분의 학생들이 전기에너지의 예를 가장 많이 적는다. 그러나 전기를 이용한 열에너지, 빛에너지로 전환한 사물들을 예로 들면서 "진짜 전기에너지야? 뜨거우니까 열에너지인 것은 아닐까?" 등의 질문을 한다면 학생들이 에너지의 전환 과정을 자연스럽게 궁금해 할 것이다.

2. 에너지 전환의 예

이전 차시의 원격수업에서 잼보드를 활용하여 '주변에서 볼 수 있는 에너지의 종류'를 적을 때 학생들이 약간의 인지적 갈등을 느끼기 시작했다. 대표적인 예로, 학생들은 전등을 보면서 '전기에너지'이기도 하고 '빛에너지' 같기도 하며 만져 보면 뜨거워서 '열에너지' 같다고 말하기도 했다. 이렇게 여러 에너지가 겹쳐지는 부분을 이해하기 위해서는 '에너지 전환' 개념이 필요하다. 이번 차시는 에너지 전환의 개념을 명료화하고 여러 사례를 접하게 했다.

패들렛을 이용하여 다음과 같은 순서로 수업을 진행했다.

❶ 패들렛으로 에너지가 전환되는 예를 셀프 서식으로 배치한다. (전기에너지 → 열에너지, 빛에너지 → 화학에너지 등)
❷ 각 칼럼의 형태를 보면서 학생들은 자신이 생각한 에너지 전환의 유형을 각자 입력한다.
❸ 교사는 패들렛 화면을 화면공유 기능으로 보여 주고, 적절하게 쓴 답에는 '좋아요' 버튼을 눌러 주면서 음성으로 피드백을 계속한다.
❹ 학생은 여유가 되면 사진도 첨부한다. 자신이 생각한 에너지 전환의 유형이 없다면, 카테고리에 새로운 유형을 직접 입력하여 생성할 수도 있다.
❺ 교사는 에너지 전환의 유형이 잘못 연결된 내용을 드래그하여 적절한 곳에 배치시키고 이를 음성으로 피드백한다.

에너지 전환의 유형 중 특정 분야가 집중적으로 누적되고 있다는 것은 에너지 전환의 풍부한 사례를 알지 못한다는 뜻이다. 수업 중 교사가 특정 부분만 언급한 것은 아닌지 수업을 되돌아보고, 다양한 사례를 제시하는 것이 좋다.

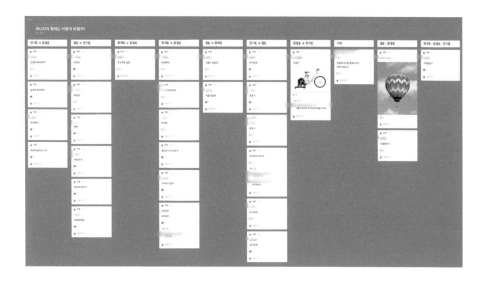

3. 에너지 효율

교과서에는 에너지 효율이 좋은 제품에 붙은 '에너지소비효율등급' 스티커를 소개하고 있다. 가정에서 쉽게 볼 수 있는 내용이라 원격수업이지만 조금 활동적인 흐름으로 구성할 수 있었다. 실제로 우리 집에서 사용하고 있는 제품의 에너지 효율은 어떤지 알아볼 수 있는 좋은 수업이 되었다.

5분 동안 집에 있는 에너지소비효율등급 스티커를 확인하고, 이 스티커에서 알 수 있는 사실을 공책에 적어 보게 했다. 그리고 교과서에 소개된 것처럼 에너지 효율에 따라 등급을 매기는 상황을 백열등과 LED 전구로 비교하여 에너지 손실에 대해 이해하고 효율의 개념을 지도한다.

이 단원을 지도할 때가 12월 말, 겨울방학을 앞두고 원격수업의 피로도가 최대치에 이르던 시점이었다. 화상수업을 확대하라는 목소리 탓에 화상수업을 하는 교사들이 늘었고, 6학년은 하루 4시간 이상의 연속 화상수업을 해야 했다. 따라서 화면으로부터 벗어나면서 학습할 수 있는 방법을 고민했고, 디지털 시대이지만 연필을 이용한 학습을 아주 배제할 수는 없다는 고민이 뒤섞이면서 아날로그와 디지털 방식이 고루 섞일 수 있도록 신경을 썼다.

활동1. 집에서 5분 동안 에너지소비효율등급 스티커 찾아오기

- 스티커를 찾았다면 채팅창에 제품명과 등급을 적어 본다.
- 대부분 냉장고, 세탁기에 많이 붙어 있다.

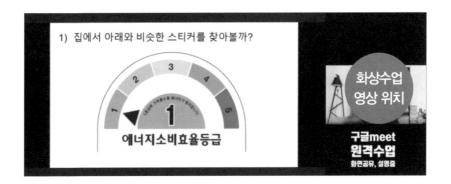

활동2. 스티커를 통해 알 수 있는 사실 적기

- 내가 사용하는 제품의 등급을 알 수 있다.
- 소비전력량, 이산화탄소 발생량
- 연간 전기 사용료 등

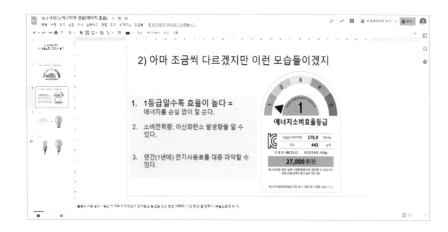

활동3. 백열등과 LED 비교 / 에너지 효율에 대해 생각해 보기

- 백열등은 무슨 에너지를 쓰고 있는가? (빛에너지? 열에너지?)

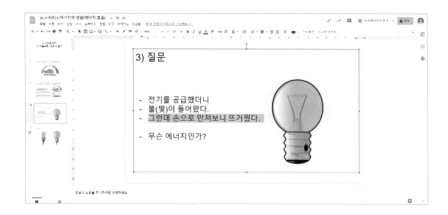

• LED와 밝기를 비교해 볼까?

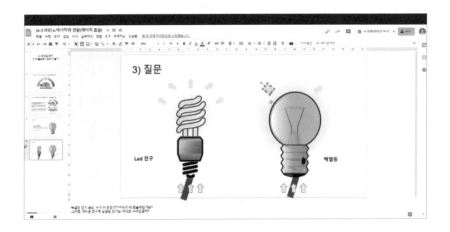

구글 프레젠테이션을 화면공유 기능으로 수업하면서도 즉각적인 학생 질문을 받아 수업 마무리에 정리하기 위해 패들렛을 추가 도입했다. 패들렛 서식 중 '백채널'을 이용하면 마치 메신저처럼 대화할 수 있는 형태로 글이 올라온다. 이를 통해 학습자가 질문도 하고, 댓글도 달면서 서로 토론이 일어나기를 기대했다. 전구는 빛도 나지만 열도 나는데, 과연 둘 중 어떤 에너지를 만들어 내고 있는지 소통하게 하는 것이 목적이었다. 이렇게 대화식으로 충분히 소통한 후, 서식을 변경하여 응답한 결과를 비슷한 것끼리 모으는 것으로 토론을 심화시킬 수 있었지만 수업 시간 부족으로 거기까지 나아가진 못했다.

초등 음악을 꾸준히 공부하고 연구한 교사들은 수업 콘텐츠 제작 및 화상수업을 통해 음악도 원격으로 수업했다. 그러나 음악에 대한 관심이나 중요도가 다른 교과와 비교할 때 현저히 떨어지는 점, 음악은 즐기면 된다는 단순한 인식은 코로나19 시대의 음악 교과를 더욱 초라하게 만들었다. 교실에서 가창 수업이 어려워졌고, 리코더 교육은 비말 감염의 위험 때문에 모두 중지되었다. 학교와 미리 계약되어 있었던 문화예술 강사의 1인 1악기 수업은 울며 겨자 먹기로 수업 콘텐츠 영상으로 이루어졌다. 강당에서 소리의 울림을 느끼며 들어야 할 관현악단의 연주도 모두 랜선 수업으로 대체되었다.

단언컨대, 이를 음악 수업이라 부를 수 있을지는 몰라도 음악 수업의 묘미를 느끼는 수업은 될 수 없다. '실음 중심'이란 말이 음악과 교육과정에 도입된 지 꽤 오래되었지만 코로나19 상황에서는 하나도 지켜질 수 없었다. 이런 상황을 해결하려면 꽤 근사하고 효과적인 원격수업을 준비하거나, 방역 지침에서 벗어나지 않도록 안전하고 유익한 음악 수업을 꾸리는 것이 필요하다.

1. 대면 음악 수업

음악 교육을 부전공으로 한 초등 교사 내지 음악 교과에 관심을 가지고 수업을 연구한 교사들도 코로나19 상황에서 음악 수업을 제대로 한 경험을 물으면 곤란해 하는 경우가 많았다. 이는 음악 수업의 핵심이라 할 수 있는 가창 활동이나, 초등학교 수준에서 가장 보편적인 기악 활동인 리코더 연주가 제한되었기 때문이다. 사실 이 둘을 빼놓고 초등학교 음악 교육을 구성하는 것은 바퀴 2개로 승용차를 운전하라는 것과 다름없다. 음악도 가창, 기악, 감상 등 다양한 분류로 나누고, 감상 활동이나 비말이 나오지 않는 기악 활동 중심으로 수업을 편성할 수 있지만, 기악이나 감상의 바탕은 가창이기 때문에 허전함을 채우는 것은 어렵다.

원격수업을 통해서라도 가창의 기회를 제공하고, 등교수업일 때는 가창을 보완하는 리듬 지도를 통해 음악 수업의 균형을 맞춰 나가야 할 것이다. 비말이 튀지 않는 선율 악기 중에 시도해 볼 수 있는 악기로는 붐웨커, 칼림바 등이 있고, 선율이 없는 것으로는 핸드드럼이나 오션드럼 등 가창 MR 위에 얹어서 곡을 꾸며 주는 활동도 구상해 볼 수 있다.

사실 코로나19 상황이 아니더라도 우리는 평소에 '이런 음악 수업'을 준비하고 진행했어야 했다. 다만, 지도의 불편함과 특별히 요구되는 전문성, 경험 때문에 단순히 노래를 부르고 리코더를 연주하는 것으로 음악 수업의 곤란함을 회피했을 뿐이다. '이런 음악 수업'이란, 그리 특별한 것이 아니다.

2. 선율 타악기 준비하기

선율 타악기란 말 그대로 선율이 있는 타악기를 말한다. 초등학생이 가장 많이 사용하는 철금(글로켄슈필)은 보급용인 데다, 음 자체가 높아 교실에서 집단이 사용하기에는 부적절하다. 대신 소리는 지나치게 울리지 않으면서, 음정과 박자를 정확하게 짚어 줄 수 있는 선율 타악기를 쓰는 것이 필요하다. 이 조건에 딱 맞는 것이 목금(木琴, xylopone)이다.

목금은 나무로 제작해야 하기 때문에 가격이 비싸고, 나무의 수명에 따라 가격은 더 올라가기도 한다. 학생 개인이 사용할 수 있는 것이 아니라 학급에서 1~2개를 비치하여 사용해야 하는 수준인데, 유아 교육에서 음악을 집중적으로 교육하는 곳은 간혹 이 비싼 목금을 음역대별로 구입하여 10명 이상의 아이들에게 하나씩 제공하는 것을 보기도 했다.

일반 학교에서는 구매하기 힘든 고가의 악기이지만, 코로나19로 예산을 다 쓰지 못해 허덕이는 학교라면 이번 기회에 고가의 장비를 조금은 부담 없이 살 수도 있지 않을까. 학교 구성원과 잘 협의하여 고급 목금 3종은 학교에 하나씩 구비하기를 추천한다. 길이와 두께에 따라 조율된 나무판이 울림통 위에 올려져 있는 소프라노, 알토, 베이스 목금은 음역대에 따라 울림통의 높이와 크기에 차이가 있다.

왼쪽부터 소프라노 목금과 베이스 목금이다. 두 목금을 나란히 놓으면 높이 차이가 확연하다.

고가의 악기를 사는 이유는 단 한 가지다. 소리가 다르면서 귀가 예민한 학생을 편안하게 해 준다는 점이다. 원격수업에서 화상 도구를 이용하더라도 음악 수업에는 많은 시간과 노력이 필요하다. 귀한 대면 수업 시간이지만, 코로나19로 은연 중에 스트레스를 받고 있을 교사와 학생들이 좋은 소리를 들으며 음악 수업을 꾸려 보는 것은 어떨까?

원격수업에서도 소리가 울려서 잔향이 계속 나는 악기보다는 리듬감을 익히는 데 도움이 되는 목금의 활용도가 훨씬 좋다. 목금을 이용하면 간단한 가창 활동에 반주처럼 지속음을 넣어 연주할 수 있다. 혹은 온작품읽기를 한 후 장면을 표현하는 이야기 음악 수업에 느낌을 살린 즉흥 연주로 이용할 수도 있다.

3. 크롬 뮤직랩으로 반주 연습하기

선율 타악기가 준비되었다면 가장 좋겠지만, 만약 학교에서 준비하지 못했더라도 선율 타악기로 연습할 수 있는 주요 활동을 원격수업에서 구현할 수 있다. 일 년의 원격수업을 거치면서 음악 쪽 콘텐츠는 워낙 많이 공유된 터라 아마도 재밌는 음악 수업을 고민했던 교사라면 '크롬 뮤직랩'을 한 번쯤은 접했을 것이다.

크롬 뮤직랩으로 다룰 수 있는 가장 쉽고 좋은 방법은 '오스티나토'를 지도하는 것이다. 쉽게 부를 수 있는 동요의 반주에 오스티나토 음이나 박자를 넣어 크롬 뮤직랩으로 반복해서 들려주고, 목금으로 연주하면서 나머지 학생들은 가창을 하면 좋다. 오스티나토 작곡은 학년 수준에 맞추어 교사가 제시해야 하지만, 고학년의 경우 음정을 지도하고 난 뒤 학생 스스로 리듬을 만들어서 즉흥 연주의 기회를 제공할 수도 있다.

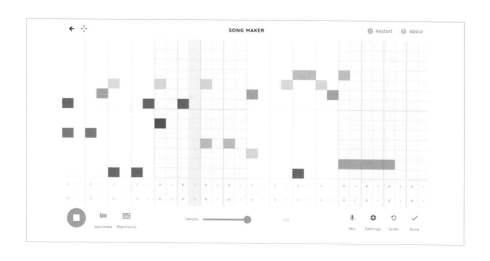

4. 악곡 들려주고 음정 알아맞히기

부끄러운 이야기지만, 개인적으로 청음이 되지 않던 필자가 5도 차이 나는 음정을 주로 사용한 악곡을 자주 부른 덕분에 음정을 구분하기 시작했다. 도와 솔 구분을 하기 시작하면 다른 음정도 조금씩 들을 수 있다. 이처럼 학생 학년 발달이나 노래 수준에 맞춘 악곡을 선정한 다음, 꼭 지도하고 싶은 음정의 부분이 나오는 곳에서 어떤 음이 나오는지 알아맞히는 수업을 실시간 원격수업으로 구성할 수 있다.

4-5학년 음악 수업 첫 시간에 늘 하던 활동이기도 하다. '도레미파솔라시도' 음을 차례로 들려준 후 특정 음을 내면서 학생들에게 음을 맞춰 보게 하면, 학생들은 교실에서 손을 들고 발표한다. 원격수업에서는 퀴즈 플랫폼(멘티미터, 팅커벨 혹은 실시간 화상 도구 내의 채팅)으로 응답하는 형태로 간단하게 해

볼 수 있다.

다양한 음악 활동이 어려울 때는 기본에 충실한 반복적 수업을 통해 차츰 성취기준을 포함하는 수업 활동으로 나아가는 것이 코로나19 시대에 대처하는 현명한 음악 수업이 될 것이다.

등교수업 때의 미술 수업을 살펴보면 모두 연차시로 기획하여 2시간 동안 실습 기회를 준다. 학생들은 그리는 것 자체에 흥미를 느끼기도 하고, 만드는 과정에서 친구들과 대화하며 여유로운 시간을 만끽하기도 한다. 원격수업에서는 이 둘의 장점을 살리는 것이 힘들다.

그런데 필자는 이 지점에서 미술 수업을 대하는 태도를 반대로 생각해 봤다. 솔직히 말하면, 초등학교 시절 미술 시간은 항상 두려웠다. 늘 준비물을 깜빡하기 일쑤였고, 어쩌다가 준비물을 잘 챙겨도 밑그림은 잘 그려지는데 색칠을 하는 순간 모든 것이 망가져 버리는 좌절의 경험만 가득했기 때문이다.

현장에 나와서 미술 수업 연구회에 참석하며, 미술을 잘 가르치는 동료 교사들의 특징은 무엇인지 유심히 관찰하기 시작했다. 몇몇 교사로부터 발견한 특이점 중 하나는 그들 모두 아이패드를 들고 있었다는 점이다. 아이패드로 캐릭터를 만들고, 아이들에게 보여 줄 그림을 그리는 모습을 보면서 수업으로 활용해 봐야겠다고 생각했다.

우선 스마트 기기를 사용하면 작품이 훼손되는 것을 두려워할 필요가 없다. 작품이 완성되면 금방 복제하여 여러 사람에게 공유할 수도 있다. 레이어만 잘 분리한다면 얼마든지 수정이 가능하며, 특히 색을 잘 못 고르는 사람들에겐 여러 가지 색을 빠른 시간 안에 입혀 볼 수 있는 것이 큰 장점이다.

이 장에서 제시하는 것은 코로나19 이전의 등교수업 때 모든 학생들에게 태블릿 PC를 제공한 후 이루어진 수업이지만, 원격수업 상황에서 언젠가는 모든 학생들이 태블릿 PC를 대여받을 수 있게 된다면, 꼭 이 수업을 해 보라고 권한다. 아이패드 하나로 화면을 공유하고, 메인 PC로는 학생들의 얼굴을 살펴보면서 그림을 그릴 수 있다.

다음은 2019학년도 4학년 학생들과 했던 '아이패드로 그림 그리기' 수업 사례로, 4학년 「식물의 한살이」 단원을 진행하며 옥수수를 기르고 난 다음 관찰 일지를 작성해 나가면서 이를 토대로 수학의 막대그래프와 미술의 옥수수 캐릭터 그리기까지 연계한 교육과정 재구성 수업 중의 일부이다.

1. 아이패드로 그림 그리기 ❶

- 1차시 : 아이패드 기능 익히기. sketchbook 앱 실습해 보기(선 그리기, 채색, 펜의 굵기 조절 등)
- 2차시 : 지난 시간에 그린 (아날로그) 옥수수 일러스트를 참고해 아이패드로 다시 그려 보기(펜으로 여러 가지 선 표현, 색칠 연습/에어드랍 기능으로 교사에게 작품 보내기)

아이패드 미러링이 가능한 창의융합실에서 무료로 활용 가능한 sketchbook 앱으로 미술 수업을 해 봤다. 지난 차시에는 상자나 도화지에 직접 일러스트를 연습하여 옥수수를 그려 봤다. 아날로그로 그려 본 아이디어를 바탕으로 아이패드를 이용해 '수정'이 더 쉬운 미술 수업을 해 보았다.

일러스트 연습을 해 보니 선을 한 번에 그어야 지저분하지 않고 깔끔하게 표현할 수 있었다. 그런데 학생들은 선을 2~3번 겹쳐서 그리려고 했는데 한 번에 선을 긋는 것이 익숙하지 않고, 원하는 대로 형태가 나오지 않았기 때문이다. 도화지 위에 선을 그리면 수정이 어렵다. 이런 점을 관찰하면서 스마트 기기를 활용하면 수정이 더 쉽지 않을까 생각했다.

sketchbook 앱은 유료 버전도 있지만 무료 버전만으로도 충분히 많은 기능을 사용할 수 있다. 레이어를 여러 개 만들어서 그림 위에 글자를 그린 다음 글자만 수정할 수도 있고, 그림을 확대하고 지우개의 굵기를 자유롭게 조정해 삐져나온 선을 깔끔하게 지울 수도 있다. '언제든 가능한 수정'은 미술 수업에 자신감이 없거나 색채를 나타내기 어려워하는 학생들에게 또 다른 가능성을 제시할 수 있다.

작품이 완성된 후에는 '에어드랍'을 이용해 작품을 쉽게 취합할 수 있다. 이런 작품을 하나씩 모아 두면 학생의 성장을 위한 평가 자료로도 활용할 수 있다. 다만, 이런 시설과 환경이 아직 많은 학교에 일반화되지 않아 아쉽다. 이런 시설을 만들려면 교사가 목적사업비를 얻기 위해 사업을 신청하고 계획서와 예산 내역을 작성해야 하며, 시공과 사후 관리 등 만만치 않은 업무 부담이 따라온다. 결코 '수업과 교육을 담당하는' 교사가 해야 할 일이라고 생각하지는 않지만, 좋은 환경을 만드는 데 든 시간과 비용, 노력을 생각하면 이 교실을 자주 활용하지 않을 수 없다.

아날로그로 그린 옥수수 그림을 교실에서 키우던 옥수수 화분에 꽂아 두었다.

아이패드로 그림을 그리는 중, 선을 지우기 어려운 학생이 있다.

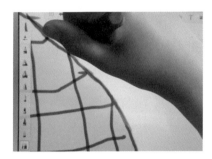

화면을 확대하여 지울 수 있음을 알려 주고 실습하고 있는 모습이다.

레이어를 여러 개 만들어서 불필요한 선을 지워도 색은 지워지지 않도록 하는 법을 알려 주고 있다.

2. 아이패드로 그림 그리기 ❷

지난 시간에 이어서 아이패드로 그림 그리기를 계속 진행했다. 앞으로는 그래픽, 디자인 같은 것도 대부분 스마트 기기로 이루어질 것이다. 학생들이 직접 캐릭터를 만들어 보는 기회를 제공하는 것은 어떨까?

학생 사진 뒤에 흰 종이와 먹지(또는 먹지 기능이 나게 연필로 색칠)를 대고 사진의 얼굴 윤곽선을 따라 그린 후, 이 선을 아이패드로 촬영한다. 촬영한 사진을 아이패드의 sketchbook 앱에서 불러온 후, 다시 레이어를 하나 더 생성하여 선을 따라 그린다. 바탕이 되는 선은 그대로 살려 바탕의 질감을 남겨 둔 채로 색칠한다.

❶ 사진–먹지–종이 순서로 겹친 다음 집게로 고정한다. 먹지는 앞면이 종이와 마주 보게 겹친다.

❷ 연필로 사진 위에 윤곽선을 따라 살짝 눌러 주면서 그린다. 그럼 맨 아래의 종이에 밑그림이 연하게 그려진 것을 알 수 있다.

❸ 아이패드를 이용해 그린 윤곽선을 사진 촬영하고 sketchbook 앱에서 사진을 불러온다.

❹ 밑그림 이미지 위에 선을 따라 윤곽선을 표시한다(선의 굵기와 재질을 다양하게 고려하여 연습하기).

　• 언제든 실수하면 실행 취소 버튼을 누르면 된다.

　• 바탕이 되는 그림 파일/윤곽선/채색/글자 : 총 4개의 레이어 만들기

❺ 채색(색상 고르기)

레이어를 4~5개 정도 만들어서 적절하게 활용한다. 예를 보여 주면 창의적인 학생들은 알아서 레이어 개수를 늘리고 활용한다. 전체 밑그림 1개, 얼굴 안의 이목구비용 밑그림 1개, 채색용 2개(머리와 얼굴 부분) 등으로 나눈다.

학생 작품. 학생의 얼굴을 싣고 싶지 않아 비교할 수 없지만, 무척 비슷하면서도 사진과는 또 다른 매력이 드러나게 그렸다.

3. 학교 공간 혁신과 학생자치

이런 수업 외에도 요즘 한창 유행하고 있는 학교 공간 혁신과 연계해서 다양한 디자인 수업을 할 수도 있다. 2020학년도는 과학전담이었지만 학생자치회를 맡으면서 학생다모임을 기획하였는데, 코로나19 확산으로 대면 다모임이 어려워졌다. 어떻게 할까 궁리하다가 학생들이 등교하는 날 각 교실에서 담임 교사의 웹캠과 PC를 이용해 원격 다모임을 진행하여 '우리 학교의 공간'을 어떻게 바꿀지 수차례 회의를 거쳤다. 2학기에는 회의 결과의 결실을 맺기 위해 지역사회에 자리 잡은 청년기업이자 도시재생 및 공공디자인을 주로 하는 회사와 연계한 전문가 초대 수업을 진행하기도 했다.

각 학급 수업에 짬을 내어 디자이너와 학생이 함께하는 수업을 진행하였고, 디자이너는 학생들의 의견을 수렴하여 디자인을 구체화했다. 구체화한 의견은 다시 시안으로 제공되었고, 이를 학생들과 함께 시공까지 했다.

회사 및 전문가 소개

학교 공간 문제점 파악 및 수정할 곳 안내

시공 중

완성된 공간

　　당시 6학년 복도 앞 공간을 가벽으로 설치해 두었는데, 황량하여 벽에 트릭 아트와 같은 이미지로 꾸며 보자는 학생의 의견이 있었다. 디자인 회사가 실태를 파악한 후 학생 의견의 수렴을 거쳐, 자석이 붙는 소재임을 확인한 후 자석타일을 이용한 픽셀아트 형태로 공간을 꾸몄다. 2학기 동안 2회에 걸친 3-6학년 전체 학생 다모임과 4회에 걸친 5-6학년 각 학급 원격수업 결과를 통해 얻은 결과물이다. 당시 의견은 도서관 개선이 가장 많이 나왔으나, 이 결과를 토대로 신청한 도서관 개선 사업이 확정되면서 도서관 이외의 공간 중 실현 가능한 의견으로 복도 벽면 꾸미기를 학생들과 함께 실천했다.

교사뿐만 아니라 가정에서도 코로나19 시대의 교육을 크게 걱정하고 있다. 비단 주지 교과에 대한 학습뿐만이 아니라, 대인관계를 제대로 맺지 못하는 상황, 한창 뛰어놀아야 할 시기에 적절한 신체 활동의 기회를 제공받지 못한다는 우려가 쌓이면서, 학년말에 실시하는 내년도 학교교육 계획 수립에 많은 학부모가 체육 수업에 대한 대안을 마련해 달라고 요구하였다.

필자가 근무한 학교의 내년도 교육 계획 설문조사 결과에서 많은 학부모와 학생들은 "학생에게 필요한 교과 수업은 무엇입니까?"라는 질문에 수학과 영어 교과의 보충이 필요하다고 대답했다. 그러나 주관식 응답에서는 '적절한 체육 활동이 필요하다.'는 압도적인 의견이 제시되고 있다. 이러한 현상은 아이러니라기보다 문제가 하나 더 추가된 것에 불과하다. 수학이나 영어, 그외 교과에 대한 보충 요구는 어느 지역에서나 흔하게 볼 수 있는 현상이다. 반면 체육 활동에 대한 요구는 이전보다 더욱 강해졌다. 학교 차원에서도 고민해 보아야 할 문제이고, 체육전담을 맡거나 1~2시간의 체육 수업을 담당해야 하는 담임교사도 특별한 방법이 없는지 고민해야 할 시점이다.

과학 수업 중 운동 후 우리 몸의 맥박 변화를 측정해야 하는 사례에서 학생들에게 일부러 움직이도록 한 것은 아마 이 시점의 원격수업을 했던 교사라면 한 번쯤 생각해 보거나 실천했을 아이디어다. 얼굴을 자주 보지 못한 학생들에게 신체 활동 과제를 부여하는 것이 낯설거나, 실내에서 뛸 수 없는 가정 환경 등 여러 가지 이유로 실천하지 못한 교사들도 있겠지만, 움직일 수 있는 기회가 있다면 어떤 교과를 막론하고 학생들이 움직일 수 있도록 모든 기회를 제공해야 한다.

신체 활동에서 오는 자연스러운 성장과 몸의 변화를 느끼지 못하고 화면으로 지식만 접한 학생들에겐 어떤 특징이 있을까? 어떤 과학적 근거를 똑 부러지게 대지는 못하더라도 '부정적인' 예상이 가득할 것이라는 것은 의심의 여지가 없다. 화면에 갇힌 학생들을 지속적으로 학업에 참여시키고 싶다면 운동은 필수다. 체육 수업만 기다리며 학교에 가려는 학생들에게 체육 수업이 없는 원격수업은 어떤 의미이겠는가.

1. 과제 제시형 체육 수업

책의 서두에서 밝혔듯이, 전담으로 각 학년 수업에 참여하게 되면서 여러 교사들의 학급 운영을 엿볼 수 있었다. 정식으로 갖춰진 공개수업의 형태는 아니지만, 각 교사들이 어떤 철학을 가지고 학생을 대하는지, 어떤 방식으로 과제를 취합하는지 확인하는 과정에서 재밌는 영상을 보게 됐다.

학습 플랫폼은 어느 것을 사용해도 상관없으며, 학생에 대한 관심과 열정, 지속적인 관리만 있으면 어떤 플랫폼이라도 괜찮다고 생각하게 만든 영상으로, 6학년을 맡고 있는 교사가 제기차기 영상을 찍어 업로드한 것이었다. 유명한 축구선수가 개인 SNS에 올린 영상이 화제가 된 것을 보고 학생들과 함께해 보기 위해 본인이 직접 시범영상을 촬영하여 업로드했고, 학생들은 이를 보고 재밌게 따라 하면서 각자 영상을 촬영해 과제로 제출하였다.

여기에서 과제 제출을 어떻게 받는지 따지는 것은 하나도 중요하지 않다. 영상으로 수행평가를 받으려면 플립그리드가 좋다더라, 아니면 패들렛에 학생 번호를 달고 그 아래에 영상을 넣어 상호 평가를 시키도록 하자, 그것도 아니면 구글 클래스룸처럼 개인 과제로 제출하게 해서 교사만 영상을 확인하도록 하자 등의 논의는 부차적인 문제다. 여기서 중요한 것은, 교사가 다른 과제와 마찬가지로 체육 역시 '과제물'을 제출하도록 요구했다는 것이며, 그 과제는 되도록 즐겁고 신나게 참여할 수 있도록 교사가 직접 시범을 보여 올렸다는 점이다.

원격수업에서 가장 부족한 것, 그래서 제일 중요한 것은 바로 학생의 학습 동기다. 교사가 학생을 위해 직접 시범 보인 것을 영상으로 촬영하여 올리는 행위, 콘텐츠에 직접 출연하여 학생과 마치 눈을 마주치듯 응시하는 것, 학생의 이름을 따뜻하게 불러 주고 자주 통화하는 것은 원격수업에서 가장 중요한 지점이다. 이런 것을 몇 마디 단어로 규정하는 것은 교사 저마다의 취향일 뿐이다. 무엇으로 표현하더라도 그 본질은 변하지 않는다. 그 본질이 학생을 수업에 참여하도록 만든다.

학생의 학습 동기가 높고 가정의 지원이 잘 이루어지는 학교라면 충분히 체육 활동을 과제형으로 제시할 수 있을 것이다. 개인 줄넘기, 훌라후프, 팔 벌려 높이뛰기 및 몸 풀기 체조, 근력운동, 무용 영역(댄스) 등은 충분히 혼자서 할 수 있고, 영상으로 촬영하여 제출할 수도 있다. 유튜브에서 홈트레이닝 관련 영상을 소개하는 것도 학생들의 체육 활동 동기를 북돋우는 데 도움이 된다. 자기 관리의 영역이자 운동 실천의 일환으로 운동한 것을 촬영해 Vlog 형식으로 업로드하는 유튜버도 있음을 소개하면 좋다. 굳이 교육과정과 연결할 필요는 없다고 생각하지만, 이런 형태라면 원격수업에서 추구할 수 있는 2015 개정 교육과정 중 '자기 관리 역량'을 기르는 교육활동으로 생각할 수도 있을 것이다.

체육 활동을 동영상 과제로 제출할 땐 '타임랩스'를 활용하기

학생들이 20~30분이란 시간을 온전히 '신체 활동'에 투자하게 만들고 싶다면 20분 이상의 신체 활동을 영상으로 찍어 과제로 제출하도록 안내한다. 그런데 20분 동안의 영상을 촬영하는 것이 가능한 일인가? 우리 반 학생이 모두 20분간 영상을 촬영하여 업로드하면 게시물의 용량이 너무 커서 올라가지 않는 것은 아닐까?

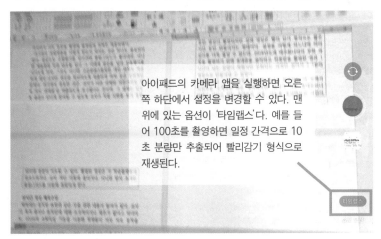

아이패드의 카메라 앱을 실행하면 오른쪽 하단에서 설정을 변경할 수 있다. 맨 위에 있는 옵션이 '타임랩스'다. 예를 들어 100초를 촬영하면 일정 간격으로 10초 분량만 추출되어 빨리감기 형식으로 재생된다.

과학 수업에서 가끔씩 활용하는 '타입랩스' 혹은 '하이퍼랩스' 기능을 이용해 촬영하게 하면 충분히 가능할 수도 있다. 긴 시간 동안 영상이 촬영되지만 실제 영상은 빨리감기 형식으로 짧은 시간 동안 만들어지는 형태이다. 설정을 어떻게 하느냐에 따라 길이를 더욱 줄일 수 있는데, 2018년도에 배추흰나비의 부화 과정을 촬영하기 위해 휴대전화를 설치하고 하룻밤을 촬영한 결과 1시간이 넘는 분량이 찍혔지만 부화되는 과정만 살려서 2~3분의 영상으로 만들어 낼 수 있었다.

휴대전화마다 기능과 설정에 조금씩 차이가 있다. 교사가 지닌 휴대전화나 학생이 가지고 있는 휴대전화의 기종, 기능을 조사해 보고 여건이 된다면 충분히 시도할 수 있다. 촬영된 영상은 각 학습 플랫폼에 업로드하거나, 교사 개인 카톡에 올리거나, 아니면 앞서 소개한 플립그리드를 이용해 취합한다.

2. 실시간 화상 체육 수업

그러나 역시 대다수 학생들은 혼자서 운동하고 촬영한 것을 올리는 데 큰 흥미를 느끼지 못할 수도 있다. 학생끼리 서로 합의가 되어 체육 활동을 공유하면 재미는 올라가지만, 혹시 모를 개인정보 유출 등 다양한 위험이 존재하고 있어 교사들도 쉽게 영상을 공유하도록 만드는 것은 어렵다.

체육 수업도 실시간 화상수업으로 구현할 수 있다. 체육에는 움직임 표현과 같은 무용 관련 내용이 들어가 있다. 교사가 혹여 춤이나 움직임에 대해 소극적이거나 재주가 없다고 하더라도, Zoom의 소회의실 기능을 이용해 학생들이 서로서로 동작을 의논하고 가르쳐 줄 수 있다.

특정 주제에 대한 움직임을 표현하기 위하여 무용 관련 영상을 공유해 주고, 학생을 모둠으로 나누어 동작을 구성·표현하게 한다. 모둠 이끔이를 지정해 주면 더욱 좋다. 이때 고학년의 경우 자신이 알고 있는 K-POP 댄스를 5분간 같이 추게 하고, 이 동작에서 몇 개를 변형하여 적용할 수 있다는 단서를 달면 쉽게 동작을 구성해 낼 수도 있다. 서로 마주 보고 춤을 추다 보면 금세 몸에서 땀이 나게 만들 수 있지 않을까?

앞서 소개한 과제 제시형 수업 사례를 실시간 화상수업으로 꾸며도 될 것이다. 제기차기 대회를 열어 누가 오래 제기를 차는지 서로 확인하는 것이 가능하다. 혹은 시간 간격을 두고 근력운동을 계획하여 교사의 구령에 따라 학생들이 스쿼트나 스트레칭을 한 후 타이머를 제시해 10~20초간 쉬고, 다시 동작을 반복하면서 운동하는 것도 가능하다.

체육 수업은 반드시 확보되어야 한다. 과제 제시형으로 운영하기보다 다른 교과처럼 실시간 화상수업을 통해 화면을 보면서 움직이게 만들면 학생들은 훨씬 흥미를 느끼고 성실하게 참여할 것이다.

Part 4

블렌디드 수업
실천편

: 과학과 수업 사례

블렌디드 과학 수업 사례

5학년

재미있는 나의 탐구
+ 물체의 운동

사실 과학 교과서의 맨 앞 단원은 나머지 단원을 공부하는 데 필요한 역량을 집중적으로 길러 보는 준비 단원이기도 하지만, 과학이라는 교과를 배우고 난 뒤에 학생에게 남아 있어야 할 단 하나의 역량이라고 해도 과언이 아닐 만큼 중요한 '탐구 역량'을 강조한다. 그러나 역량이란 것이 하나의 단원으로 길러지는 것도 아니고, 상대적으로 방법적 지식의 나열이 반복되는 점을 고려하면, 과학적 지식을 전달해야만 하는 부담에서 자유롭지 못한 교사는 고민하게 된다. 이런 고민을 더욱 부추기는 요인이 있는데, 단원 목표를 이루기 위해 선정된 실험 소재들이 만족스럽지 못할 때이다.

그래서 「재미있는 나의 탐구」 단원과 「물체의 운동」 단원을 연결하여 지도하였더니 교육과정의 부담을 덜어 낼 수 있었고, '자동차 모형 만들기'라는 흥미로운 실험 소재를 가져와서 수업의 흥미와 집중도를 높일 수 있었다.

학생들에게는 1단원 공부를 위해 4단원의 실험을 연결해서 나갈 것이라고 안내한 후, 탐구 계획을 세우기 위한 최소한의 도식을 구글 프레젠테이션으로 제작하였다. 변인을 입력하기 위한 빈 양식을 만들어 둔 다음 학생들과 소통하면서 바로 프레젠테이션에 변인을 입력해 나갔다.

1. 바퀴가 둥근 것

2. 바퀴의 표면이 매끌매끌한 것 / 거친 것

3. 엔진

4. 자동차의 모양..

교 사 : 이번 단원에서는 탐구 계획을 스스로 세워 보는 과정을 공부할 건데, 「물체의 운동」 단원에 자동차 모형을 만들어 빠르기를 비교하는 실험이 나와 있어요. 그래서 자동차가 빨리 달릴 수 있도록 실험 계획을 세워 보려고 해요. (친구랑 이야기한 것을 프레젠테이션에 적으면) 바로 보고 실험관찰에 적어 봅시다. 자동차가 빠르게 달리려면 어떤 것이 좋아야 할까?

학생1 : 자동차가 잘 조립되어야 해요!

학생2 : 바퀴가 둥근 것!

학생3 : 엔진이 좋은 것이요.

교 사 : 자동차 바퀴 중에 안 둥근 것이 있나요? (아니오.) 그럼 우리가 실험 해 볼 수 있겠죠. 둥근 것과 네모난 것을 만들어서. 그런데 선생님은 바퀴를 그냥 둥근 것으로만 실험해 보고 싶어. 그럼 무엇을 다르게 하면 될까요?

학생2 : 바퀴가 매끌매끌한 것!

교 사 : 오, 바퀴의 표면에 대한 것이네. 매끌매끌한 것 말고 또?

학생2 : 바퀴가 거친 것!

학생4 : 자동차 앞쪽이 삼각형인 것?

학생2 : 자동차가 저항을 덜 받는 것!

교 사 : 자동차의 모양이라고 정리하면 되겠죠? 모양에 따라 빠르기가 달라 질 수도 있을 테니. 엔진은 우리가 실험하기엔 좀 한계가 있으니까.

학생들의 답변을 통해 '바퀴의 표면(재질)', '자동차의 소재(무게)', '자동차의 모양' 등을 변인으로 추출했다. 그러고는 빠르기 실험을 하기 위해서 어떻게 해야 할지 물었다. 이미 4학년 때 '식물이 잘 자라기 위한 조건'을 배우는 과정 에서 변인을 설정해야 하는 필요성을 배운 터라 손쉽게 변인(4학년 과정에선 같 게 할 조건, 다르게 할 조건으로 표현한다)을 설정한다. 모든 학생의 답변을 들었 어야 했지만 앞에서 발표한 학생들의 대답과 크게 달라지지 않는 것을 느껴 모두의 생각을 묻지는 못했다.

　변인을 설정한 다음, 탐구 순서를 작성하는 것은 학생 개인 과제로 부여했다. 탐구 소재는 「재미있는 나의 탐구」단원에서 제시하는 '모래시계' 상황 대신 「물체의 운동」단원 첫 도입 차시에 나오는 '종이자동차 만들기' 실험으로 정했는데, 뒤에서 다룰 '태엽자동차' 탐

종이자동차 만들기 실험(실험관찰 부록)

구를 위한 사전 연습 단계로 삼기 위함이었다.

★ 수업을 고민하다

교과서에는 종이자동차의 빠르기 비교를 위해 자동차 뒷면을 부채질하여 기록을 재도록 안내되어 있다. 이 재료로 실험을 하게 되면 학생들과 도출했던 3가지 변인이 모두 통일되어 버린다. 앞선 변인은 바퀴 표면(재질), 소재(무게), 모양이었는데, 모든 학생이 똑같은 재료로 만들면 무게와 모양이 같아지고, 엔진의 역할을 하는 바람의 세기만 변인이 되는 것이다. 그런데 이 변인 또한 사람마다 다르게 나타나는 것이라 유의미한 실험이 나오기 어려운 구조였다. 고민 끝에 다음과 같은 방식을 구상했다.

1. 바퀴 재질을 변인으로 한다면

사람의 힘이 아닌 기계를 가져와서 실험 측정이 보다 정확하게 이루어지도록 한다. 미니 선풍기를 이용해 똑같은 출력으로 자동차를 움직인다. 단, 자동차 내부가 아닌 외부에서 주는 동력이기 때문에 자동차 실험이라기보다는 선풍기의 성능 실험이 되어 버리고 만다. 그래서 엔진 대신 다른 것을 변인으로 설

정해야 하는 필요성을 학생과 소통해야 한다. 따라서 바퀴 재질을 변인으로 설정하고, 플라스틱 바퀴와 고무바퀴를 검색해서 학습 준비물로 구매했다.

2. 무게를 변인으로 한다면

종이자동차의 무게를 다르게 하기 위해 색종이를 더 붙여 보거나 다른 재질을 추가한다. 다만 변인 통제의 완결성을 위해서는 무게를 다르게 만드는 과정에서 지나치게 모양의 변형이 일어나선 곤란하다. 가장 좋은 것은 똑같은 도면을 만들되 종이의 재질을 달리하는 것이다. 기본으로 제공하는 실험관찰 재료 외에 하드보드지나 머메이드지를 활용해야 하는데, 교사가 똑같은 도면을 머메이드지로 옮겨 제공하는 것은 어려운 일이다.

3. 모양을 변인으로 한다면

종이자동차의 모양을 바꾸도록 종이를 추가하여 제공할까? 이때 제공된 종이는 모두 써야 한다. 그래야 무게를 통일할 수 있다. 결과론적인 이야기지만 뒷수업에서는 학생들에게 점토를 제공하였는데, 점토를 동일한 무게만큼 제공하지 못해서 모양을 달리하

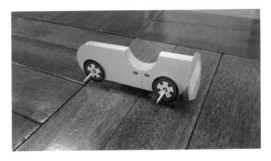

부채질을 받는 부분의 종이를 넓게 펴거나, 좁게 만들어서 모양을 다르게 한다.

는 실험에서는 무게를 통일시키지 못하였다. 그러나 그것마저도 탐구 과정의 일부분으로 삼기로 했다.

이러한 고민 끝에 다음 등교수업에서 활용할 변인은 잠정적으로 3가지(무게, 바퀴 재질, 모양)로 정하였다.

설정된 변인을 이용해 실험을 진행했다. 다행히 밀집도 1/3을 유지하던 터라 당시 등교수업 과정에서 복도를 점유한 학년은 5학년 학생들뿐이었다. 학생 개개인은 현재 재료를 가지고 있는 상태이고, 2인 1조로 짝을 지어 줬다. 5분의 시간을 주어 지난 원격수업 때 생각했던 변인 3가지 중 하나를 선택한 후 자동차를 만들어 실험해 보자고 했다. 변인을 미리 설정한 터라 (자동차를) 만드는 활동에 바로 들어가고 실험까지 할 수 있었다. 조까지 짝을 지어서 미리 온라인상으로 변인을 설정하게 한 다음, 수업 시작과 동시에 바로 실험할 수 있도록 했다면 더 좋았을 것이다.

교과서에 소개된 재료 외에 교사가 추가로 구입하여 제공한 재료를 섞어서 만든 후 실험해 보게 했다. 아래는 바퀴 재질을 변인으로 한 실험이었는데, 당연히 종이바퀴보단 플라스틱 바퀴[1]가 훨씬 빨리 달렸다. 다만 바퀴가 달라지는 과정에서 무게도 함께 달라져서 정확한 변인이 통제되지는 못했다. 다음 차시에선 실험 결과를 보고서로 작성하는 원격수업이므로 이러한 부분을 포함한 보고서를 작성할 생각이었다.

236

★ 피드백(수업 개선)

바퀴 이외에도 자동차의 모양을 변형한 실험을 계획하고 수업을 진행했지만, 역시나 과학적 발견을 얻어 내는 수업으로의 진행은 어려웠다. 원격수업과 등교수업 기간의 공백도 있거니와, 오랜만에 친구들을 만나 복도에서 자동차를 굴려 본다는 기쁨에 학습목표는 까맣게 잊어버린 듯한 모습이 여럿 눈에 띄었다. 꼭 이런 상황이 아니더라도 다양한 변인을 설정하는 과학 수업은 교사의 세심함이나 정확하게 안내된 탐구가 아닌 이상, 과학적 의도가 충실히 드러나는 배움으로 이어지는 것이 쉽지 않다.

이런 현상에 크게 고민을 할 필요는 없다. 많은 교사들이 실험이 잘 안 될 것을 두려워하고, 어떻게 해야 수업이 원만하게 끝날까 고민하는데, 그럴 필요가 없다. 잘못된 것이 무엇인지 체험하게 하고, 이 내용을 바탕으로 수업을 준비해 나가면 된다. 실험을 하다 보면 잘못된 점이 당연히 드러나고, 똑똑한 친구들은 빨리 눈치챈다. 이때는 수업 방향을 실험에서 잘못된 것을 찾아 탐구 계획을 고치는 것으로 초점을 맞춰야 한다.

학생들을 교실로 불러들인 후, 학생들의 실험 과정을 살피기 전 처음에 설정했던 변인을 상기시킨다. 그리고 실험 과정을 복기한다. "어떤 자동차가 더 빨리 나갔어요?", "빨리 나간 이유는 무엇이에요?" 등의 문답을 통해 학생들의 반응을 살피고 몇 가지 문제점을 정리하였다. 이야기를 나누다 보면 짝 활동 과정에서 실험이 잘못되어 가고 있음을 느끼는 학생들이 주도적으로 문제를 제기한다. 다행스럽게도 이 학생들의 지적에 모든 학생들이 귀를 기울인다.

---

1 '자동차모형바퀴', '모형 자동차 바퀴' 등으로 검색하면 만들기에 필요한 바퀴 재료가 나온다. 소 · 중 · 대형으로 다양하게 나오니 과학실에 요청하여 미리 재료를 사 두면 좋다.

- 변인이 제대로 통제되지 않았다. (바퀴 재질과 무게가 함께 달라짐.)

- 부채질을 통제할 수 없었다. (사람마다 힘이 다르므로)

- 실험 결과를 제대로 측정하지 않았다.

금세 집중하는 학생들과 위 문제점을 해결할 수 있는 방법에 대해 이야기를 나누고, 이를 과제로 적어서 플랫폼에 업로드하도록 하였다.

처음에는 실험관찰에 바로 학습 내용을 기록하게 했다. 그러나 책에 기록된 내용은 학생의 수준에 따라 천차만별이다. 패들렛과 같이 간단하게 답변을 작성하여 모두가 공유할 수 있는 도구를 활용한다면, 교사가 1차로 답변을 수정해 줄 수 있다. 학생은 수정된 답변을 실험관찰에 깔끔하게 옮겨 적으면 된다. 2021학년도에는 국어를 비롯한 모든 글쓰기 및 교과서 답안 작성은 온라인 도구를 이용한 1차 피드백 이후 지면에 옮겨 쓰도록 안내하고 있다.

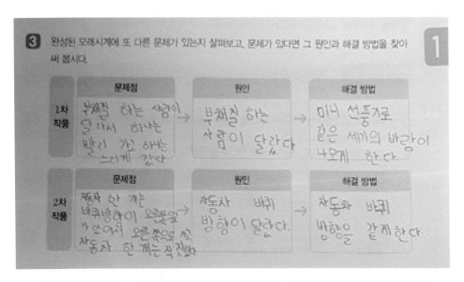

실험관찰(기존 문제는 모래시계에 관한 것이나 문제를 무시하고 우리가 실험했던 내용에 대해 기록하도록 했다.)

블렌디드
3차시

원격수업   등교수업

등교수업 때 실험했던 내용과 문제점을 모두 망라하여 발표 보고서를 만들어 보게 했다. 구글 클래스룸에서 구글 프레젠테이션 양식을 '학생별로 사본 제공' 기능을 이용해 배부하였다. 그리고 구글 미트 화상수업을 이용해 슬라이드를 조작하는 간단한 방법, 사진 넣기나 텍스트 넣기, 발표 자료를 제작하는 방법을 안내하고 과제로 제출하게 했다. 1학기 같으면 화상으로 과제를 작성하는 방법만 안내한 후 바로 화상 도구에서 로그아웃하고 과제형으로 전환하였지만, 학생들의 활동 모습을 관찰하기 위해 남은 시간 동안 과제를 만들고 제출까지 한 후에 나가도록 안내했다.

그림과 텍스트를 적절하게 활용하길 바랐는데 교사의 의도에 맞게 과제를 제출한 학생은 몇 명 되지 않았다. 여전히 기기 다루는 방법이 서툴며, 그 필요성을 잘 느끼지 못하는 것 같아 조금 아쉽다. 그러나 발표 자료의 시각화는 다른 과목에서 좀 더 배우는 것으로 기대하고 과학적 내용에만 집중하였다.

과제 제출 후 그다음 시간에는 작성한 과제를 발표하는 원격수업이었다. 실시간 화상수업 도구를 이용했으며, 학생에게 화면공유 권한을 주지 않고 교사가 직접 학생의 과제를 하나씩 열어서 화면공유를 했다. 클라우드 기반의 프레젠테이션 문서이기 때문에 학생이 제출한 과제를 클릭하면 인터넷 창에서 바로 과제가 뜬다. 과제 내용을 교사가 직접 편집할 수 있고, 편집하는 과정도 학생들이 볼 수 있어서 학생 전체를 대상으로 피드백이 이루어질 수 있었다.

주의할 점은 대표 학생의 과제물을 보이는 것이기 때문에 비교적 잘된 점과 보완할 점이 균형을 이룬 과제부터 제시해야 한다. 학생의 실력을 평가하는 자리가 아니라 성장을 위한 수업임을 강조하고, 교사가 지적한 부분은 차후 개선해서 다시 과제를 보완하도록 한다면 과정중심평가가 이루어질 수 있다. 다만 발표 자료를 프레젠테이션으로 만들고 발표하는 과정이 아직 어색하다고 판단하여, 이 차시를 수행평가 항목으로 포함시키지는 않았다.

학생들은 과제 제출을 끝으로 「재미있는 나의 탐구」 단원을 마무리하면서, 동시에 「물체의 운동」 단원을 진행했다. 발표가 끝난 그다음 주는 등교수업이었고, 등교 이후에는 또 2번의 원격수업이 계획되어 있었다. 오랜만에 등교한 학생들 앞에서 보다 재미있는 활동으로 수업을 구상하고 싶었지만, 추후의 원격수업을 위해 개념학습을 위한 문답식 수업을 진행하기로 했다.

　다행히도 학생들의 반응은 상당히 활기찼다. 교실 문을 열고 들어가는 순간부터 교사를 바라보는 눈빛에 반갑다는 기색이 역력했다. 10분 정도 계획했던 강의식 수업은 아이들의 활발한 상호작용과 발표 덕분에 문답법과 간단한 퀴즈 형식으로 쭉 진행되었다.

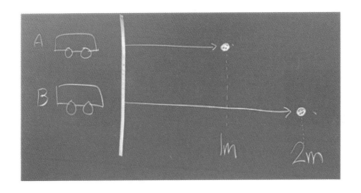

교 사 : A와 B중 누가 더 빨리 갔나요?

학 생1 : B요!

학 생2 : 모르겠어요. 시간을 몰라요.

1초에 1m를 간 것과 2초에 2m를 간 것의 빠르기는 동일하다고 봐야 하지만, 위 판서에서 시간에 대한 정보는 제시되지 않았다. '단순히 거리'만으로 빠르기를 비교하는 학생들이 있지만, 앞서 나눈 대화 이후에는 빠르기에 필요한 조건으로 '시간'의 흐름에 따른 '거리'를 생각해야 함을 이해하게 된다. 2가지 핵심 개념을 등교수업에서 배운 상태로, 다시 원격수업이 이어졌다.

등교수업 때 했던 내용이 워낙 중요한 내용이라 원격수업에서 한 번 더 복습하기로 했다. 구글 슬라이드에 2대의 서로 다른 자동차 이미지를 삽입한 후, 수직

선 위에서 자동차 2대가 각각 따로 출발하는 것과 동시에 출발하는 상황을 구현한 애니메이션 효과를 삽입했다. 이 프레젠테이션을 이용해 화면공유로 학생들에게 퀴즈를 내고, 퀴즈에 따른 정답을 채팅방에 바로 입력하게 했다.

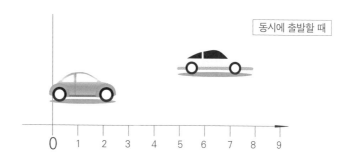

- 빠르기가 똑같다. 왜냐하면 같은 시간에 출발해서 같은 거리에 멈췄기 때문이다.
- 빠르기가 똑같다. 왜냐하면 동시에 출발해서 같은 곳에서 멈췄기 때문이다.
- 빠르기가 똑같다. 왜냐하면 똑같은 시간에 출발해서 같은 위치에 있기 때문이다.
- 빠르기가 똑같다. 왜냐하면 동시에 출발하여 거리가 똑같기 때문이다.
- 빠르기가 똑같다. 왜냐하면 똑같은 곳에서 동시에 출발해 똑같은 곳에 도착했기 때문이다.
- 빠르기가 똑같다. 왜냐하면 똑같이 출발해서 동시에 같은 위치에 멈추었기 때문이다.
- 빠르기가 똑같다. 왜냐하면 동시에 출발해서 똑같은 시간에 똑같은 위치에 멈췄기 때문이다.
- 빠르기가 같다. 왜냐하면 같이 출발해서 같은 거리를 동시에 도착했기 때문이다.

대부분의 학생들은 위와 같이 답변에 '시간'과 '거리' 조건을 함께 언급하면서 빠르기를 비교하고 있다. 등교수업 한 시간 동안 진행한 강의·문답식 수업의 효과가 적절했음을 알 수 있다.

★ 수업을 고민하다

지금까지 했던 5차시 수업을 포함하여 「물체의 운동」 단원과 연결한 프로젝트 수업의 개요를 요약하면 다음 [표 4-1]과 같다. 담임이 아닌 전담교사의 입장에서 진행한 프로젝트라 한계는 있지만, 과학 수업을 담임교사가 담당하게 된다면 보다 세밀하고 체계적인 프로젝트 수업이 원격수업 상황에서도 가능하리라 생각한다. 이 프로젝트 수업의 핵심은, 교사의 도움을 받아 '탐구 문제 수립'을 실천해 본 경험을 살려 본인이 스스로 '변인'을 설정하고 '실험'까지 해 보는 과정 자체에 있다. 과정의 옳고 그름을 따지기보다, 일련의 실험 전체의 흐름을 이해하면서 실천해 보는 것이 중요하다.

〔표 4-1〕 자동차의 빠르기 향상 프로젝트 전체 개요

1. 재미있는 나의 탐구		
계획	교과서 차시명	재구성
1차시	탐구 문제를 정해 볼까요? 탐구 계획을 세워 볼까요?	• 1단원과 4단원을 함께 나갈 예정임을 안내 • 계획 수립에 '변인 설정'이 중요함을 복습하기 • 변인 설정하기(바퀴의 재질/자동차 무게/모양)
2차시 (4단원 1차시와 통합)	탐구를 실행해 볼까요?	• 교과서 속 모래시계 만들기 대신, 「물체의 운동」 단원 통합하여 자동차 모형 만들기로 대체 • 예비 탐구(교과서 종이자동차 모형 실험) • 부채질로 빠르기를 비교할 때의 문제점 찾기
3차시	발표 자료 만들기	• 구글 슬라이드 사본 제공(탐구 계획 발표하기로 변경) • 각자 실험한 결과를 바탕으로 발표 자료 만들기 • 실험 과정의 문제점을 반드시 포함하기

4차시	탐구 결과 발표하기	• 탐구 결과 발표하기

4. 물체의 운동		
2차시 (5차시)	'운동'의 정의	• 등교수업(강의식/문답식) ※ 학교에서 개념의 중요 핵심을 익혀 원격수업 상황에서는 지식을 적용할 수 있도록 기회 제공
3차시 (6차시)	일정한 거리에서	• 원격수업(구글 프레젠테이션/혹은 PPT 애니메이션 활용) • 개념을 이해하였는지 문답식 퀴즈 제공
4차시 (7차시)	자동차 만들기	• 등교수업 때 미리 자동차 만들기 재료 제공하여 집에서 '자동차 만들기' 과제 부여 • 종이자동차 대신 모형 자동차로 변경(교사가 재료 제공) ① 무동력/나무판 : 바퀴 재질, 크기를 변인으로 설정 ※ 나무판에 들어갈 바퀴는 크기에 따라 대/중/소로 바꿔서 설치할 수 있다. 인터넷 쇼핑몰에서 '모형 자동차 바퀴'라고 검색하여 구입하면 된다. ② 태엽/플라스틱 : 자동차의 외형을 변인으로 설정 ※ 태엽 위를 덮을 외형은 우드락, 점토 등 다양한 재료를 이용하도록 안내해야 한다.
5차시 (8차시)	일정한 시간에서	• 실험
6차시 (9차시)	속력 구하기	• 대표 실험 영상 제시 • 퀴즈 과제, 계산 연습, 실험했던 자동차 속력 구하기
7차시 (10차시)	피드백	• 퀴즈 과제에서 가장 많이 틀린 문제 위주로 풀이 (잼보드 활용, 판서 퀴즈형)
※ 5학년 실과에 자동차 만들기가 있으므로 실과와 통합 가능		

이런 수업을 실천하려 한 이유는 자칫 지식 전달에만 치우칠 수 있는 원격 학습 측면을 보완하기 위해서이다. 콘텐츠 중심의 수업은 지식을 보여 주는 것[2]이 대부분이었기 때문에, 이 지식을 점검하거나 활용하는 과제 형태로 보완해야 한다. 그러나 학생의 학습 동기가 강하지 않거나, 가정에서 학습 과정을 관리해 주기 어려울 땐 그마저도 쉽지 않다. 그러다 보니 과제가 밀리고 쌓여서 과제가 '늘어난 것'처럼 보이게 된다. '만남과 대화'를 강조한 실시간 화상 수업은 대체로 과제를 줄이고, 수업 시간에 해결하자는 성격이 강하다. 이를 위해 다양한 디지털 도구 활용 방안이 나오지만, 그마저도 역시 내용의 이해를 위한 발표 형태로 흘러가기 쉽기에 교사는 이를 경계해야 한다.

과학 수업이 학생들에게 흥미로운 이유는 '조작할 도구'가 있기 때문이다. 그리고 실험 과정에서 발생하는 문제를 토의로 풀어내는 과정은 학생들을 수업에 몰입하게 한다. 그런데 화상수업으로 구현되는 과학 수업은 대체로 안내된 실험을 소개하고, 실험 과정에서 생기는 변화를 관찰하여 문제를 푸는 수렴적 사고의 발달로 제한될 가능성이 높다. 내용 전달에만 치우쳐 과학 교과가 요구하는 본질을 놓친다면, 여론이 집중적으로 조명하는 '학력 격차'의 의미를 넘어서 '역량 격차', '역량 손실' 같은 문제가 더욱 커질 수 있음을 인식해야 한다. 단원 재조정 및 프로젝트 학습을 기획하면서 고민했던 것은 2가지다.

첫째, 교과서 속 재료와 내용을 최대한 활용하려 했다. 원격수업 상황에서 추가로 학습지를 제공하기보다는 교과서를 알차게 활용하고 싶었다.

---

2 Nearpod이란 플랫폼을 이용하면, 교사가 준비한 동영상의 중간중간에 질문이나 퀴즈 등을 넣어 학생과 상호작용을 할 수 있다. 물론 교실 속 상호작용만큼 원활하지는 않지만, 영상을 그저 대충 보고 넘기는 학생들을 위해 적절한 콘텐츠형 수업으로 변모할 수 있다. 부산광역시교육청에서 개발 중인 '부산에듀원' 플랫폼에도 이와 유사한 기능이 개발, 도입될 예정이다.

둘째, 만들기 재료를 제공하여 학생들이 모니터에서 조금이나마 떨어진 채로, 학생의 발달 수준에 맞는 흥미를 느낄 수 있게 구성했다.

만들기 재료를 검색하는 과정에서 '모터'를 이용하면 학생들이 더욱 재미있어 할 것 같았다. 레이저프린터나 3D프린터를 이용해 외형을 만들고, 거기에 맞는 모터를 건전지 소켓과 연결하는 방안을 생각했지만, 배보다 배꼽이 커지는 상황이 생길 것 같았다. 담임이었다면 실과 시간을 이용해 그럴듯한 자동차 만들기에 도전했을 테지만, 과학 전담교사에게는 시수가 부족하고 블렌디드 상황이란 현실을 감안해야 했다. 모터를 이용하는 것은 조금 어렵다고 판단하여 '무동력' 자동차와 '태엽' 자동차 2가지 모델을 구매하고 각 반에 서로 다른 재료를 이용하여 수업에 활용해 보기로 했다.

✔ 무동력 자동차 만들기

학교 수업으로 다루면서 디자인 설계부터 조립까지 함께 해 보면 좋겠지만 원격수업과 등교수업이 혼재된 형태라 그럴 수 없었다. 자동차 만들기는 과제로 내고 학생의 자율에 맡겼다. 모양은 뾰족한 모양, 둥근 모양 등 다양한 형태로 만들도록 했다. 학교 학습준비물실을 개방하여 필요한 재료를 가져가게 했고, 다음과 같은 결과물이 나왔다.

✔ 태엽 자동차 만들기

태엽 자동차의 외형을 만드는 작업은 다른 반 과제로 내 주었는데, 교사의 별 다른 감독이나 안내 없이도 집에서 과제물로 해 온 것치고는 잘 만들어 왔다. 한 학생은 박스로 뼈대를 잡고 겉을 점토로 빚어서 부드러운 곡선을 만들어 냈다. 버스 형태로 만든 학생도 있었고, 공기 저항을 줄이겠다며 차체를 납작하게 만든 학생도 있었다. 분명 이 프로젝트의 핵심은 자동차의 빠르기를 향상시키기 위한 것이지만, 속력과 상관없이 태양열을 이용해 달린다거나, 물건을 싣는 큰 트럭을 만들어 온 학생도 있었다.

프로젝트의 목적이 제대로 전달되지 않았을 수도 있고, 만드는 과정에서 본인의 취향이나 아이디어를 한껏 드러내고 싶은 경우도 있었을 것이다. 완벽한 실험을 위한 조건은 아니었지만, 과제를 수행하는 과정에서 학생들이 개성을 표현하며 즐겁게 진행했다는 점, 그 시간 동안이나마 모니터 앞에서 떨어뜨려 놓을 수 있었다는 점에 만족해야 했다.

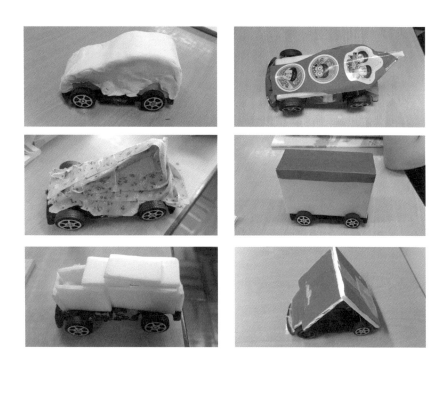

블렌디드
8차시

원격수업

실험

등교수업

1반은 모터가 없는 무동력 자동차를 경사면에서 실험하도록 안내했다. 처음에는 경사면을 어떻게 만들어 낼지 고민하여 과학실의 유수대 장치를 이용할까 생각했지만 입구가 막혀 있는 바람에 실험으로 활용할 수 없었다. 아쉬운 대로 학생들에게 박스나 우드락 등을 이용하여 경사면을 만든 후 위에서 굴리는 형식으로 실험하게 했다. 그러자 2가지 문제점이 발생했다.

첫째, 비교하려는 두 자동차가 '같은' 경사면에서 출발해야 한다. 즉 똑같은 각도에서 자동차를 굴려야 한다.

둘째, 자동차의 주행 경로가 이탈되지 않도록 약간의 폭을 설정한 '길'을 만들어 줘야 한다. 그렇지 않고 굴렸더니 바퀴 틀이 고정되지 않아서 좌우로 심하게 틀어져 움직이는 현상이 나타났다.

정교한 실험을 위해서라면 자동차가 정해진 라인 안에서 움직일 수 있도록 만들어야 했는데, 일이 너무 커지는 것 같아서 실천할 수 없었다. 전날 사전 실험을 하는 과정에서 드러난 아쉬운 대목이지만, 이러한 실험 과정의 문제점 또한 학생들이 배우고 익혀야 할 여러 조건으로 생각하여 수업 당일에는 별다른 안내를 하지 않았다.

문제는 학생들의 자동차 실험 과정에서 이전 수업에서 정해 둔 자동차의 변인마저 제대로 지켜지지 않았다는 점이다. 애초에 바퀴/모양 둘 중 하나를 변인으로 설정하고 짝을 지은 다음, 짝과 함께 실험하도록 했다. 그런데 두 친구의 자동차를 비교해 보면 무게의 차이가 심하게 나는 경우가 많았다. 두 친구가 함께 자동차를 만들고, 실험 전 두 자동차의 무게를 직접 측정하는 과정이 포함되어 있어야 했다. 이것은 미처 생각하지 못한 부분이었다.

- 경사면의 각도/재질이 일정하지 않다. 정확한 각도를 측량하고, 재질면을 통일해야 한다.
- 자동차 간의 변인이 무엇인지 일정하지 않다. 애초에 바퀴/모양 둘 중 하나를 변인으로 설정하라고 했으나 지켜지지 않았고, 두 자동차의 무게를 고려하지 않은 채 실험이 이루어졌다.
- 바닥면이 고르지 않다. 이는 빠르기에 영향을 준다.

• 자동차 진로가 일정하지 않다. 차가 벗어나지 않도록 틀이 필요하다.

태엽 자동차를 만든 2반 수업에서도 역시 무게 문제가 드러났다. 다만 태엽 자동차이기 때문에 경사면이 필요하지 않았고, 태엽을 감기 위해 똑같은 거리만큼 자동차를 뒤로 당기기만 하면 되므로 변인의 통제가 보다 쉬웠다. 이렇게 만든 자동차를 이용하여 거리와 시간을 재고 속력을 구하면 되지만, 앞으로 나아가는 자동차에 넋을 놓았는지 학생들은 속력을 구한다는 목적의식보다는 그 자체를 즐거워했다. 그동안 코로나19로 인해 만나지 못했던 아이들이 수업을 '놀이화'시켜 버린 단면을 보고 있자니 씁쓸함과 다행이라는 감정이 교차하였다.

• 모양을 만드는 과정에서 차체와 바퀴가 닿아 앞으로 나아가지 못하는 문제점이 있었다. 찰흙 또는 천을 사용한 학생의 자동차는 태엽의 성능과 관계없이 앞으로 나아가는 것이 힘들었다.
• 태엽이 상하는 경우가 있다.
• 모양을 다르게 만드는 과정에서 자동차 무게를 통제할 수 없다.
• 자동차 진로가 일정하지 않다. 차가 벗어나지 않도록 틀이 필요하다.

★ 피드백(수업 개선)

실험을 다시 해 보는 것이 가장 좋겠지만, 이미 계획된 프로젝트의 수업 시수를 고려해야 하므로 한 번 더 할 수 없었다. 블렌디드 수업 상황에서는 등교수업과 원격수업 날짜가 정해져 있기 때문에 수업을 하루 미루면 모든 계획이 꼬인다. 손쉬운 피드백으로 수업에 배움이 일어나게 하기 위해, 함께 실험의 문제점을 발표·공유하고 실험이 잘된 모둠의 차를 대표로 뽑아 대표 실험을 한 번 더 진행하기로 했다. 이때 더 나은 실험을 만들려면 어떤 조건이 필요할지, 다음의 해결책이 나오도록 원격수업 과정에서 브레인스토밍을 한다.

- 무게를 같게 만들기
- 자동차의 모양이 둥근 것, 뾰족한 것, 네모난 것 3가지 대표 차를 뽑아 대표 실험하기
- 바닥이 고른 곳에서 레이싱 틀을 만들어서 일정한 방향으로 나아가도록 충분한 거리 확보하기

다음은 2016학년도 5학년 학생들과 당시 같은 단원의 수업을 하면서 정리했던 개념이다. 나눗셈은 알지만 그 의미를 정확히 모르는 학생들을 위해 속력의 단위와 연결시켜 이해하고자 했다. 우리가 생활에서 나누는 것의 의미에는 모두 기본 단위가 생략되어 있으며, 속력을 나타낼 땐 생략할 수 없음을 강조하고 싶었다. 속력의 단위를 정확히 이해한 다음, 교과서에 있는 다양한 사례를 직접 구해 보고, 마지막으로 '대표 실험을 했던 자동차 모형' 속력을 촬영한 영상을 제시하였다. 학생들이 직접 실험한 내용을 통해 속력을 구함으로써 배움의 과정을 학생들의 학습활동과 연결하고자 노력했다.

- 빼빼로 8(개)를 2(명)이 나눠 먹으면

  = 4개/명 (1명이 가지게 되는 빼빼로의 수!)

- 8m의 거리를 뛰는데 2s(초)가 걸리면

  = 4m/s (1초 동안 간 거리)

- 따라서 속력=이동거리/걸린 시간

  (거리÷시간, 이동한 거리를 시간으로 나눈 것. 시간의 단위가 매우 중요)

- 1m/s 와 1m/h는 엄청난 차이!!!

이런 개념을 설명하기 위해서는 아무래도 강의식 수업이 필요할 수밖에 없었다. 원격수업이 일상화된 지금, 많은 교사들이 '액정태블릿'을 이용하여 모니터 위에 손쉽게 글을 쓸 수 있게 되었다. 좋은 태블릿이 아니라면 모니터를 보면서 손은 태블릿 위에서 따로 판서를 해야 하는 불편함이 있어서, 필자는 태블릿을 이용하지 않고 아이패드를 이용하였다. 아이패드를 이용한 미러링과 판서 방법은 뒤에서 다시 소개할 텐데, 조금 어려운 듯 보이지만 한 번 해 두면 유용하게 사용할 수 있다. 학생들에게 질문을 하고, 답변이 나오면 식을 하나씩 써 내려가는 방식으로 조금은 느리지만 천천히 수업을 진행했다.

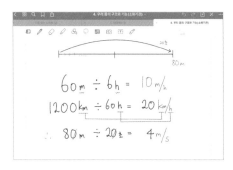 

교실에서 대표 실험을 했던 자동차 모형 영상. 편집 과정에서 타이머 기능을 넣어 시간을 알려 주었고, 자막으로 자동차가 이동한 거리를 표시해 주었다.

본 원격수업을 한 후 2가지가 아쉬웠다.

첫째, 학생들과 일대일로 문답을 거쳐 가면서 식을 썼다고는 하나, 모든 학생과 적절하게 상호작용할 수 없었다. 수업의 본질이 학생과 교사의 일대일로 이루어지는 담화임을 고려할 때 이 수업은 그냥 문답식을 가장한 강의에 불과했다. 학생이 알고 있는 바를 표현하게 하려면 적어도 교실 상황처럼 연습장 위에 학생 본인이 직접 문제를 풀게 하고, 이를 교사가 지켜봤어야 했다.

둘째, 학생들의 실험 과정과 연결한다는 의미로 수업 영상을 녹화하여 제시했다고는 하나, 프로젝트 전체 과정과 이 수업의 긴밀한 접점은 무엇이었는지 필자 또한 알 수 없었다. 실수투성이라 하더라도 학생들이 직접 실험한 과정 속에서 속력까지 구해 보고, 이를 기록하게 만든 다음, 대표 실험을 통해 피드백을 받고 자신이 구한 식을 다시 검토해 보게 하는 것이 훨씬 나았다.

400m를 1분 20초 만에 통과한 자동차의 속력(초속)으로 '틀린' 것을 고르시오.

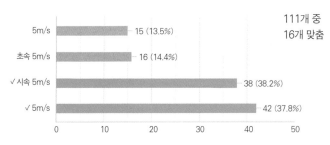

이런 아쉬운 점은 부분적으로나마 다음 원격수업에 개선, 반영하였다. 속력 구하기에 대한 연습이 충분히 이루어지지 않은 점, 학생별 개인 활동에 대해 교사가 직접 확인하지 못한 점을 떠올려서 10개의 형성평가를 구글 설문지(퀴

즈 과제)로 제공한 후, 각 문제별로 학생들이 얼마나 맞췄는지 통계 자료를 확인했다.

많이 틀린 문제들은 따로 캡처하여 잼보드에 올린 후, 주소를 학생들에게 공유하고 실시간 화상수업을 진행했다. 구글 설문지를 활용한 형성평가 문제를 잼보드에 캡처, 업로드하여 모든 학생이 잼보드 위에 자신의 마우스로 글을 입력하거나 그림을 그릴 수 있다. 3개의 문제에 3명의 학생을 지정하여 동시에 문제를 풀게 하는 식으로 10개의 문제에 대한 풀이를 진행했더니 많은 학

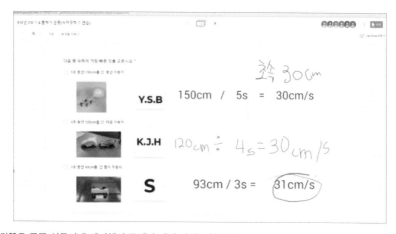

왼쪽은 구글 설문지에 제시했던 문제의 캡처 사진. 가운데의 노란색 스티커는 각 학생들의 이름 이니셜(잼보드는 스마트폰에서 한글 지원이 되지 않아 영어로 표시하였다). 오른쪽 여백의 텍스트는 학생이 직접 입력하거나 그린 식과 답이다.

생들이 동시다발적으로 문제를 풀 수 있었다. 또한 문제에 활용할 사진은 학생들이 직접 만든 자동차 모형으로 첨부했다.

★ 피드백(수업 개선)

평가까지 「물체의 운동」 단원 학습이 거의 마무리되어 있는 시점에서 프로젝트 수업과 그 속에 포함된 원격수업을 다시 되돌아봤다. 수업은 전체적으로 프로젝트라는 형식에 치우쳐 있을 뿐 어떤 문제를 해결하겠다거나, 애초에 설정한 목표(자동차 속력 향상)를 달성하지도 못한 것 같다. 어정쩡한 학습자 참여 중심을 표방하면서 과학적 지식만 가르치는 것에 경도되어 있었던 것은 아닐까?

우리가 지식을 습득하고 기술을 배우는 이유는 무엇일까? 학생들에게 진정한 배움이 일어나도록 유인하려면, 생활 속에서 배움이 일어나고 있는 모습을 보여 주는 것이 가장 좋다.

수업 모습을 기록하고, 고민하면서 개선해 나가려고 노력했지만 기술적으로 화려한 것 같지도 않았고, 철학이 탄탄히 다져진 느낌도 없었다. 배움을 감싸는 따뜻함이 있어야 한다거나, 과학 지식이 인류를 위험으로부터 구해 내었다거나, 과학기술이 만들어 낸 편리함을 통해 사람들을 평등하게 만들었다는 과학사나 배경을 좀 더 고민하고 수업을 계획했어야 했다.

속력을 빠르게 함으로써 우리가 얻는 것은 무엇인가?

빠르기는 왜 구해야 하는가?

교육철학에 대해 진지하게 고민하지 못했던 것이 아쉽다. 과학적 지식뿐만 아니라 과학으로 인해 바뀌는 사회 모습에 대해 생각해 보는 수업으로 나아가길 바랐다.

블렌디드 과학 수업 사례

5학년

생물과 환경

이 단원만 끝내면 5학년의 과학 수업이 모두 마무리된다. 끝을 맞이하는 기쁨보다는 다양한 수업을 시도하지 못한 것 같은 자성과 후회가 밀려든다. 마지막 남은 단원에서는 그동안 시도해 보고 싶은 다양한 방법을 적용해 볼 마지막 기회로 삼았고, 프레젠테이션 협업, 시뮬레이션 게임과 소회의실을 이용한 퀴즈 활동, 구글 문서를 활용한 과학 글쓰기 수업을 시도하였다.

이 단원에서 적용한 다양한 수업 방법은 2021학년도 5학년의 국어 수업을 비롯, 많은 교과의 학습 내용을 정리하는 과제와 글쓰기 수업에 적용하고 있다. 학생의 일기는 원격으로 취합하여 피드백한다. 사회 교과는 프레젠테이션 협업을 통해 반 전체의 지성을 모아 퀴즈를 만들고 함께 풀이한다. 앞서 2부에서 소개한 원격수업 유형이 이 단원의 수업 곳곳에 녹아 있다.

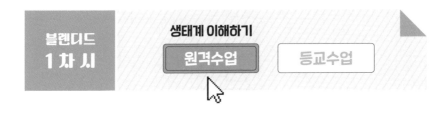

생태계 개념을 이해하는 첫 시간이다. 4학년 때 「식물의 생활」을 배우면서 장소에 따른 식물의 서식지를 배웠고, 3학년 때 「동물의 생활」에서 동물의 서식지를 배웠다. 이것들을 5학년 때 큰 틀에서 다시 한번 복습한 후 '생태계'라는 개념으로 완성하게 된다.

★ 수업을 고민하다

학생 몇 명이 칠판 앞에 나와 자기 생각을 판서하는 모습을 상상해 보자. 이때 나머지 학생들은 그 학생들이 칠판에 쓰는 내용을 멍하니 바라보거나, 이내 딴짓을 하게 된다. 전체 학생 중에서 일부 학생만 부분적으로 참여하기 때문에 이 상황에서는 모든 학생이 수업에 참여한다고 보기 어렵다.

　　그러나 원격수업 상황에서는 칠판에 나온 학생의 등이 보이지 않는다. 모든 학생은 교사가 제시하는 학습 내용으로 구성된 화면만 바라보게 된다. 이러한 장점을 이용하여 구글 프레젠테이션 같은 협업 도구를 교실 속 칠판이라 생각하고 3장의 사진을 제시했다.

　　각각의 사진은 연못, 숲 그리고 순천만 습지 같은 서식지 사진이다. 이후 학생들에게 사진에 등장한 서식지에 어울리는 생물/비생물 요소를 생각한 다음, 프레젠테이션 내의 이미지 삽입 기능을 이용해 각 서식지에 알맞은 요소를 검색·삽입하도록 안내했다.

　　주의할 점은 모바일 접속보다는 컴퓨터를 이용하는 것이 학습 참여에 훨씬 편리하다는 점이다. 원활한 수업 진행을 위해서는 상황을 잘 파악한 후 적절한 역할 분담이 필요하다. 프레젠테이션 접속이 가능한 학생들(컴퓨터를 이용한 원격학습 참가자들)은 사진 검색 및 입력을, 프레젠테이션 조작이 어려운 학생들은 채팅 기능을 이용해 자신이 생각한 것을 타이핑으로 발표하도록 하였다. 채팅창에 언급된 요소들은 교사가 한 번씩 언급하여, 사진을 검색하는 학생들에게 도움을 제공한다.

　　본 수업은 구글 미트를 이용하여 진행되었기 때문에 소회의실 기능을 활용하기 어려웠지만, Zoom을 이용하는 교사라면 소회의실을 이용해 각 모둠별로 별도의 슬라이드를 제공하고 모둠 안에서 완성하도록 시간을 부여하는 것이 좋다.

채팅을 이용한 학생들의 발표를 살펴보면, 거의 모든 학생이 '생물' 요소에 집중하여 발표하고 있음을 알 수 있다. 생물이 살아가는 데 필요한 비생물 요소(햇빛, 공기, 물, 온도 등)는 전혀 언급하지 않아 교사는 이 단원을 수업하기 전에 별도의 준비가 필요하다.

　어떤 식으로 비생물 요소를 생각하게 만들 것인가? 이는 생물 요소와 비생물 요소의 관계성을 생각하게 만들어야 한다. 아쉽게도 수업 전에는 비생물 요소가 하나도 나오지 않을 것이라고 예측하지 못하여 적절한 대처를 하기 어려웠다. 그래서 수업 후반부에 서식지의 파괴와 함께 생물 요소가 점차 사라지는 현실을 말로 설명한 후, '모든 생명에 에너지를 공급하고 있는' 태양의 존재를 1학기 배움과 연결하고자 노력했다.

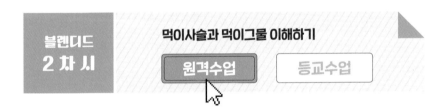

생태계의 원리를 이해하기 위한 핵심 개념은 '먹이사슬'일 것이다. 이를 좀 더 쉽고 빠르게 배울 수 있는 방법은 없을까? 실시간 화상수업이 진행될수록 학생들의 참여도를 확보할 수 있는 교수·학습 방법을 신중하게 생각하지 않으면 설명식 수업으로 흘러가기 쉽다. 지속된 원격수업 상황에서 자꾸만 설명식으로 흘러가는 수업을 바로잡고, 학생들의 참여도를 끌어올리기 위해 여러 방안을 고민했다.

그러나 5학년 학생들에게는 패들렛이나 멘티미터 같은 참여형 도구는 여전히 수업 효과가 떨어졌다. 어떻게 하면 학생들이 적극적으로 참여할 수 있을까? 화상수업 내내 이 고민을 떨쳐 내는 것이 쉽지 않았다. 많은 원격수업 도구가 소개되고, 관련한 자율 연수가 등장하지만, 이 도구를 사용할 수 있는 여건이 전혀 안 되는 교실이라면 무용지물이다.

이번에는 디지털을 이용하되 디지털이 아닌 아날로그식 수업을 구상하면서 학생 참여 형태로 생태계를 이해할 수 있는 게임 형식을 만들어 보기로 했다.

마침, 이 차시에 가장 적합한 수업 콘텐츠를 찾아냈다. 중등 과학을 전공한 이동준 선생님의 자바실험실 '생태계' 시뮬레이션이다. 클릭 몇 번만으로도 먹이사슬에 따른 생산자와 소비자의 관계를 짧은 시간 안에 보여 준다. 학생은 그저 이 시뮬레이션을 관찰할 뿐인데도 반응이 상당하여 성공적이었다. 생산자(풀), 소비자2(토끼, 늑대)로 구성된 이 시뮬레이션은 시간의 흐름에 따라 각 생태계 생물의 개체수가 달라지는 것을 표현하는데, 토끼와 늑대의 숫자를 조절할 수 있어 흥미롭다.

우선 화면공유를 이용하여 교사가 직접 시뮬레이션을 조작한다. 처음에는 토끼와 늑대를 모두 제거하고 풀만 무성하게 자라도록 화면을 가득 채운다. 그러다가 토끼를 1마리만 추가하면 시간이 지남에 따라 토끼가 2마리, 4마리, 8마리로 번식을 거듭하게 된다. 그럼 풀이 급격히 사라져서 황무지처럼 변해 가는데, 이때 늑대를 1마리 투입하면 토끼의 개체수가 급격히 줄면서 풀의 양이 다시 늘어난다.

다음은 위 순서로 투입했을 때의 변화 중 한 순간을 캡처한 것이다. 위 규칙은 이런 시뮬레이션의 경향(=생태계의 균형 원리)을 반영하였다.

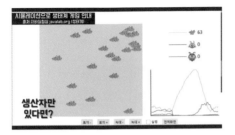
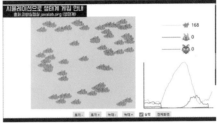
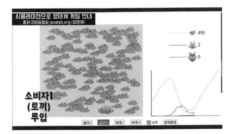
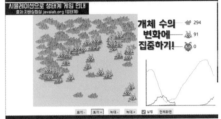
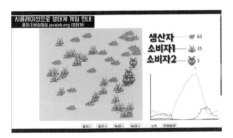

처음에는 이 시뮬레이션 주소를 공유하여 학생들에게 5분 동안 체험한 후, 다시 Zoom으로 돌아와 느낀 점과 알게 된 점을 공유하고, 먹이사슬과 먹이그물에 대한 개념을 설명하려고 했다.

학생 참여형 수업 후 개념을 심화시키기에는 위 방법이 적절할 것이다. 그러나 이러한 수업 방식은 학생 개인의 의지와 동기가 강해지는 측면이 있어, 모두를 참여시키기 위한 또 다른 방법을 고민하다가 먹이사슬 게임(모둠 활동)을 생각해 냈다.

❶ 각자 포스트잇에 (교과서에 있는) 생물 중 하나를 적기

❷ 순번을 정하여 한 명씩 포스트잇 공개하기

❸ 앞 친구의 생물을 먹이로 하는 생물이 있다면 그 친구가 +1점

❹ 단 모둠원이 모두 서로 다른 생물이면 모두 +1점

❺ 모둠원이 모두 같은 동물을 골랐다면 − 1점

❻ 만약 모두가 '벼(생산자)'를 썼다면 모두 +1점(혹은 +2점)

※ 점수는 게임 상황에 따라 교사가 유동적으로 변경 가능

공책/빈 종이에 큰 글씨로 원하는
생물 하나를 골라 적는다.

2. 소회의실에서 모둠활동
 - 순서 정하고 차례대로 종이 보이기

3. 4명이 모두 다른 생물을 들고 있다면, 승패에
관계없이 모두 +1점

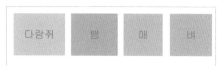

2. 소회의실에서 모둠활동
 - 순서 정하고 차례대로 종이 보이기

3. 4명이 모두 다른 생물을 들고 있다면, 승패에
관계없이 모두 +1점

3. 모두가 '벼' 들게 되면 모두 +2점
가집니다.

'벼'를 제외한 모두가
같은 동물을 들고 있다면,
모두 -2점

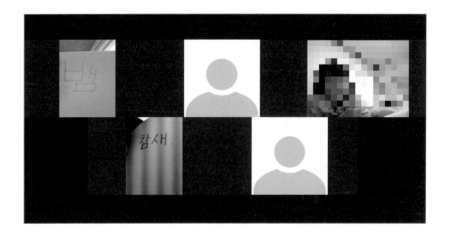

위에 제시한 내용은 실제 생태계 게임을 진행했던 과정이다(Zoom 소회의실 이용). 학생들의 반응은 대체로 괜찮았다.

Zoom 소회의실 기능이 교실에서 벌어지는 모둠 활동을 대체하기에 그런 대로 꽤 효과적이라는 점, 게임 자체가 생태계 시뮬레이션 상황을 반영하였기 때문에 먹이사슬과 생태계의 균형 원리에 대한 이해도 수월했다는 점에서 교사도 학생들도 만족한 활동이었다.

다만 학생들이 게임에 처음 참여할 때에는 모둠별로 이해하지 못하는 학생이 있어 약간의 시행착오를 겪을 수밖에 없으므로, 시행착오를 줄이고 단시간 내에 학습 효과를 높이려면 미리 사전 녹화된 게임을 영상으로 제공하는 것이 훨씬 효과적이다.

먹이사슬 게임에 필요한 시뮬레이션 검색과 게임 개발은 오로지 필자 혼자서 한 것이다. 그래서 부족하거나 보충해야 할 부분이 많다. 만약 여럿이 모여 연구하면 보다 더 수월하게, 또 효과적인 방법을 찾아낼 수 있을 것이다. 몰입하기 힘든 원격수업 상황에서 보다 효과적인 학생 참여형 개념 지도를 원한다면 게이미피케이션을 추천한다.

학생들은 원격수업으로 먹이사슬 게임을 해 보고 난 다음이라 생태 피라미드에 대한 이해가 높았다. 이동준 선생님의 자바실험실에 있는 생태계 시뮬레이션을 원격수업으로 보여 준 탓에, 등교수업 때는 '생태계 평형' 개념을 이해시키는 것이 상당히 쉬웠다.

칠판에는 시뮬레이션에 등장했던 늑대와 토끼, 풀을 적어 두고 '생산자', '소비자', '먹이사슬', '먹이그물' 개념을 복습했다. 시뮬레이션의 흐름을 복기하면서 생태계가 평형을 이루어 가는 과정을 학생들과 문답식으로 풀어 나갔고, 그 과정에서 늑대와 토끼의 관계를 1차 소비자와 2차 소비자로 나누었다. 시뮬레이션이 있으니 자연스럽게 개념을 풀어 나가도 그리 어렵지 않았고, 학생들의 집중도도 높았다.

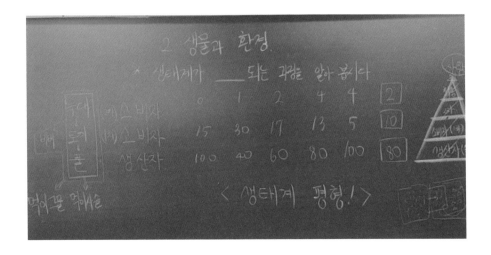

생태 피라미드의 정점에 있는 최종 소비자가 누구인지 물으며 수업을 마무리했다. 사람이 소비자를 키우고, 그 소비자가 지나치게 생산자를 파괴하면서 생태계 평형이 무너지고 있다. 그 결과 동물과 사람의 접촉이 이루어졌고, 바이러스가 사람에게 넘어왔다. 그간 있어 왔던 일들이었지만 이번에는 그 결과가 심각했다.

배움은 늘 현실과 연결되어 있어야 한다. 그래야 실수를 반복하지 않고 삶을 온전히 가꿀 수 있지 않겠는가. 생태 피라미드의 개념에 코로나19까지 포함된 형태의 시뮬레이션이 만들어진다면 더 현실감 있는 수업이 될 것이다.

이제 남은 것은 위 사진처럼 생태 피라미드를 학생의 손으로 만들어 보는 가벼운 활동, 그리고 각 단계에 해당되는 생물을 다른 영역으로 바꿔 보는 활동을 계획하려 한다. 이 활동은 원격수업 상황에서 충분히 가능한 활동이다.

블렌디드 4 차 시

환경오염이 끼치는 영향

원격수업 　등교수업

이 차시는 그리 어렵지 않아서 잠깐 읽고 넘어가도 될 내용이다. 그러나 쉬운 내용일수록 다양한 활동에 도전해 보고 싶은 욕구가 생긴다. 수업의 다양성을 확보하고, 이전의 배움 과정을 찬찬히 들여다볼 수 있게 만들기 때문이다. 쉽다고 쉬운 것이 아니다. 그냥 쉽게 넘어가도 되는 것처럼 보일 뿐이다.

쉽게 넘어가지 않고 의미 있는 활동으로 배움을 마무리하려면 어떻게 하면 좋을까? 전담이 아닌 담임이었다면 국어 수업과 연계하여 멋진 협업 글쓰기 활동으로 학생들의 글짓기 실력을 한껏 올렸을 것인데 그러지 못한 것이 늘 아쉬워서 이번 수업은 서술형 형태로 과제를 제시했다.

★ 과제 제작 이야기

원격수업 상황에서 읽기, 쓰기 같은 국어 수업은 상당한 의미를 지닌다. 학생들이 살아갈 시대의 텍스트는 모두 디지털 매체를 매개로 공유·재생산되지만, 아이들의 읽기 능력은 점점 떨어진다. 디지털 환경에서도 글을 꼼꼼히 읽고, 오히려 아날로그보다 훨씬 더 수정과 재생산이 가능한 점을 교육으로 풀어내야 하지 않을까? 원격수업에 활용되는 수많은 콘텐츠에 텍스트가 절대적으로 부족한 상황은 교사로서 나름의 위기의식을 느끼게 했다. 한편 과학적 개념과 지식을 손쉽게 검색해 보다 풍성한 과학 글쓰기가 가능하다는 것을 체험시키고 싶었다.

다음 쪽에 등장하는 학습지는 2가지 지문을 선정하고 3가지 문제를 정리하여 만든 것이다. 딱히 성취기준을 고려한 의도는 아니었고 과학 에세이 정도로 과제를 내려고 했는데, 이전 시간에 배웠던 개념을 정리하면서 배운 내용을 생각해 보게 하는 서술형 문제를 만들어 버렸다. 아마도 필자 또한 논술형 문제에 익숙한 입시 세대라 그런 것이 아닐까? 교사가 어떤 시대를 살았는지, 또 어떤 입시제도를 거쳤는지에 따라 학생 평가 도구의 제작 유형도 달라질 수 있을 것이다. 교사가 살아 온 교육 환경의 변화를 살펴보면 그가 가진 철학이나 평가관도 확연히 드러난다. 그런 의미에서 다음의 학습지를 비평해 볼 필요가 있다.

★ 수업을 고민하다

생태계 수업을 마무리하기 위한 학습지는 구글 문서를 이용해 학생들에게 '사본 제공'을 하였다. 괄호 안의 붉은색 낱말은 모범 답안이다. 학습지는 처음에는 에세이 형태로 가볍게 제작되었다가 개념 이해를 측정하고 싶은 마음이 들어 서술형 문항으로 바뀐 사례이며, 동료 교사 1명의 피드백을 받아 재수정하였다.

학생들에게 과제를 제시하기 전에는 반드시 동료 교사와 함께 고민해야 한다. 보다 어려운 낱말이 다듬어지고, 문제를 통해 묻고 싶은 것이 무엇인지 명료해진다. 이 과제가 과연 학생들에게 얼마나 적절한지, 또 다음 차시에서 제공할 과제는 이 과제와 얼마나 연결되어 있는지, 과제를 제공할 때 학생이나 가정이 느낄 부담은 없는지 등의 검토가 필요하다. 학생들이 스스로 해내되 교사가 피드백할 수 있는 기회의 장을 마련하려면 과제 제공이 필수이다. 다만 과제만 제공한다는 세간의 비판을 극복하고 진짜 교육이 되려면 학생 과제에 대해 연구하는 노력이 필요하다.

생태계에 대한 내 생각 정리   이름: ▇▇▇

---

* 다음 글을 읽고 물음에 답하세요.

> **지문 (가):** 오염 물질의 배출로 환경이 오염되는 것 외에도 사람들은 도로를 만들거나 건물을 지으면서 **생물의** (ㄱ: 서식지   )**를 파괴**하기도 합니다. 이렇게 무분별한 개발로 훼손된 자연환경은 생태계에 해로운 영향을 줍니다. **따라서 개발과 생태계 보전 사이의 균형과 조화가 필요**합니다. (5-2 과학교과서 39쪽)
>
> --
>
> **지문 (나):** 세계적으로 유명한 홍콩의 어느 수의과대학 A교수는 "인류는 이미 너무 많은 생태계 개발을 하여 (a)<u>생태계의 불균형</u>을 만들었다"며 "인류가 숲을 개발하고 야생동물들의 (ㄱ: 서식지   )에 접근하면서 이전에 알지 못했던 세균, 바이러스와 만나게 되는 기회가 점점 더 많아지고 있다"고 말했다.

지문 2개를 제시한 것은 독해 능력과 아울러 개념을 묻기 위한 형태로, 수능이나 논술형 문제에서 자주 활용되는 방식이다. 초등학생에게는 잘 활용되지 않는 평가 유형이기는 한데, 문제집에는 간혹 이런 형태가 있다.

밑줄 친 생태계의 불균형은 '생태계 평형'의 개념을 이해한 학생이라면 그 반대말도 충분히 써낼 수 있으리라고 생각하여 출제한 문제다. 과제를 풀기 전 학생들에게는 암기가 평가 요소에 포함되지 않도록 과학책을 살펴봐도 좋다고 안내했다. 그 순간 과학이 아닌 국어 문제 같은 느낌이 들어 조금 아쉬운 부분이다.

마지막에는 개발과 보전이 필요할 때를 각각 쓰고 자신의 생각을 곁들여 보게 했다. 그런데 많은 학생들이 자신의 생각은 쓰지 않고 답만 적는다. 처음에는 글을 안 읽고 무작정 답을 쓰는 게 아닌가 싶었는데, 이제는 확신이 든다. 아이들에게는 '자기 생각'이 없는 것이다. 습관처럼 생각하고 표현하는 교육이 되어야 하지만, 서술형 문제의 답안을 읽을 때마다 학생들이 깊고 넓게 생각하는 것을 어려워한다는 걸 느낀다.

　이런 고민을 말하면 동료 교사들은 필자의 문제가 너무 어렵거나 학생들이 고민하기에는 높은 수준이라는 답변을 한다. 정말 그런 것일까? 혹 생각을 묻지 않은 우리 교육의 풍토 때문은 아닐까? 아니면 생각보다는 정확한 답을 요구하는 입시 교육, 그 입시 교육의 영향을 받은 교사의 교수법 때문일까?

　결론적으로 말하면, 필자는 내 과제가 어렵다는 동료 교사의 피드백에 진혀 동의하지 않는다. 어렵다는 것은, 경험이 부족하다는 것이다. 무엇이든 처음 접하면 어렵다. 그러나 자주 접하고 익숙해지면 어렵게 느껴지지 않는다. 따라서 우리가 습관처럼 해 오던 교육, 별 생각 없이 제작하던 평가 문항의 방향을 깊이 검토해 볼 필요가 있다. 특히 원격수업 상황에서 글쓰기 같은 과제가 많아지는 경향을 고려하면, 집에서 자유로운 정보 검색이 가능함에도 읽기 능력이 갈수록 부족해지는 세태를 고려해 '생각'을 묻는 에세이 형식의 과제와 피드백이 더욱 많아져야 할 것이다. 안타깝게도 이번 과제에서 본래 의도를 지키지 못하고, 필자 또한 이런 생각을 지키지 못하였다.

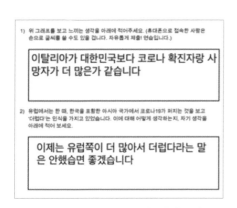
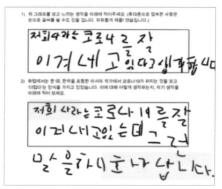

왼쪽은 휴대전화로 타이핑하여 제출한 것이고, 오른쪽은 화면에 손글씨, 펜슬로 기입해 제출한 것이다.

이런 고민을 뒤로하고, 구글 문서에 기록된 위 학습지를 사본으로 제공하였다. 학생들에게는 가급적 컴퓨터로 접속해 줄 것을 당부하되, 모바일 접속자는 구글 문서 앱을 반드시 설치하도록 독려했다. 물론 문서 앱이 없어도 아래 학습지를 PDF 파일처럼 연 후 그리기 기능을 이용해 손글씨나 텍스트 입력으로도 답안 작성이 가능하다.

구글 클래스룸에서는 학생들이 과제를 작성하고 제출할 경우 과제 제출된 목록이 실시간으로 계속 변동되어 나타난다. 먼저 작성한 학생의 과제는 직접 교사가 검토하되, 우수 답안이라고 생각되면 학생의 동의를 전제로 화면공유 기능을 이용하여 교사가 직접 피드백하는 모습을 모든 학생들에게 보여 줄 수 있다.

우수 학생의 답안에서 어떤 점이 우수한지 음성과 글쓰기로 동시 피드백을 하고, 다른 학생을 위한 참고 자료로 계속 화면에 띄워 두면 어떨까? 과제 작성을 어려워하는 학생들의 답안 작성에 큰 도움이 될 것이다. 다만 모든 학생들에게 과제를 충분히 익히고 고민할 시간이 필요하기 때문에 화면공유를 이용한 우수 답안 공개는 수업 후반부에 제시하길 권장한다. 또한 비슷한 형태의 수업을 반복하게 될 경우 '우수 학생의 답안 공개'를 기다리며 미리 작업하지 않는 학생이 생길 수도 있으므로, 수시로 모든 학생의 과제 작성 여부를 살펴본다. 클라우드 기반 문서 작업은 학생의 작업 현황을 실시간으로 볼 수 있기 때문에, 온라인 순회지도가 가능한 것이 가장 큰 장점이다.

블렌디드 과학 수업 사례

6학년

우리 몸의 구조와 기능

이 단원은 눈에 보이지 않는 신체 구조를 이해해야 하는 단원으로 이미지나 영상 자료가 꼭 필요하다. 그런데 이미지로 표현하기에는 우리 신체 구조가 매우 복잡하게 구성되어 있고, 영상으로 보여 주기에는 실시간 화상수업 상황에서 영상이 원활하게 재생되지 않는다. 관련 자료를 검색하던 중 사방에서 신체를 관찰할 수 있는 효과적인 학습 자료를 찾아내었고, 코로나19 이전의 등교수업 방식과 다양한 자료를 활용한 원격수업이 자연스럽게 연결되도록 수업 일정과 교육과정 진도를 맞춰 나갔다.

예전 교육과정에서는 5학년에 있었던 내용이 이번에는 6학년으로 올라왔다. 내용의 이해에 어려움이 있다기보다는 구조와 기능에 대해 기억해야 할 것이 많은데, 지식에 초점을 맞추기보다는 각 신체 기능이 어떻게 유기적으로 연결되어 있는지 이해시키는 것이 필요하다.

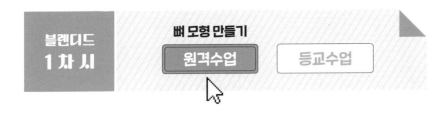

블렌디드
1차 시

뼈 모형 만들기

원격수업   등교수업

실시간 화상수업을 통해 학생들이 집에서도 교실에서 수업을 듣는 것처럼 교사의 관리하에 정해진 시간을 유의미한 학습 시간으로 채우고자 하였다. 만들기 재료는 학교에 등교했던 날 학생들에게 나눠 주었고, 비디오를 켠 채로 뼈 모형을 만든 후 다 만든 학생은 화면 앞에 보여 주는 것으로 수업을 진행했다. 2학기 첫 수업이었는데, 모든 수업을 실시간 화상수업으로 도입하는 첫 출발이라 내용은 가볍게, 형식에 초점을 맞춰 수업하였다.

★ 성찰 및 피드백

이렇게 만든 뼈 모형은 나중에 소화기관, 순환 기관 등 다양한 신체 기관 스티커를 하나씩 붙여 가면서 수업 전체에 활용하는 용도로 사용해야 했는데, 수업을 하다 보니 뼈 모형을 활용하지 못했다. 블렌디드 수업 상황이 되다 보니 집에 놔 두고 가져오지 않는 학생이 많았고, 모형보다 훨씬 좋은 콘텐츠로 화면공유를 하는 것이 편했기 때문에 활용도도 떨어졌다. 그렇다면 처음부터 뼈 모형을 만들지 말았어야 했을까?

뼈 모형은 힘없이 축 늘어진 상태로 존재한다. 반면 우리 몸에는 뼈와 뼈를 연결하고 잡아 주는 근육이 있다. 모형은 '뼈를 움직이게 만드는' 근육의 존재를 확인시켜 주기 위한 용도로 활용되므로, 기대한 만큼 활용도는 떨어지더라도 한 번은 만들어 보고 가는 것이 좋다. 다만 한 번 만든 모형을 수업 전체에 꼼꼼하게 활용하지 못한 것은 교사의 실수다.

274

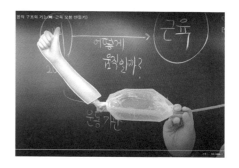

뼈와 뼈를 연결하여 뼈를 움직이는 근육의 역할을 이해하는 것이 수업의 목표이다. 근육은 에너지를 필요로 하며, 에너지는 곧이어 배울 소화기관을 통해서 얻는다. 모형을 만드는 과정에서 빨대와 빨대가 연결되는 이음새를 비닐로 잘 덮어서 붙여야 모형이 제대로 움직인다는 내용을 통해 근육의 필요성을 강조한다. 빨대로 바람을 불어넣어 근육 모양에 따라 팔이 어떻게 구부러지는지 실험하고, 뼈와 근육의 관계와 기능도 학습할 수 있다.

근육에 대한 이해를 돕기 위한 모형은 그 자체로 효과적이지만, 사람의 신체 기관으로서의 근육 모형을 같이 보여 주는 것도 필요하다. 이를 위해 mozaik3D 웹에 접속하여 '사람의 근육' 또는 '뼈의 접합부'를 선택하고 학생들에게 보여 준다. 유료 앱이지만 계정을 만들면 일주일 동안 5개의 콘텐츠를 무료로 볼 수 있다. 뼈와 근육이 움직이는 모습을 생생하게 볼 수 있으며, 뼈를 둘러싼 근육의 이완과 수축을 관찰할 수 있다.

수업이 끝난 후 실험관찰을 작성하고, 사진을 찍어 업로드하게 했다. 등교수업인데 왜 직접 관찰하지 않았을까? 코로나19로 수업 시간을 5분 단축하여 실험관찰을 미처 확인할 수 없었던 탓이 크다. 그러나 좋게 생각하면 집에서 한 번 더 복습할 수 있는 기회가 되고, 언제든지 피드백할 수 있다는 점 때문에 중요한 수업은 교실에서 하더라도 과제는 원격수업 플랫폼을 통해 확인하였다.

핵심 발문을 위한 메모

1. (뼈 모형을 통해) 뼈는 혼자서 움직일 수 없다.

2. 뼈를 움직이기 위해서는 뼈를 들어 올려야 한다. (누가?)

3. 근육이 뼈를 잡아당겨야 하기 때문에 근육은 뼈와 뼈를 감싸며 붙어 있어야 한다.

• 손그림이 붙어 있는 빨대의 끝부분에 비닐봉지 끝머리가 붙어 있어야 한다.

• 근 수축과 이완을 통해 움직인다(수축, 이완이란 표현은 사용하지 않음).

 Tip 신체의 구조 학습에 도움이 되는 앱/콘텐츠

1. Mozaik 대화식 3D 애니메이션(Human body)

3D나 AR 기반 인체 해부 모형 앱을 찾고 있었는데, 시중에 꽤 괜찮은 무료 앱이 있었다. '인체(남성) 대화식 교육적 3D'라는 앱으로, 무료라고 하기에는 질이 매우 좋았다. 이 앱을 제작한 회사가 어디인지 검색하여 웹으로 들어갔더니, 3D 애니메이션으로 구현한 교육용 콘텐츠가 1천여 개나 되는 거대한 교육용 앱 개발 회사였다. 로그인하고 유료 결제하면 1천 개 이상의 애니메이션을 볼 수 있다고 하는데, 현재 무료로 볼 수 있는 것도 몇 개 있다. 유료 결제하면 240유로 정도 하고, 해당 콘텐츠를 학생 단체용으로 구매해 태블릿 PC에 설치할 수도 있다. 학생 단체용으로 20개를 구입하면 개인용 구입보다 훨씬 싸다. 해외 결제라 조금 난감하지만, 행정실과 잘 협의하면 해외 결제도 충분히 가능하다.

교실에서 컴퓨터로 학생들에게 3D 애니메이션을 보여 주려면 뷰어를 따로 설치해야 한다. 성능이 느린 컴퓨터에서는 이 뷰어를 작동시키는 것이 상당히 오래 걸린다. 학생 개인용 스마트폰에 설치해 오라고 해도 되는데, 101MB라 조금 부담스러운 용량이다. 한 가지 조심해야 할 것은 성적인 부분이다. 앱에서 제시하는 여러 신체 기관 중 '생식기' 버튼을 누르면 남자의 성기 내부를 그대로 보여 주고 있어서 주의할 필요는 있다.

2. zygotebody 3d anatomy

처음에는 구글과 협력하였던 웹사이트 같은데, 지금은 독립적으로 운영되는 것 같다. 앱은 없고 웹 버전만 있으며, 교사가 학생과 수업할 때 특정 신체 기관을 조회하여 보여 주기에 좋다. 조금만 조작해 보면 누구나 쉽게 할 수 있다. 마우스로 신체 모형을 클릭해서 좌우로 돌리면 인체 모형도 돌아가며, 기관으로 가려진 뒷부분의 연결 과정을 볼 수 있다. 특히 식도에서 위로 연결되는 모습은 사람을 뒤로 돌리면 보여 줄 수 있다. 교과서에는 하나같이 정면을 표현한 삽화만 있어 아쉬웠다. 이를 테면 작은창자에서 큰창자로 어떻게 연결되는지, 혈액이 콩팥을 통과하여 다시 방광으로 나오는 경로는 어떻게 되는지 등은 나오지 않는다. 연결되어 있다고 배우지만 연결된 실체를 배우지 못하면 얼마나 답답하겠는가? zygotebody 사이트는 이를 가능하게 만든다.

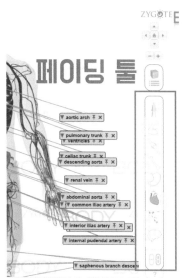

지나치게 자세한 그림 탓에 모든 신체 기관을 열면 복잡하므로, 슬라이딩 툴을 잘 이용해서 필요한 기관만 보이게 만드는 것이 필요하다. 다음 사진은 근육 기관을 슬라이딩 툴로 페이딩을 하여 적절히 숨긴 후 순환 기관에 해당하는 신체 기관만 클릭하여 고정시켜 둔 모습이다. 이렇게 설정한 후 주소를 복사하여 공유하면, 다른 사람도 순환 기관만 설정되어 있는 모습을 볼 수 있다. 특정 기관을 고정하거나 숨길 때마다 인터넷 주소가 조금씩 바뀌는 것을 알 수 있다. 무료로 이용할 수 있지만 로그인 후 유료 결제하면 더 다양한 기능을 활용할 수 있다. https://www.zygotebody.com/

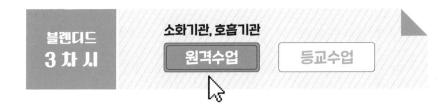

우리 몸은 하나씩 개별적으로 기능하지 않고 적절한 상호작용을 하면서 유기적으로 연결되어 있기 때문에 우리 몸에 대해 배울 때도 개념과 개념을 잘 연결해 주어야 한다. 어떻게 개념을 연결할 수 있을까?

뼈와 근육에 이어 소화기관, 순환 기관, 배설기관을 각 한 차시씩 지도하면서, 이전 시간에 배웠던 개념을 꼭 상기시켜 오늘 배워야 할 내용과 연결 지으려고 노력했다. 이를 위해서는 칠판처럼 자유롭게 글을 적을 수 있는 공간이 필요해서, 아이패드를 PC에 미러링한 후 PC 화면을 화면공유 기능으로 학생들에게 전송하는 실시간 화상수업을 진행했다.

★ 실시간 화상수업 준비

우선 판서 형태의 실시간 화상수업을 위해서 다양한 도구가 필요하다. 원격수업이 장기화되면서 '타블렛'이라는 필기 사용 도구를 구매하는 교사들이 많았으나 필자는 구매하지 않았다. 초창기 타블렛은 컴퓨터 모니터를 보면서 마우스패드 같은 곳 위에 펜슬을 이용하여 그리는 것으로, 시선은 모니터에 두고 손은 아래에 있는 것이 불편했다.

이를 보완하기 위해 액정 타블렛이 등장했다. 액정 타블렛은 컴퓨터와 타블렛을 연결할 경우 액정에 컴퓨터 주 화면이 그대로 복제되어 나타나는 것이다. 액정 타블렛을 이용하면 시선이 정면을 향하지 않고도 공책 위에 바로 필기하듯 액정 타블렛을 보면서 필기할 수 있다. 그러나 이렇게 펜슬을 사용한다고 해서 마우스가 완전히 필요 없는 것은 아닌 데다, 필기 인식이나 활용 면에서 약간의 유격이 느껴지기 때문에 개인적으로는 조금 불편할 것이라 생각되었다.

추가로 타블렛을 구매하기보다는 학교에 구비되어 있는 태블릿 PC를 이용하면 훨씬 좋다. 아이패드에 펜슬이 있다면, 그리고 무선 랜카드가 준비되어 있다면 다음의 방법으로 화면공유를 해 보자.

❶ 기기 준비
  • 태블릿 PC(아이패드+애플펜슬)
  • 판서용 앱 설치(그림판, 메모장, 굿노트 등)
  • Wi-fi 무선 랜카드(컴퓨터 본체의 usb 단자에 연결)

❷ PC에 미러링 프로그램 설치
  • 대부분 스마트폰이나 태블릿 PC를 교실 TV에 미러링하는 것은 해 봤을 것이다. 지금은 TV가 아니라 컴퓨터에 미러링하는 것이다. 컴퓨터를 TV라 생각하자.
  • 프로그램 종류는 다양하나 lonely screen을 추천한다. 검색하면 다양한 종류의 프로그램이 나온다. 대부분 유료이지만 무료 버전으로 사용 가능한 것들이 몇 가지 있다(또는 airserver 설치).

❸ 설정
  • lonely screen 프로그램을 실행한다.
  • 아이패드와 PC 네트워크를 동일한 Wi-fi로 설정한다(그래야 아이패드에서 미러링을 할 때 PC 화면이 잡힌다).

- 컴퓨터로 zygotebody 웹사이트에 접속한다.
- 아이패드를 이용해 판서에 필요한 연습장 앱을 실행한다. 이삼십 대 아이패드 유저들은 아이패드를 쓰면 거의 굿노트를 유료로 구매하여 사용한다. 그러나 굿노트 앱이 아니라도 그림을 그릴 수 있는 무료 앱이나 노트 필기 앱이 있으면 상관없다.
- Zoom이나 구글 미트, e학습터(혹은 온더라이브) 등으로 PC 화면을 공유하면서 지난 시간의 개념을 정리한다.
- 디지털교과서를 함께 설치하여 필요할 때 앱을 전환한 후 디지털교과서 내용을 보여 주면 좋다(들숨과 날숨이 표현된 플래시).

다음 사진은 아이패드에 설치한 필기 프로그램 굿노트를 이용하여 단원명(텍스트 입력), 그림 삽입(뼈 모형) 후 애플펜슬을 이용해 패드 위에 판서를 하고 있는 모습이다.

지난 시간에 배웠던 뼈와 근육 모형을 상기하고, 뼈가 움직이는 원리를 소개(뼈 모형의 왼쪽 팔에 붉은색으로 색칠한 것은 근육이 뼈를 감싸고 있는 것을 설명)하였다. 그렇다면 근육은 어떻게 움직일까? 근육에 공급되는 에너지를 얻기 위해 우리는 음식을 섭취하고, 이를 소화한다는 것을 알려 주면서 '소화'와 '소화기관'이란 개념을 도입했다.

왼쪽에 삽입한 그림은 미리 아이패드에 다운받아 둔 그림이다. 뼈 모형 위에 각종 신체 기관을 삽입하여 위에 올리면서 시각적으로 신체 구조를 이해시키려고 했다.

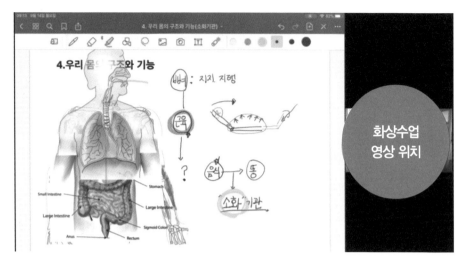

이미지를 삽입하면서 설명할 수 있다. 이미지는 미리 태블릿 PC 내에 저장해 두는 것이 편리하다.

배워야 할 내용에 대한 개념 정리가 끝난 후, 본 차시 내용을 배우기 위해 zygotebody로 접속한다. 필자는 수업 전에 미리 접속하여 다른 기관은 페이드 아웃시킨 다음, 소화기관만 고정시켜 놓은 후 학생들에게 바로 화면공유를 하였다. 처음에는 기관명이 모두 영어로 나오므로 구글 크롬에서 번역 기능을 활성화시키는 것이 좋다.

이렇게 각 신체 기관에 대한 개념 정리와 더불어 소화기관의 명칭, 역할, 모습을 자세히 보여 준 후 10분 간 '캠스터디' 형태로 비디오는 켜고 마이크는 끈 채로 실험관찰을 작성하게 했다. 정해진 수업 시간 안에 과제를 모두 작성하고 제출하도록 하여 제출률을 높이고, 그때그때 질문을 받아서 학생과의 상호작용을 늘려 나갔다.

★ 성찰 및 피드백

그러나 상호작용 시간이 대체로 부족하고, 학생들은 교사의 설명을 10분 이상

들어야 하는 경우가 생겼다. zygotebody 같은 화려하고 신기한 콘텐츠의 효과도 첫 1~2분이 지나고 나면 시들해진다. 스마트폰을 이용해 수업에 접속한 학생들이 많다 보니, 화면은 작고 친구들로부터 끊임없이 카톡이 온다. 이런 상황에서 교사의 설명 시간이 길어질수록 수업은 지루해지고 의미는 떨어지게 된다.

이런 문제는 다음 수업에서도 계속 지속되었고, 이 단원이 끝나고 나서야 부분적인 문제해결이 이루어졌다. 아쉬운 부분이지만, 실험관찰 작성을 다 하기 전까지는 화상수업을 종료할 수 없도록 환경을 설정한 것으로 학생들의 과제 제출률을 다소 올린 것에 만족해야 했다.

Tip 이미지 자료에 대하여

사진은 모두 저작권 무료 사이트인 픽사베이에서 활용하였다. 때로는 현실을 담은 사진보다 일러스트 느낌의 이미지가 수업에 더 효과적일 때가 있다. 그런데 이런 이미지를 찾는 것이 쉽지 않다. 웹상에 공개할 것이 아니라 부분적으로 수업에 활용하고 싶다면 https://www.sciencephoto.com에 접속하여 과학 관련 일러스트를 검색해 보자.

이곳은 유료 결제 후 이용해야 하는 곳으로 무료로 이미지를 사용하려면 워터마크가 표기된 이미지를 사용해야 한다. 그러나 이미지 전체를 방해할 정도의 표시는 아니기 때문에 교실에서 보여 주기에 좋다.

호흡기관 역시 소화기관과 마찬가지로 아이패드를 미러링하여 판서로 개념을 정리한 후 zygotebody 3D anatomy를 이용하여 기관, 기관지, 폐 등 호흡기관의 자세한 모습을 보여 주었다.

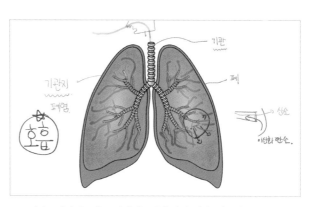

코 - 기관 - 기관지 - 폐로 이어지는 호흡기관 설명. 산소와 이산화탄소의 교환 과정을 설명하고 있다.

산소와 이산화탄소의 교환은 호흡의 핵심이다. 실험관찰에서는 호흡기관의 그림을 제시하고, 명칭과 기능을 쓰는 분절적 활동을 유도하고 있는데, 호흡이 하나의 맥을 유지하는 개념으로 이해되려면 산소를 받아들이고 이산화탄소를 배출하는 과정을 짚고 넘어가는 것이 좋다. 코 - 기관 - 기관지 - 폐로 이어지는 호흡기관의 순서는 부차적인 것이다. 산소가 받아들여지는 경로를 외우는 학습보다는 호흡이 일어나는 이유, 즉 혈액이 산소를 필요로 하고, 혈액에 산소를 공급하기 위한 과정과 몸속의 이산화탄소를 바깥으로 내보내기 위한 일들이 폐에서 일어나는 과정을 지도해야 한다. 궁극적으로는 숨을 들이마실 때와 내쉴 때에 우리 몸에서 나타나는 변화를 관찰할 수 있어야 한다.

그런데 과학 교과서에는 이산화탄소를 날숨으로 보낸다는 서술이 없고, 산소를 받아들이는 과정만 서술되어 있다. 학생들은 6학년 때 「식물의 구조와 기능」 단원을 통해 식물의 광합성을 배웠으며, 광합성 과정에서 식물이 이산화탄소를 받아들여 양분을 만드는 데 활용하고 있음을 배웠다. 지구에서 동물과 식물이 조화롭게 살아가는 이유 중 하나는 동물이 내쉬는 이산화탄소를 식물이 받아들여 성장하고, 식물에서 나오는 산소를 인간이 필요로 하는 상호의존적 관계이기 때문이다. 광합성을 배웠고, 이산화탄소를 집기병으로 모으는 실험까지 한 6학년 아이들이 호흡 과정에서 이산화탄소를 배우지 않는 것은 뭔가 어색하지 않을까?

뭔가 아쉬움이 있었던 것인지, 실험관찰 마지막 문제에 산소와 이산화탄소의 교환이 일어나는 기관지와 폐 사이의 관계를 어렴풋이 이해할 수 있는 질문 하나가 제시되어 있다. '기관지가 여러 갈래로 갈라져 있는 까닭'을 묻는 질문으로, 중등 과학에서는 폐포가 닿는 면적이 넓을수록 산소와 이산화탄소의 교환이 효율적임을 설명한다. 하지만 '폐포'라는 개념을 배우지도 않은 데다, 단면적을 활용하여 지도할 수는 없어서 다음과 같이 '야구장'에 비유하여 피드백하였다.

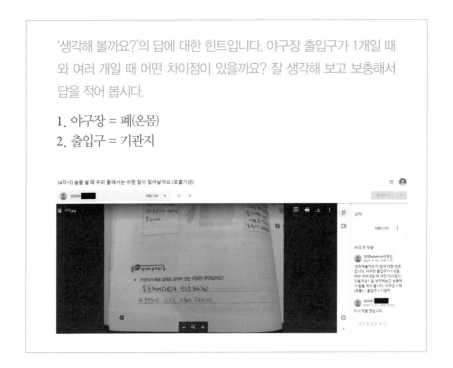

배운 내용을 정리하기 위해 다시 아이패드 미러링 기능을 활용하였다. 노트

필기 앱을 열고, 호흡기관의 기능을 적어 가면서 정리한 후, 연결형 퀴즈로 수업을 마무리하였다. 4명의 학생에게 질문할 수 있게 되었는데, 교사는 수업 중 상호작용 태도나 평소 과제 수준을 참고하여 보충이 필요한 학생 위주로 발표를 진행한다. 다음과 같은 연결 짓기는 누구나 쉽게 답할 수 있다. 이런 형태의 원격수업은 수학 시간이나 낱말의 뜻을 잇는 국어 시간에도 충분히 활용할 수 있다.

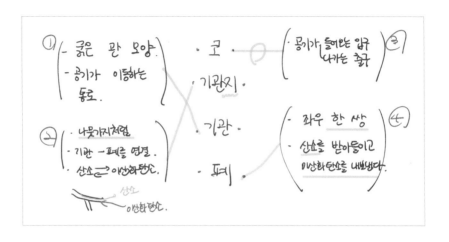

교과서 서술을 살펴보면 '소화로 흡수한 영양소와 호흡으로 얻은 산소는 혈액을 통해 이동합니다.'라고 나와 있다. 그러므로 소화기관(을 비롯한 여러 신체 기관)은 혈관과 연결되어 있음을 알 수 있다.

대동맥과 대정맥에서 나뭇가지처럼 뻗어 나가는 다양한 혈관, 모세혈관만 더블클릭 후 고정시켜 두고 zygotebody에서 슬라이딩 툴을 조작해 나머지 신체 기관을 모두 페이드아웃하면 순환 기관만 관찰할 수 있다. 이후 생김새를 관찰하고, 온몸에 퍼져 있는 순환 기관을 통해 혈액이 돌아다니면서 몸 전체에 영양소와 산소를 공급하는 것을 지도한다. 학생들은 신체 구조가 각각 따로 기능하는 것이 아니라 하나로 연결되어 있음을 알고, 연결의 중추가 바로 순환 기관임을 이해한다.

다음으로, 연결되어 있는 혈관을 따라 영양소와 산소가 이동하는 방법을 생각하게 했다. "어떻게 갈까? 두 다리가 있어서 걸어가는 것일까? 한 곳에 가만히 있을까? 밑으로 떨어져서 발끝에 다 모이려나?" 사고를 촉진시키는 다양한 발문 끝에 순환 기관 실험을 보여 주면서 혈액을 힌트로 제시했다.

교사 : 이 실험에서 펌프는 무엇을 의미할까요?

학생 : 심장이요. (거의 모든 아이들이 쉽게 이해하고 답한다.)

교사 : 관을 따라 이동하는 붉은색 물은?

학생 : 피! (혈액이란 용어를 덧붙여 줄 필요가 있다.)

교사 : (숫자를 세며) 하나, 둘, 셋… (제자리에서 뛰면서 펌프질을 빠르게) 하나, 둘, 셋, 넷, 다섯, 여섯, 일곱, 여덟… 무엇이 달라지고 있는지 확인해 볼까요?

영양소와 산소는 어떻게 움직일까요?

(학생 반응을 살피면서) 그렇지, 혈관을 통해 순환하고 있는 혈액에 올라탄 것처럼, 마치 워터파크에서 슬라이드 타는 것처럼.

그러고는 교실 컴퓨터를 이용해 혈관이 퍼져 있는 신체 해부도를 보여 준다. 수업이 끝난 후 구글 클래스룸에 사진과 실험 영상을 올려 복습용으로 보게 하였다.

배설기관 역시 호흡기관, 순환 기관과 비슷한 형태로 판서를 곁들여 가면서 몸 전체에 연결되어 있음을 강조하는 방향으로 수업을 진행했다.

★ 수업을 고민하다

사실 학생들은 신체 기관이 어떻게 생겼는지, 어떤 방식으로 연결되어 있는지 가장 궁금해 할 것이다. 신체가 하나로 연결되어 있다는데, 어떻게 연결되어 있는지 제대로 본 적이 없기 때문이다. 연결된 모습을 알아야 한다.

교과서에는 콩팥으로 들어가는 대동맥과 대정맥의 연결이 자세하지 않다. 온몸을 돌고 돈 혈액의 순환 과정이 콩팥과 연결되어 있다는 것을 이해할 수 있도록 zygotebody 사이트를 이용해 콩팥과 혈관이 연결되어 있는 뒤쪽 부분을 보여 주었다.

다음으로 디지털교과서 애니메이션을 통해 혈액이 들어가고 나가는 모습을 보여 주면서 붉은색 혈관은 노폐물이 많이 있는 상태로 콩팥에 혈액을 보내고, 콩팥에서 걸러진 깨끗한 혈액은 파란색 혈관을 거쳐 온몸을 순환한다고 지도하였다. 소변이 마려운 현상을 연결하여 방광을 지도하니 학생들의 이해가 빨랐다. 콩팥은 4학년 때 배운「혼합물의 분리」에서 '체'를 이용했다는 사실을 알려 주면서 일종의 필터, 정수기 역할로 비유하였다.

이처럼 신체 기관의 기능을 '비유'하여 설명하는 것을 이용하여 실험관찰에도 다른 신체 기관의 기능을 비유하여 표현하게 했다. 어떻게든 이해한 바를 표현하게 해야 학생이 이해한 정도를 파악할 수 있다. 비유하는 것이 어려운 학생들은 완전한 이해되지 않았다는 것이고, 자신 있게 표현한 학생도 혹 잘못된 개념으로 지식을 구조화시킬 수 있다. 그런 점에서 비유는 학생의 이해 수준을 파악하고, 학습자 스스로 이해한 바를 검토하는 데 탁월한 방법이다.

★ 성찰 및 피드백

지금까지 소화기관, 호흡기관, 순환 기관, 배설기관을 지도하면서 모두 태블릿 PC를 이용한 판서 화면의 공유와 실험관찰 작성 등으로 수업을 진행했다. zygotebody 같은 해부학을 다루는 3D 웹/앱 프로그램을 이용하여 학생들의 호기심을 북돋우고자 노력했으며, 수업 전체에 '신체 기관은 유기적으로 연결되어 있다.'는 핵심을 지도하려고 했다.

그러나 이런 의도와 달리 수업 방식에서 학습자가 수동적인 점은 늘 마음에 걸린다. 철학 없는 원격수업 도구의 이해와 활용은 반대하지만, 도구를 활용할 수밖에 없는 초등학생의 발달 수준을 이해한다면 교사들이 학생 참여 형태로 도구 활용법을 배우는 모습은 자연스러운 것이다. 다음은 학생들의 참여 형태를 끌어올리고, 보다 원활한 상호작용과 학습자의 이해 수준 파악을 위해 패들렛을 활용한 수업 사진이다.

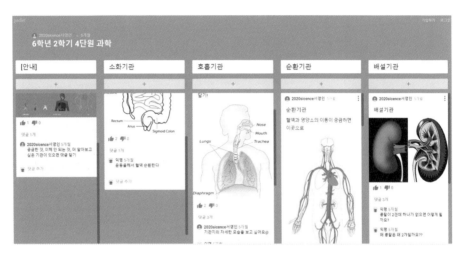

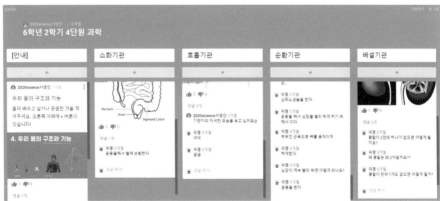

학생들이 질문한 내용들 : "심장이 빨리 뛰면 어떻게 되나요?", "콩팥은 왜 2개인가요?", "콩팥 1개가 없으면 어떻게 될까요?" 등

그럼에도 불구하고, 신체 구조가 유기적으로 연결되어 하나가 고장 나면 몸 전체에 악영향을 끼치듯, 수업 또한 내용과 방법이 유기적으로 연결되어 있어야 한다. 내용에 대한 이해와 고민이 되어 있다면 이를 방법적으로 풀어내는 것은 오히려 더 쉽다.

숨 가쁘게 달려온 블렌디드 수업 상황에서 가장 불만스러운 것은 수업과 평가의 일체화를 위한 과정중심평가가 어렵다는 것이다. 등교수업 중에는 형성평가나 수행평가를 시행하여 학생의 학습을 점검하고 지원할 수 있었는데, 원격수업 상황에서는 쉽지 않은 것이 현실이다. 사실 등교수업과 원격수업이 일정한 간격으로 지속된다면 체계적인 교육과정 계획과 실천이 가능할 것 같지만, 5분이 줄어든 학사일정 상황에서 실험하는 것만으로도 수업이 버거워 수업과 평가가 동시에 이루어지는 것이 참 어렵다.

이런 단점을 보완하는 것이 온라인 형성평가다. 성적에 정식으로 반영하기는 어렵지만 취합된 응답은 통계화되니 학생들에게 우리 반 전체의 상황을 공유하고 피드백을 위한 자료로 활용할 수 있다.

워낙 머릿속으로 기억해야 할 지식이 많은 단원이다 보니 별도의 정리가 필요해 보여 온라인으로 오답노트를 만들어 보게 했다. 오답노트를 만들어 본

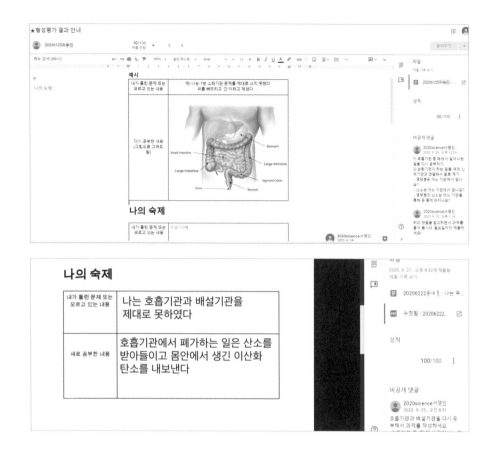

사람이라면 누구나 알 것이다. 문제를 베껴 적기엔 손이 너무 아프고, 그렇다고 손으로 적지 않고 문제집을 오리려고 하니 가위와 풀, 잘려진 종이 등 치워야 할 게 너무 많아 번거롭다. 필요한 사진을 가져와서 붙인 후 개념 이해에 도움이 되도록 완벽한 단권화를 만들고 싶지만 아날로그 방식으로는 한계가 있다. 하지만 온라인으로 오답노트를 작성하면 이런 한계를 극복하는 것이 가능하다. 구글 문서를 이용해 간단한 양식을 제공하였다.

예시를 제시하여 오답노트를 정리할 때 사진을 삽입하여 정리할 수 있음을 알려 주고, 비공개 댓글로는 각자 무엇을 정리하면 좋을지 부족한 부분을 언급하여 피드백했다. 아직 타이핑이 어렵고 컴퓨터 활용이 미숙한 학생들에게 이런 문서 정리가 조금 낯설게 느껴진 것 같다는 느낌이 들지만 적응이 필요할 것이다.

2016학년도에 같은 내용을 지도할 때는 중추신경계와 말초신경계가 함께 나타나 있었다. 지금은 통합되어 '신경계'라고만 제시되어 있다. 자극과 반응의 과정을 재미있게 설명하기 위해 치킨을 예로 들었다.

맛있는 치킨이 '보이고', '냄새가 난다'. 양념을 먹을지 프라이드를 먹을지 고민하다가 결국 프라이드를 '손'으로 집어 먹기로 한다. 손으로 집으니 까끌한 튀김옷이 손끝에 닿으면서 손가락에 기름기가 묻는다. '바삭한 소리'와 함께 입에서 치킨의 '짭짜름한 맛'이 나고, 이내 휴지를 찾아 손을 닦았다.

위 예에는 시각, 후각, 촉각, 청각, 미각의 오감이 모두 들어가 있다. 시각과 후각의 자극을 통해 들어온 정보는 신경계를 타고 뇌로 가고, 양념과 프라이드 중 무엇을 먹을지 판단하는 과정을 거쳐 다시 신경계를 통해 운동기관인 손으로 명령을 전달한다.

사실 인간의 두뇌는 수많은 감각뉴런과 운동뉴런의 전기신호 전달을 받아들이고 보내는 역할을 한다. 감각-신경계-뇌(판단)-신경계-운동기관의 과정을 자세히 보면 마치 컴퓨터의 정보처리 과정 같다. 이런 점을 의식하면서 학생들에게도 치킨을 먹는 과정을 하나씩 끊어서 설명하였고, 인간의 뇌가 매우 발달한 상태라 이런 과정을 의식하지 않고도 자연스러운 행동으로 이어진다고 이야기했다. 그러고는 교실에서 갑자기 학생의 필통 하나를 높이 집어던지며 그 학생이 필통을 잡는지 못 잡는지 관찰하게 하고, 그 순간에 일어난 학생의 자극과 반응을 함께 해석해 봤다.

이런 일련의 설명과 행위를 보자 한 친구가 "이거 코딩이네."라는 말을 했다. 어쩜, 필자가 지녔던 의도를 그대로 콕 짚었을까! 요즘 AI를 공부하면서 머신러닝과 딥러닝의 관계에 인간의 두뇌 구조가 연관된 것을 인식한 터라, 인간을 닮은 기계의 과정에서 다시 인간의 지식처리 과정을 반추해 보던 터였다. 코딩과 비슷하다고 지적했던 친구는 수업 중 집중력이 낮은 학생이었는데, 그 학생이 필자의 설명을 듣고 있었다는 것과 더불어 필자가 생각했던 것을 간파한 것에 아주 큰 기쁨을 느꼈다.

해당 차시는 운동 전후의 맥박을 비교하는 실험으로 체육 활동이 필요했다. 그런데 등교하지 않는 날에 이 차시 진도가 잡혀서 어떻게 할지 고민하다가 집에서 마음껏 뛰게 해 보자는 마음으로 원격으로 수업을 진행했다.

1. 스프레드시트

스프레드시트에 운동 전, 운동 후, 5분 후의 맥박을 입력할 수 있는 표를 만들었다. 숫자를 입력하면 아래에 자동으로 꺾은선그래프가 나타나도록 차트도 삽입해 두었다. 원래는 이를 학생 사본으로 제공하는 과제물로 활용할 계획이었는데, 화면만 보여 주고 실제 그래프 기록은 실험관찰에 그리게 해도 무방하다.

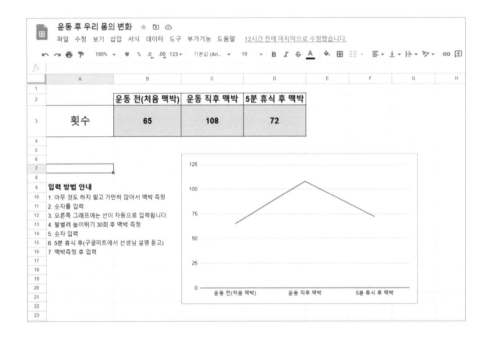

2. 팔 벌려 높이뛰기 영상 준비

운동 직후 맥박을 재기 위해 어떤 운동을 준비할까 고민하다 다 함께 웃을 수 있는 동작이 좋겠다는 생각에 팔 벌려 높이뛰기 영상을 링크했다. '홈트레이닝' 혹은 '홈트'라는 검색어를 이용해 1분 내외의 유튜브 영상을 미리 검색해 두어야 한다.

3. 클래스123 타이머 준비

맥박 측정에 필요한 1분, 운동 후 쉼에 필요한 5분 등을 타이머로 재기 위해 구글 미트의 화면 발표(=줌의 화면공유) 기능을 활용했다(타이머는 본인이 활용하는 어떤 타이머라도 상관없다).

이제 학생들에게 '운동 전 맥박'을 측정하게 한 후 실험관찰과 스프레드시트에 숫자를 입력하게 한다. 영상을 보여 준 후 제자리에서 일어나 팔 벌려 높이 뛰기를 정확한 동작으로 실시하게 한다. 그동안 다들 체육 활동이 부족한 상태에서 카메라 앞에 있는 친구들을 보면서 뛰다 보니 싱글벙글 웃기 시작했다. 좀 더 재밌는 상황을 연출하려면 다소 소란스럽겠지만 반에서 가장 재밌는 학생 2~3명의 마이크를 켜고 뛰게 하거나, 교사도 같이 뛰면 된다.

❶ 활동 안내
❷ 1분 타이머 – 맥박 재기 – 실험관찰 입력
❸ 스프레드시트에 숫자 입력 – 그래프 보여 주기 – 실험관찰에 그래프 입력해야 함을 안내

❹ 운동 영상 보여 주기 – 팔 벌려 높이뛰기 30회 후 맥박 측정 – 실험관찰에 입력

❺ 5분 휴식하면서 과제 안내

❻ 맥박 측정 – 실험관찰 입력, 스프레드시트 완성

블렌디드 과학 수업 사례

6학년

전기의 이용

3–6학년의 초등 교육과정을 지도하면서 과학이라는 교과의 본질 속에 '에너지'라는 큰 줄기가 존재함을 느낀다. 전기는 광합성을 일으키는 빛에너지와도 연관이 있다. 빛에너지는 5학년 때 「태양계와 별」을 학습하면서 모든 생물이 살아가는 데 필요한 에너지를 얻는 근원이라고 배웠다. 이처럼 에너지는 과학 전체를 포괄하는 중요한 개념이다. 이 개념을 실생활에서 가장 가깝게 이용하고 있는 에너지가 바로 전기에너지다.

전기는 과학의 발달로 생긴 첨단기술이라 생각하기 쉽지만, 이미 자연에 존재하고 있는 물리적 현상의 일부분이다. 이를 우리가 언제든지 쓰기 좋게 만들어 사용하고 있을 뿐이다. 자연에 존재하는 에너지가 전기로 전환되어 우리가 사용하고 있는 현실을 살펴보며, 추상적인 에너지 개념을 조금 더 가깝고 친숙하게 느끼는 배움이 필요하다.

이렇게 하나로 연결되어 있는 듯한 에너지의 개념을 통찰할 수 있도록 학생들에게 좋은 수업을 제공하고 싶었다. 어떻게 하면 교사의 가르침이 아닌 학생들의 배움을 통해 통찰의 경험을 선사할 수 있을까?

전기는 보통 '물탱크'에 비유된다. 물탱크가 수직으로 연결되거나, 혹은 수평으로 연결된 모습을 통해 직렬연결과 병렬연결의 전압 차이를 이해하고, 물의 양이나 물탱크에서 나오는 관의 굵기 등을 이용해 전압, 전류, 저항 등의 개념을 설명한다. 그러나 아이들에게 전기와 전류를 수압 차, 물탱크 등으로 가르치는 것은 굉장히 어려운 일이고, 초등학교 수준에도 맞지 않다는 판단이 들었다. 어떻게 가르치면 좋을지 고민하다가 전압이나 저항은 일단 빼고, '회로'의 완성에 따른 전기의 흐름에 집중하면서 6학년 「우리 몸의 구조와 기능」에 나오는 순환 기관의 성질을 이용해 전기에 비유해 보기로 했다.

교사 : 불이 들어올 때와 안 들어올 때의 차이는 뭘까요?

학생 : 전선하고 전지하고 전부 다 연결되면 들어와요.

교사 : (칠판의 전기회로를 그려 놓은 후) 그렇다면 전선의 어느 한 부분을 끊으면?

학생 : 안 들어와요.

대부분의 학생들은 이 상황에서 '전기가 통해야 하기 때문'이라거나 '연결'이라는 낱말로 표현한다. 필자는 이 상황에서 '순환'이란 말을 도입했다. 인간이 에너지를 얻기 위해 영양소와 산소를 받아들여 혈액을 통해 온몸에 운반하는 과정이 순환이듯이, 전기도 에너지를 내기 위해서 순환하는 과정이 필요하다는 것, 순환되어야 힘이 생긴다고 비유한다.

- 전선 = 혈관
- 전류 = 혈액
- 전구의 빛 = 힘(에너지)
- 전기회로 = 순환 기관

이렇게 이전 시간에 배웠던 개념과 연결하여 전기의 개념을 비유해 설명하니 이전 단원을 복습하기에도 좋았고, 새로운 단원을 도입하는 부담도 훨씬 줄어들었다.

과학실에 있는 오래된 전기회로들은 대부분 접촉 부위가 낡거나 전구의 문제, 전지의 방전 등으로 회로 실습이 잘 안 되는 경우도 있지만, 학생들이 도체를 제대로 인식하지 못하여 불이 들어오지 않는 경우가 더 많다. 전구와 전지, 전선의 도체 부위를 잘 맞물려 주어야 불이 들어오는데, 아직 협응성이 떨어지는 일부 학생들은 집게 전선을 연결할 때 전선 피복과 도체가 서로 닿도록 연결

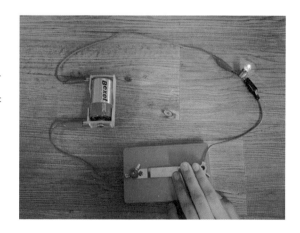

하지 못하는 경우를 볼 수 있다.

이런 상황을 이용하여 '도체'와 '부도체'의 개념을 지도했다. 불이 들어오지 않는 이유를 학생들은 단순히 '고장 났다'고 생각하지만, 실은 고장이 아니라 도체에 대한 인식이 부족하기 때문이다.

교과서에는 도체의 종류를 철, 알루미늄, 흑연, 구리 등 다양하게 소개하고 있으나, 실제 등교수업에서는 철만 다루었다. 흑연이나 구리는 실생활에서 접한 적이 없는 도체다. 본 적도 없는 물질을 아무런 맥락 없이 언급하는 것은 주입식 교육처럼 느껴져서, 실생활에서 충분히 접하고 있는 철만 초등학교 수준에서 다루고, 전선 피복을 벗기는 실습을 할 때 구리를 추가로 다루기로 했다. 직접 본 적도 없으나 교과서에 나와 있다는 이유만으로 무작정 외운 물질은 학생의 스키마에 정착하기 어렵다. 다만 철과 구리를 모두 이해한 다음에 흑연 등을 추가한다면 단계적으로 학생이 이해하는 데 도움이 될 것이다.

전기가 들어오지 않는 상황 중 전지의 방향을 잘못 끼운 경우도 있었다. 많은 학생들이 전지의 +극과 −극을 제대로 구분할 줄 몰라서 솔직히 많이 당황했다. 전류가 제대로 흐르기 위해 극의 방향을 잘 맞춰야 한다는 것을 어떻게 설명할지 고민하다가 '여닫이 문'에 비유하였다.

위쪽의 선은 바깥에서 안으로 들어갈 때 방문을 밀고 들어가는 것이고, 아래쪽 선은 방 안에서 거실로 나가는 방향이라고 생각해 보자. '문을 밀어서 연다'는 개념만으로 설명하면 위쪽 선과 같은 방향으로 들어가야 된다. 아래쪽에서 위로 밀고 올라갈 수는 없기 때문이다.

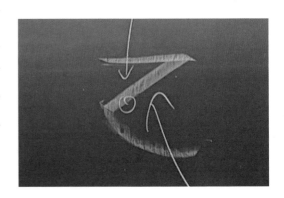

★ 성찰

전기는 실생활에서 자주 접하는 소재이지만, 전기의 속을 들여다보는 이론은
전혀 구체적이지 않다. '전자'라는 추상적 개념, 눈에 보이지 않는 '전류'를 이
해하기 위해 계속 비유를 들어야만 하는데, 이것이 학생들의 이해에 효과적인
지 계속 의문이 들었다. 필자 또한 전기를 비유로 배우는 것이 매우 어렵고 답
답했기 때문이다. 실체를 정확하게 보고 싶은 욕구가 크다고 해야 할까? 더 많
은 공부와 전문가의 자문이 필요하다.

등교수업에서 전지와 전구, 전선, 스위치 등을 이용해 간단한 회로를 만들고
불을 켜 보는 실습을 했다. 이런 실습이 있기 때문에 직렬연결과 병렬연결은
원격수업으로 다루어도 충분히 가능할 것이라 생각했다. 또 전지의 직렬연결
의 경우 전지끼우개의 접촉 부분에 이격이 많아 직렬연결을 해도 회로에 불이
잘 들어오지 않았던 경험이 있어, 오히려 원격수업이 훨씬 낫다고 생각했기
때문이다.

　무엇보다 전기회로의 연결을 원격수업으로 준비하겠다는 발상은 소개할
웹사이트가 아니었다면 하지 않았을 것이다. 매번 느끼는 바이지만, 이런 사
이트를 만들어 내는 이들의 발상과 능력은 정말 대단하고 존경스럽다. 다음
은 웹사이트에서 확인할 수 있는 소개 내용이다. 현재 한국어 PhET 사이트

로 번역·운영되고 있는데, 전북대학교 과학교육학부 이화국 명예교수(www.whakuk.com)가 관리하고 있다.

사진 출처 : PhET Interactive Simulations University of Colorado Boulder

소개 글을 보면 알겠지만 과학뿐만 아니라 수학의 원격수업에도 활용할 수 있는 다양한 소스가 있다. 구글 미트를 이용한 화상수업을 위해, 이 사이트에 들어가서 [Filter – 물리학 – 전기, 자기와 회로]를 클릭하고, GRADE LEVEL 은 초등학교로 설정한다. 그러면 아랫줄 맨 오른쪽에 회로 제작 키트 콘텐츠가 나타난다.

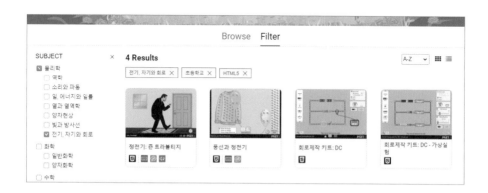

콘텐츠는 모두 웹 기반에서 열린다. 간혹 다운로드가 되는 것은 자바와 같은 일부 프로그램 설치가 안 되어서 나타나는 현상으로 크롬 최신 버전을 설치한 후 시도하면 웹에서 바로 열린다. 다음은 회로 키트 시뮬레이션의 첫 화면이다. 왼쪽의 도구를 하나씩 드래그하여 끌어오면서 회로를 만들 수 있다.

다음은 완성된 직렬연결과 병렬연결 회로의 모습으로 전구의 밝기까지 다르게 구현하고 있다. 화면의 맨 오른쪽 하단 귀퉁이에 보이는 점 3개 버튼을 클릭하면 이 모습을 스크린 사진으로 찍어서 다운받을 수도 있다.

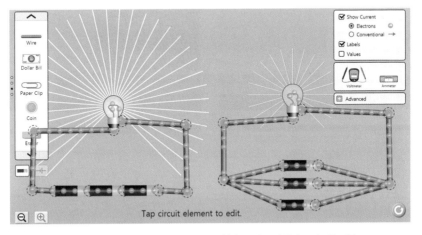

★ 수업을 고민하다

전기 회로 키트를 준비하여 나눠 주려는 생각도 했으나 혹시 모를 안전사고가 걱정되어 실천에 옮기지는 못했다. 학생들에게 위 사이트 링크를 모두 제공하고, 직접 실습해 보게 하면 훨씬 더 재밌는 수업이 이루어졌을 것이다. 그러나 대부분의 학생들이 스마트폰을 이용하여 접속하고 컴퓨터 환경도 뒷받침되어 주지 못하여, 부득이하게 학생이 돌아가며 교사에게 명령을 내리면 교사가 이를 직접 실습하는 형태로 수업을 바꿔 보았다.

　다음은 화상수업을 하면서 화면공유로 보여 주고 녹화한 수업 영상을 복습용 콘텐츠로 제작한 영상의 일부분이다.

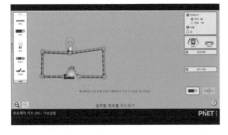

전기 회로를 만드는 것에 집중한 나머지, 직렬과 병렬의 차이와 병렬연결의 장점에 대한 소개가 조금 적었던 것 같다. 병렬연결이 실생활에 자주 쓰이는 이유를 좀 더 알기 쉽게 활동 수업으로 풀어냈어야 했는데 그러지 못했다.

원격수업 이후 다음 등교수업 차시를 증배하여, 직렬연결과 병렬연결을 모두 실습하였다. 결론적으로 학생들은 직렬연결과 병렬연결 수업을 2차시 분량으로 공부했고, 오히려 이것이 전기의 이해를 돕는 데 유리하게 작용했다.

전지의 직렬연결, 병렬연결을 공부한 후 '전구'의 직렬연결, 병렬연결을 할 차례다. 그런데 학생들이 전구의 직렬연결과 병렬연결의 밝기 차이를 눈으로 확인하기는 해도 왜 이렇게 차이가 나는지 이해하기는 어렵다. 이해하는 것은 둘째고, 밝기의 차이가 나는 것을 궁금해 하는 것이 자연스러운 일이지 않을까? 이 수업은 밝기의 차이를 눈으로 확인하는 실습과 더불어, 초등학생이 이해할 수 있는 수준의 비유적 모델을 제시했다.

교사 : 만약 우리 교실에 들어오는 전기가 모두 직렬로 연결되어 있다면, (교실 앞 전등 스위치를 끄면서) 모든 불이 다 꺼져야 되겠죠. 그런데 칠판 앞에만 꺼졌네요? (전등, 컴퓨터, 선풍기 등을 가리키며) 직렬연결과 병

렬연결 중 어떤 것이 나을까?

학생 : 병렬연결이요!

교사 : 병렬연결이 유리하군요. 그런데 전지의 병렬연결을 떠올리면 전구 밝기가 좀 약했는데. 그럼 전구도 병렬이니까 밝기는 어둡겠지요?

교사의 마지막 물음에 학생들의 의견이 나뉘었다. 각자 생각한 바를 적어두어 예상하고, 실험에 들어간다.

순환학습 모형

P : 예상(prediction) : 전구의 직렬/병렬연결 중 무엇이 더 밝을까?

O : 관찰(observation) : 직렬/병렬연결 회로 실습 후 관찰하기

E : 설명(explanation) : 새로운 모델로 설명하기

★ 수업을 고민하다

실험을 통해 학생들은 전구의 직렬연결보다 병렬연결이 더 밝다는 것을 이해했다. 그런데 그 이유는 어떻게 설명해야 할까? 왜 (전구의) 병렬연결이 직렬연결보다 밝을까?

혼자서 고민하다가 스스로 만들어 낸 비유라 '모델'이라 말하기 좀 민망하지만, 수업하다가 순간적으로 생각난 비유를 소개한다. 과학에서는 다양한 비유를 통해 추상적이고 이해하기 어려운 과학 현상을 설명하고 있는데, 이 차시에서도 일종의 비유가 필요해 보인다. 과학을 설명하는 다양한 비유적 설명이 과학 원리를 완벽하게 표현하는 것은 아니라는 점을 고등학교 과학 선생님의 자문으로 확인한 터라, 이 비유를 가르칠 때 조금이나마 마음의 부담은 덜어

낼 수 있었다.

교사 : 두 사람이 있어요. 한 명은 이름이 '전'이고, 또 한 명은 '기'입니다. 둘을 묶어서 '전기'라고 해 보죠. 전기는 두 허들(전구)을 넘어야 하는 육상경기에 참가했어요. 둘은 한 몸이 되어(운동회의 2인 3각 경기처럼) 허들을 넘는데, 허들 2개를 한 번에 넘는 거예요.

∴ 전구의 직렬연결 → 어둡다, 힘이 많이 들어서.

그런데 둘이서 한 번에 넘으려니 좀 힘들겠죠. 사람이 둘인데 넘어야 할 허들도 앞에 2개나 놓여 있으니까. 그래서 이번에는 허들을 병렬연결처럼 각각 따로 세우고, 전기가 2명으로 분리되어 각각 하나씩 넘자고 했어요. 그럼 얘네들은 허들을 하나만 넘으면 되는 거예요. 전보다 훨씬 쉽게 넘어가겠죠?

∴ 전구의 병렬연결 → 밝다, 힘이 남아돈다.

고등학교 과학 선생님과 이야기를 나누는 과정에서 '비유'로 가르치는 것이 과연 적절한지에 대해 토론한 적이 있다. 그는 "비유로 가르치는 것이야말로 가르치는 자가 내용을 정확하게 이해하고 있다."고 표현했다. 필자는 여러 차례 수업 비평에 관한 글을 블로그에 실으면서 '교수학적 변환'이라는 말을 썼는데, 어쩌면 비유라는 말이 여기에 해당하는지도 모르겠다.

그러나 계속 의문이 든다. 비유가 과학적 원리를 완벽하게 설명할 수 없고, 현상을 축약하여 설명하기 때문이 오히려 '오개념'이 생길 수 있는 것이 아닐까? 이런 의문에 대해 그는 "모든 현상에 딱 들어맞는 비유를 고민한다."며 F=ma를 설명하기 위해 자신이 생각했던 다양한 비유와 교수법을 설명해 주었다.

필자가 생각한 허들은 전기회로에서 '전구(저항)'에 해당하는 비유다. 두 사람이 한 몸이 되어 허들을 넘을 이유는 전혀 없기 때문에, 이론을 받아들일 때 지나치게 현실을 토대로 공부하는 (나 같은) 학생에게는 이 비유가 상당히 생뚱맞고 이해하기 어려운 것이다. 그래서 여전히 고민이다.

어릴 적 전기회로에 대해 배울 때 '저항'이란 개념을 '반항'이란 사회학적 개념과 연결하여 받아들였던 기억이 떠올랐다. 그러자 '저항이 있는데 어떻게 불이 들어오나?' 하고 생각했다. 그때 누군가가 전구는 수영장 속을 걷는 것처럼, 가는 것은 힘들지만 앞으로 나아갈 수 있다는 사실을 알려 주었으면 어땠을까? 또한 전구가 저항이지만 도체라는 사실을 언급해 주고, 저항과 도체 사이의 관계를 비유적으로 설명해 줬다면 쉽게 이해했을 것 같다.

6학년
계절의 변화

5학년 때 배운 「태양계와 별」, 6학년 때 배운 「지구와 달의 운동」으로부터 이어지는 계열성은 「계절의 변화」 단원에서 마무리된다. 천체의 종합적인 배경지식을 떠올리면서 계절의 변화 원인을 공간지각 능력으로 이해해야 하는 단원이기 때문에, 실제 경험과 거대한 천체 현상을 연결짓는 시뮬레이션 학습이 필요하다. 실제 경험이 필요한 부분은 등교수업으로, 시뮬레이션 학습은 원격수업으로 배치하여 이해를 돕고자 노력했다.

시뮬레이션은 5학년 수업에서 활용했던 스텔라리움을 기본으로 하되, 한국천문연구원 사이트 속 데이터를 검색하는 방법을 수업에 활용하였다. 시뮬레이션 활용은 2015 개정 교육과정의 교수·학습 주안점에 소개된 방법이다. 앱 활용에 어색한 교사일지라도 다양한 방식으로 연습하여 수업에 활용하는 것이 필요하다.

하루 동안 태양의 고도를 관측한 후 이를 표에 기록하는 수업이다. 태양의 고도뿐만 아니라 그림자의 길이, 기온을 함께 측정해야 하므로 진행하기가 쉽지 않은 수업이다. 이 수업을 정해진 수업 시간 안에 확실하게 진행하려면 스텔라리움을 이용하여 시뮬레이션으로 조사하는 것도 한 방법이다. 하지만 등교수업을 하는 날이었기 때문에 학생들과 함께 바깥으로 나가서 직접 측정해 보기로 했다.

과학실에서 준비해 준 태양고도기를 이용해 오전 9시부터 하교 전인 2시까지 학생들이 직접 측정하게 하였다. 그리고 이후의 태양고도와 그림자 길이는 시뮬레이션과 인터넷 조사로 보충하여 과제를 작성하게 하였다. 다음 차시는 원격수업으로 진행하면서 과제를 풀이하기로 했다.

그리고 한 가지 더. 35분의 짧은 단축 수업을 고려해야 했다. 그래서 미리 제작된 고도기를 활용하였다. 3인 1조로 5개를 나누어 주었다.(하지만 단축 수업이 아니라 40분 수업을 진행하더라도 제작과 실습까지 한 시간 안에 진행하는 것은 꽤 무리다. 특히 한 시간씩 들어가야 하는 전담의 경우에는 연차시 수업이 어렵다.)

제작된 고도기는 크기가 작지만 학생들의 세세한 역할 분담이 필요한 도구이다. 한 사람은 기둥을 세우고, 한 사람은 줄을 당겨야 한다. 또 다른 한 사람은 각도기를 대고 각도를 측정해야 한다.

학생들이 직접 고도 측정기를 다룰 때 교사가 설명하고 확인해 주면 좋을 내용은 다음과 같다.

1. 기둥은 직각이 되게 한 사람이 잡아 주자.

2. 선을 팽팽하게 당겨서 그림자의 끝에 맞 춰. 그럼 꼭짓점이 하나로 되겠지?

3. 직각삼각형을 만든다고 생각해.

4. 각도기의 중심을 꼭짓점에 정확히 올려 두 고 측정하자.

5. 길이를 나타내는 흰색 종이와 판은 길게 만들수록 좋다.

각 모둠이 태양의 고도를 측정한 후 잠시 태양을 피하기 위해 스탠드에 앉 았다. 약간의 설명과 함께, 스탠드에 진 그림자를 잘 보게 했다. 9시 20분경, 고도가 낮아서 태양이 스탠드 위쪽까지 깊숙이 비친다. 학생들이 하교할 때는 그림자가 어디까지 내려오는지 보게 하면서, 태양이 동—남—서로 이동하는 것을 손으로 가리키며 '남중', '남중고도'의 뜻을 지도하고 반복해서 말하게 한 다. 주변의 변화에 관심을 기울이다 보면 과학을 잘할 수 있다는 것도 덧붙여 주면 좋다.

블렌디드
2차시   원격수업   등교수업

등교수업 때 모든 시각의 태양고도를 측정하는 것은 어려워서 인터넷에 기록된 데이터를 검색하였다. 다음과 같이 표 양식과 수업 시간에 측정한 2개의 데이터만 미리 입력한 후, 나머지는 인터넷 조사나 주말 과제로 입력하게 한다. 그러면 그래프의 모양이 드러나면서 그래프 간의 관계에 대해 학습할 수 있다. 그러나 이것만으로는 조금 부족할 수 있겠다 싶어 추가 자료를 검색하여 제공하기로 했다.

추가 자료는 한국천문연구원 사이트를 이용한다. 코로나19가 종식되고 수학여행이나 1박 2일 체험학습을 추진하는 학교에서는 천문연구원에서 특정 날짜의 천체 현상을 미리 조회, 검색해 볼 수도 있다. 이번 수업에서는 '생활천문관'이란 곳에서 각 날짜별, 지역별 태양고도를 조회할 수 있는 데이터 검색 기능을 이용하였다.

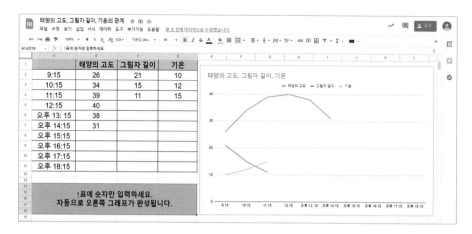

❶ 한국천문연구원 천문우주지식정보 – 생활천문관 – 태양고도/방위각 계산 – 해당 날짜와 시각 입력

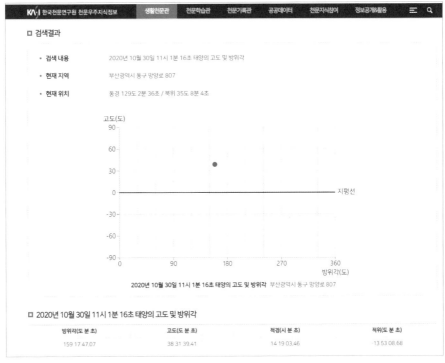

❷ 기상청-관측 자료-지상 관측 자료-도시별 현재 날씨-기온 선택 및 지역과 시

각 입력

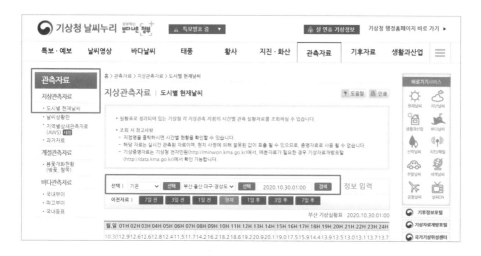

❸ 스텔라리움 녹화 영상(태양고도가 변하는 모습)

★ 성찰

한국천문연구원이나 기상청의 경우 원격수업 자료로 활용한 여러 교사들이 있겠지만, 아마도 자료 존재에만 신경을 쓰느라 자료가 탑재된 플랫폼의 디자인 구성에 대해서는 간과했을 가능성이 높다.

집중력이 낮은 학생들에게 제한된 시간 동안 원하는 사고의 과정을 불러일으키려면, 심플한 디자인 속에 수업에 필요한 정보만 제시되는 것이 좋다. 그러나 이런 플랫폼은 거의 존재하지 않으며, 미래 세대에 적합한 환경이라 볼 수도 없다. 넘쳐나는 콘텐츠 속에서 원하는 자료를 찾아낼 수 있는 능력이 요구되는 사회적 상황을 고려해야 한다.

이번 원격수업을 기회로, 어린 학생뿐만 아니라 누구나 정확하게 정보에 접근할 수 있도록 홈페이지나 콘텐츠 구성의 변화가 사회적으로 공론화되길 바란다.

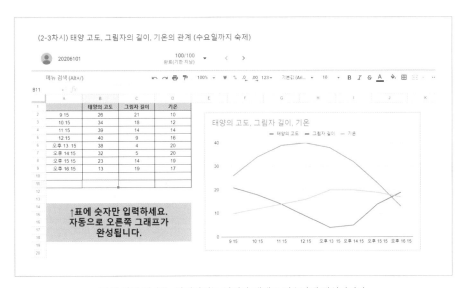

학생 과제 결과물. 완벽하지는 않지만 대체로 비슷하게 작성되었다.

단원을 정리해야 할 때쯤 지난 수업의 내용과 차시명을 다시 훑어보았다. 결국 이 단원의 핵심은 '태양고도의 변화'이며, 고도가 변화하는 이유는 다음 차시에 배우게 될 자전축과 공전 때문이다.

예전에는 이 수업을 '모눈종이' 위에 전구를 비추어 보면서 단위면적당 에너지의 양을 비교하였다. 진하게 색칠된 범위와 연하게 색칠된 범위를 비교해 보는 것이다. 지금은 모눈종이가 빠져 있고, 전구를 이용해 모래를 데우는 실험으로 대체되었는데, 실험은 잘 이루어진다. 실험 시 주의해야 할 점은 다음과 같다.

1. 전구와 모래 사이의 거리를 똑같이 한다. 교과서에는 20cm로 나와 있으나 두 사이의 거리가 같기만 하면 된다. 그런데 고도가 높은 전구와 낮은 전구를 똑같은 거리에 두는 것이 쉽지 않다. 거리가 같은지 반드시 확인해야 한다.

2. 실험 도중 학생이 손으로 모래를 만지거나 흐트러뜨리지 않도록 한다. 모래가 섞이면 온도가 금방 식어 버려서 결과에 영향을 준다.

3. 학생들이 전구 배치를 직관적으로 보고는 전구의 각도가 큰 것을 작다고 착각하는 경우가 많아 실험관찰 기록을 반대로 하는 경우가 있다. 각도가 벌어진 정도를 그림으로 그려 보충 설명을 해야 한다.

★ 수업 흐름

❶ 고도, 남중고도를 지도하고, 그림자의 길이가 달라지는 이유를 다시 복습한다. 첫 시간에 태양고도 측정기로 고도를 측정하면서 작은 나무 막대에서 생긴 그림자를 이용하여 고도를 측정하는데, 몇몇 학생들은 나무 막대기의 길이가 고도 측정에 영향을 끼칠 것이라 생각하기도 한다. 길이가 달라져도 고도에는 아무런 영향이 없음을 지도한다.

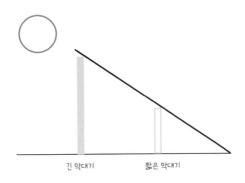

긴 막대기　　　　　짧은 막대기

❷ 앞에서 배운 '고도'라는 용어와 '계절'을 생각하며 가설을 세우게 한다.

❸ 실험–실험관찰 작성–답 확인

❹ 면적당 에너지 양을 비교하는 학습 대화/전구 불빛 비교하기

　　단위면적당 받는 에너지의 차이를 이해시키기 위해 책상 위를 모두 치우고 다음 사진처럼 전등만 비추게 했다. 수직으로 비추는 전등은 훨씬 집중된 것처럼 보이는 반면, 비스듬히 비춘 전등의 불빛은 옅게 퍼지고 있다. 육안으로 볼 때보다 사진으로 촬영한 모습이 훨씬 더 뚜렷하게 드러난다. 이 사진을 보여 준 후 책상 위를 손으로 만져 보게 한다. 수직으로 비춘 곳의 책상이 훨씬 뜨겁다. 몸으로 체험하는 순간 이 단원은 확실히 이해하게 된다.

블렌디드
4 차 시

원격수업   등교수업

원리를 모두 파악했기 때문에, 이제 이 단원의 결론을 내리는 수업만 남았다.
다행히 등교수업 일정으로 잡혔고, 모든 것을 정리할 수 있었다. 지난 차시에
배운 실험을 떠올리면서 태양의 남중고도 개념과 각도에 따른 기온의 변화를
되짚었다.

- 전등의 각도가 클수록(=태양의 고도가 높을수록) = 기온은 높다.
- 전등의 각도가 작으면(=태양의 고도가 낮을수록) = 기온은 낮다.

따라서 태양의 고도는 기온과 관계가 있다. 계절의 변화는 날씨, 즉 추위와
더위의 변화와도 같으며, 이를 '기온의 변화'라고 말해도 좋을 것이다. 그렇다
면 기온은 왜 변화하는가? 앞선 실험에서 '태양고도의 변화'임을 배웠고 실험
으로 확인했다.

- 계절의 변화 = 기온의 변화 = 태양고도의 변화

태양고도는 하루 동안에도 변화하기 때문에, 좀 더 정확히 말하자면 '태양의 남중고도가 변화한다.'고 말해야 한다. 이번 수업은 학생들이 계절의 변화를 태양의 남중고도 변화와 연결 지어 말할 수 있게 만드는 것이 목표이다.

★ 수업을 고민하다

지금까지 배운 내용을 되짚어 보면 학생들은 일정한 추론을 해낼 수 있다. 태양의 고도에 따라 단위면적당 받는 에너지의 양이 달라지는 것을 체감하였고, 에너지가 다르다는 것은 기온이 달라지는 것을 의미한다. 계절에 따라 남중고도가 달라지는 것도 배웠다. 이제 학생들은 모든 관계를 종합해 하나의 가설을 세우고, 실험으로 확인해 보면 될 것이다.

가설을 세워 확인해 보는 수업을 지금까지 꾸준히 해 왔다면 이는 크게 어렵지 않을 것이다. 그렇지 않다면, 가설을 세우고 확인하는 수업은 불가능하다. 가설 자체를 세우는 것이 초등학생의 발달 수준에 맞지 않기 때문이다. 안내된 탐구를 통해 학생들의 사고를 어떻게든 유도해 낼 수 있겠지만, 순수한 의미의 과학탐구 활동을 이끌어 내는 것이 힘들다는 것은 초등학생을 가르쳐 본 교사라면 누구나 공감할 것이다.

이때 학생들이 지니고 있는 오개념을 증거를 내세우면 가설을 세우는 것이 훨씬 유용하다. 대부분의 학생들은 '태양과 지구의 거리가 변해서 계절의 변화가 생긴다.'는 오개념을 가지고 있다. 그러나 실제로 여름이 되는 순간 지구와 태양의 거리는 더 멀어지기 때문에 이는 틀린 말이다. 결국 다른 이유가 있어야 하는 것이고, 그 이유를 교사는 지금까지 다양한 방법으로 수업을 통해 알려 주었다.

그래도 깨닫지 못하는 학생들을 위해서 1학기 수업까지 끌어들일 수도 있을 것이다. 학생들은 '계절에 따라 별자리가 다르게 보이는 이유'가 공전 때문임을 배웠다. 따라서 계절의 변화는 태양의 공전과 연관 있음을 상기시켜 준다. 그럼 각 학기별로 2개의 핵심 개념이 나오는데, 바로 '남중고도'와 '공전'이다. 이 두 용어를 이용해서 가설을 세워 보게 한다. 필자는 학생들과의 수업을 통해, '지구가 태양 주위를 공전하는 과정에서 태양의 (남중)고도가 변화할 것이다.'라는 가설을 세웠다.

가설을 함께 세우는 학습 대화는 여러 시도와 경험의 축적이 필요하다. 이 과정에서 재밌는 스토리텔링을 섞고, 지난 시간의 배움을 적절한 타이밍에 연결하는 것은 교사의 역량이다. 비언어적 표현과 개념을 연결 짓는 과정, 자료의 적절한 제시가 함께 이루어져야 한다. 이것을 등교수업으로 했기에 정말 다행이라 생각하는데, 만약 원격수업 과정에서 이 모든 것을 해내려고 했다면 더 많은 준비를 해야 했을 것이고, 출석 확인 후 남은 부족한 시간 안에 해결해야 했을 것이다. 또한 적절한 사진과 문구를 언급하고 상호작용을 기다리느라 많은 시간을 허비했을 것이다.

- 사계절의 기온은 어떻게 변화하죠?
- 기온이 변하는 이유는 뭘까요?
- 지난 시간에 전구가 책상을 비추는 각도를 달리하고 책상을 만져 봤던 것을 떠올려 볼까요?
- (오개념을 말하는 학생을 향해) 지구와 태양이 가까워서 덥다고? 그런데 실제로는 여름일 때 지구와 태양의 거리가 제일 먼데? (이후 거리 대신 전등의 각도를 지적한다.)
- 책상의 온도가 달랐던 상황을 생각해 보자.

• 계절마다 남중고도가 달라지는 이유가 뭘까요? (1학기 때 배운) 계절의 별자리가 달라지는 이유는 공전이죠. 그럼 공전이 계절을 변화시키는 이유겠죠?

★ 성찰

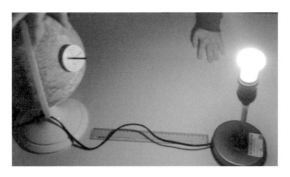 

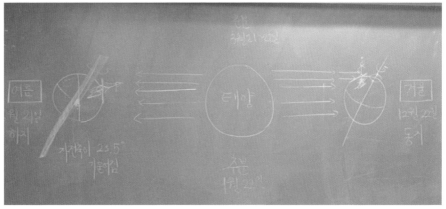

현장에서 학생들과는 신나게 소통하였지만, 이 소통이 모든 학생들에게 적절한 사고를 불러일으켰는지는 의문이다. 가설을 세우는 것은 매우 어려운 일이다. 이는 교사의 잘못이라기보다는 교육과정이 지나치게 앞서 나간 것은 아닌가 하는 의문이 든다. 보다 적절한 수준의 가설 세우기를 연구하여 현장에 적용해 보는 실천연구 및 사례가 필요하다.

실험을 하나 진행한다. 미리 예습하지 않았다면 학생들은 대개 지구본을 받았을 때 똑바로 세워서 실험에 들어간다. 수직으로 바로 세워 실험한 경우에는 고도의 차이를 느끼지 못한다.

이후 자전축을 기울여서 지구본의 위치를 옮겨 보게 하고, 실험관찰에 내용을 기록하게 한다. 주의할 점은 자전축이 기울어진 방향을 일정하게 유지해야 한다는 것이다. 위 사진처럼 자전축이 틀어진 상태로 여름과 겨울을 비교하면 실험 결과가 뚜렷하지 않다.

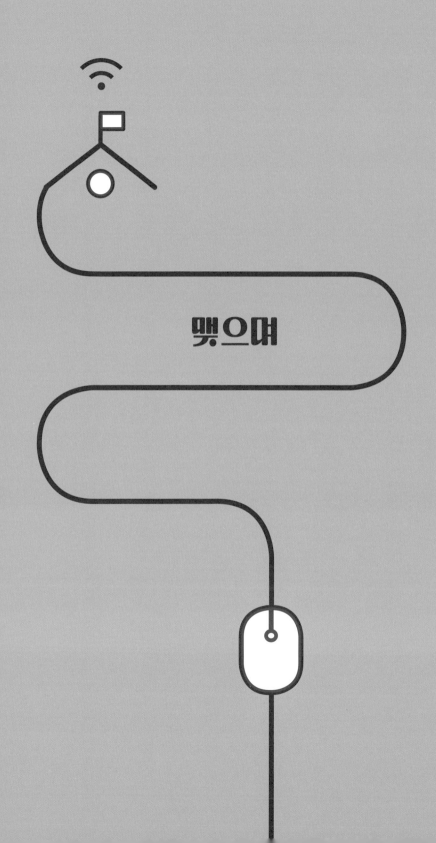
맺으며

아이들에게는 교사가,
그리고 학교가 곧 플랫폼이다

2020년에 필자는 학생들에게 일방적인 공지를 전달할 수 있는 기능과 일대일로 소통할 수 있는 효율적인 피드백 기능을 두루 갖춘 구글 클래스룸을 한 달 넘게 사용한 뒤 큰 회의감에 빠졌다. 구글 클래스룸 자체는 꽤 훌륭한 플랫폼인데도 말이다. 왜 그랬을까?

 수많은 학생들의 과제를 확인하여 일대일로 피드백을 해 주고, 과제를 수정해 나가는 과정을 지켜보며 필요 이상으로 소통하다 보니 지친 것이다. 대면 소통처럼 즉각적이지도 않은 데다, 학생들의 과제 업로드 시간은 들쭉날쭉하여 밤 11시까지 수업 자료를 만들다가도 수시로 과제를 확인하고 댓글을 달아 주었다. 전담이었기에 망정이지, 만약 학생의 생활교육과 인성지도까지 함께 생각해야 할 담임의 위치였다면 이 플랫폼을 선택한 것이 오히려 역효과일 수도 있겠다는 생각도 들었다.

 사람들은 원격수업이 시공간의 제약을 넘어 언제, 어디서든 학습하고 질문할 수 있으며, 피드백이 우수한 미래교육이라 생각하지만, 교사들이 겪고 있는 현실은 그렇지 않다. 오히려 소통은 더욱 힘들어졌고, 학생들은 인터넷 접속과 플랫폼 기능 사용에 미숙해 커다란 학습 장벽을 매일 만나고 있다.

 인정하고 싶지 않지만, 코로나19 이전의 삶을 온전히 찾기란 어려운 것이 현실이다. 그래서 더더욱 원격수업을 고민하고, 나누면서 원격수업이 '수업'으로 인정받도록 노력해야 한다. 그 과정을 거쳐야만 언제든 닥쳐올 위기에 유연하게 대응할 수 있으며, 비로소 '학교'라는 플랫폼의 소중함을 알고, 학교에서 지켜 왔던 소중한 가치를 어떻게 구현해 낼지 고민할 수 있기 때문이다.

 여전히 교사의 안전을 위협하는 수많은 요소가 원격수업 형태에 존재하고 있다. 저작권 문제, 초상권 침해, 무단으로 캡처되어 떠돌고 있는 교사의 얼굴과 수업에 대한 악성 댓글 등은 교사들을 지치고 힘들게 한다. 이런 현실 앞에 속수무책인 교사는 거대한 장벽이 가로놓인 것처럼 답답함을 호소한다. 그러나 이 장벽을 극복하고 '교육의 본질'로 조금 더 가까이 나아가는 것 또한 교사의 몫으로 남아 있다. 억울하고 분통스러울 수도 있다. 우리의 노력을 도와줄 환경이 쉽게 조성되지 않는 현실 때문에.

 필자 또한 이런 말을 하는 것이 슬프다. 그러나 교사는 학생들에게 가장 효과적인 '플랫폼'이다. 현실을 극복하는 제도도, 제도 속에 보이지 않는 학생들의 좌절과 눈에 띄게 드러나는 학력 격차도 교사만이 해결할 수 있는 과제다.

교사들의 의견을 반영하여 하나씩 발전해 나가는 학습 플랫폼 속에서 '다시, 학교'라는 말을 계속 되뇌이게 된다.

하루 빨리 안전하고 따뜻한 플랫폼, 아이들의 성장을 촉진시키고 부족한 학습을 가장 잘 채워 줄 '학교'라는 플랫폼이 온전히 운영되길 소망한다.